世界標準の採用

HIRE LIKE THE WORLD'S BEST

小野壮彦
グローピス・キャピタル・パートナーズ
ディレクター

日経ＢＰ

イントロダクション

異文化の面接室

あれは2015年ごろのことだったと記憶しています[*1]。

日本のある大手メーカーが、十数年前に買収した英国の子会社で、突如として深刻な問題に直面しました。その子会社を買収前から長年率いてきた英国人の幹部たちが、あるトラブルをきっかけに続々と辞任していった後、社長までもが辞意を表明したのです。新しい経営者を急遽《きゅうきょ》探さなければならないという、緊急事態が発生しました。

その現地法人の社長職にはトップセールスとしての役割が期待されており、加えてニッチな製品を扱うため、独特の専門知識が求められました。本社内での議論の末、日本から人材を送り込むのではなく、英国や欧州で同様の事業に経営経験を持つ人材をヘッドハンティングすべきだという方針が決まりました。

＊1. 本エピソードは守秘義務を守るため、関係者が特定できないよう処理を施し、記述している。

最終的に、当時私が所属していたグローバル・エグゼクティブ・サーチ・ファーム、[*2]エゴンゼンダー[*3]に社長サーチ[*4]の依頼が舞い込んだのです。

エゴンゼンダーでは、私と英国人の同僚コンサルタントがタッグを組んでプロジェクトを担当することになりました。私は日本本社との調整役を務め、同僚が英国でのサーチを進めるという役割分担です。こうして、プロジェクトは本格的にキックオフしました。

ここから、苛立ちと失望の物語が動きはじめます。

最初の「なんともいえない失望」は、このクライアント企業が指名してきた面接官への驚きでした。

このケースのように年収5000万円を超えるエグゼクティブ人材の採用では、本社の幹部クラスが面接を主導するのがグローバル企業のスタンダードです。しかし、最初の面接官として指名されたのは、30代前半の人事部の係長でした。私も面識はありましたが、会議では一度も発言をしたことがなく、経験不足が目に見えて分かる方でした。

不安を覚えた私は50代半ばの事業担当役員に対し、「相手は社長候補のエグゼクティブです。初回面談であっても、まずは本社役員クラスが直接お会いするのが望ましいのでは」と提案しました。しかし、返ってきたのは、「初回面談ですよね？　私はそんなに時間が取れません」という、どこか煮え切らない返答。最終的に1次面接は40代の本部長が

＊2. 企業の経営幹部や上級管理職を対象に、世界規模で人材を発掘・紹介・鑑定するプロフェッショナル・ファーム。

＊3. グローバル・エグゼクティブ・サーチにおける世界5大ファームの1つ。1964年スイスで創業。

＊4. サーチ・ファームが手掛ける「サーチ」は、いわゆるヘッドハンティングにとどまらず、広く人材の発掘・紹介・鑑定、及び意思決定の支援を指す。

担当することになりましたが、この調整だけで貴重な時間が無為に過ぎてしまったのです。

その間、英国では候補者のスクリーニングが着々と進んでいました。

まず候補者のロングリスト[*5]が作成された後、コンサルタントとしての経験と洞察力を駆使してショートリスト[*6]へと絞り込まれます。そこから3週間ほどかけて、コンサルタントが自ら候補者にアプローチし、応募の承諾を取りつける。という流れで進みます。

ロンドン・オフィスは、エゴンゼンダーが世界各地に展開するオフィスの中でも、ひときわ名声が高く、最強と称される精鋭コンサルタントの集団でした。このときも難しいサーチであったにもかかわらず、ハイレベルな候補者たちをずらりとそろえてくれました。

候補者は4人に絞り込まれました。

選ばれたのは、いずれも「ほほう」と思わせる説得力ある経歴を持つ人物ばかりです。4人のうち2人はど真ん中の競合他社から。残りの2人は異業種ながらも、共通する顧客層を持つ企業で活躍するエグゼクティブでした。

続いて、面接の日程調整が始まります。私も通訳を兼ねてすべての面接に同席することになりました。

4人との1次面接を終えたばかりの本部長からは、「相性の良し悪しは分かれそうだが、

＊5. 初期の候補リスト。やや広めの条件設定で過去のデータベースから抽出する。

＊6. 前述のロングリストから候補を絞り込んだリスト。基準を満たしているかに加えて、誘いに興味を示す可能性があるかなどを考慮して作成されるアタックリストを指す。

全員よさそうでしたね」というコメントをもらいました。しかしその翌日、判断が一転して1人は不合格としたいとの連絡を受けます。「相対的にモチベーションが感じられなかった」という理由でした。

しかしこの候補者、我々が最も高く評価していた、一番の実力者だったのです。私たちは、まさかその彼を、そんな理由で落とすとは。と苛立ちを感じましたが、決定は覆りません。

残る3人が役員面接へと進むことになりました。私たちは本社役員に、英国へ渡航し、対面で面接することを提案しましたが、「時間がない」という理由で却下されてしまいます。結果やはり、テレビ電話でつなぐ形式で面接を実施することになりました。

ところが、その役員面接の直前に「本部長と係長も同席させる」という連絡が入ります。この変更によって、候補者1人に対し、面接官は役員、本部長、係長、そして私の計4人という、バランスを欠いた人数構成になってしまいました。このアレンジはエグゼクティブ相手に不適切だと、ロンドン・オフィスのチームも強く反対しましたが、調整の余地は残されていませんでした。

運命の最終面接の日が訪れました。シスコシステムズ製の豪華なテレビ会議システムの画面越しに映し出されたのは、ノーネクタイに薄いピンクのシャツを着た、恰幅のよい男性。どことなく歌手のエド・シーランを思わせる彼の柔らかな表情が場の緊張を和らげ、面接はなごやかにスタートしました。アイスブレイクが終わり、いよいよインタビューが始まります。ところが、主役のはずの役員はほとんど口を開きません。冒頭に簡潔な自己紹介をしただけで、あとは沈黙を守ります。インタビューを任されたのは、まさかのあの、最年少の係長でした。

「まずは自己紹介をお願いします」

「次に志望動機をお聞かせください」

そこには、明らかに戸惑いを隠せない候補者の姿がありました。

このシスコシステムズ製の会議システムには、発言者に自動でカメラがフォーカスする機能がありました。さらに、ご丁寧なことに、発言していない人の表情も見られるよう、時折カメラが引きの映像に切り替わる仕様になっています。

そして、事件は突然起こりました。

30分ほどたった頃でしょうか。カメラがふと引きの映像に切り替わりました。そして、誰もが目を疑う瞬間が訪れたのです。

画面に映された役員のまぶたが静かに重みを増し、次第に顔が傾き、うつむいていく——その一部始終が、しっかりと画面に映し出されていたのです。それは、まるで永遠に続くかのような一瞬の出来事でした。

すべての面接が終わりました。ロンドンの同僚から電話が入ります。声は当然ながら極めて冷淡です。彼によれば、その候補者は憤慨して帰っていったとのことでした。

このサーチプロジェクトは、その後も紆余曲折を経ましたが、なんとか決着を見ます。結局選ばれたのは、4人の中で「一番弱いかもね」と我々が見立てていた人物でした。

このエピソードは、日英のカルチャーギャップとして単純に片づけるべき問題ではありません。ここには、グローバル基準での採用について考えるべき重要な教訓が含まれています。これが創作小話であればよかったのですが、残念ながら実体験です。

もし、この話を読まれたあなたが「大事な場面で居眠りしてしまった役員の話」とだけ捉え、そこに複数の組織的課題を感じ取れなかったとしたら、本書はきっと大いにお役に立てるはずです。ぜひご一読いただいた後に、このエピソードをもう一度振り返っていただければと思います。[*7]

*7. このエピソードには、組織的な改善を促したいエラーが7つある。

第1章 採用革命の物語

第2章

文明開化はまだか

第3章

世界標準のシステム

第4章 世界標準の技術

技の章 316

第5章

わたしたちの採用革命

終章

日本企業の今とこれから

図版制作：エステム

はじめに

「人材が採れない」

この悩みを抱える企業が年々増えています。

増えている、などという言葉では、もしかしたら、その悩みの深さや広がりを十分に表現できていないかもしれません。

しかし、書店で採用の本を探しても、簡単には見つかりません。これだけ過熱している話題なのに、不思議に思いませんか。

試しに、日本版アマゾンの「本」セクションで「採用」と検索すると72件と表示されます。一方「営業」ではなんと2万件以上もヒットするのです。[*1] どちらも企業の成長をドラ

＊1. 2025年4月13日現在

イブする重要なテーマであるにもかかわらず、採用の本はあまりに少ないのです。

2年ほど前に『人を選ぶ技術』という本を出し、才能を見抜くフレームワークやメソッドを紹介する機会を得ました。多くの反響をいただいたのですが、その中で聞いた「採用される人のための面接対策本は多いが、採用する側のための本は珍しいね」という声は、ありがたくも、少し寂しく感じたものです。

その後、講演の機会や個別のご相談もいただくようになりましたが、そこでよく耳にしたのが、

「いくら人を見る技術を磨いても、いい人を採れそうにない」

「そもそも、うちの会社は採用の方針や体制が整っていない」

といった切実な声でした。

なるほど。**人を評価する前に、「人を採るシステム（仕組み）」そのものを見直した方がいい企業が多いのか**。と気づかされたのです。

このギャップを埋める手立てを提供しなければと考え、本書を執筆しました。「会社の採用活動をよくしたければ、これ一冊でいい」と言われるような本を目指したつもりです。

本書の特徴をお伝えしておきたいと思います。

私は、なによりも実務者です。[*2]

多くの方に読みものとして純粋に楽しんでいただけるよう心がけつつ、議論の強度を高めるため、学術論文などの文献に当たり、引用もしました。しかしこれはやはり実務書です。

勉強になった。ではなく、やってみよう。と思えること。

とにかく「使える」一冊を書こうと思いました。

本書の読み方について、少しガイドを入れさせてください。

流れを意識して組み立ててはいますが、実はこの本は、**短編記事の集合体**のようにつくられています。

ぜひ、気になるところ、必要なところから、つまみ食いするように読んでいただければ嬉しく思います。

全体感をお伝えしますと、本書は大きく3つのパートで構成されています。

- **第1章・第2章**では、目下の「世界標準」を形づくった「世界の採用革命」を概観し、日本企業の課題を示します。
- **第3章・第4章**では、日本企業の課題解決に向けて、採用革命後のモダンな採用シス

＊2. 27歳で起業した会社を楽天に売却。エゴンゼンダーでヘッドハンターとしてのキャリアを築いた後、ZOZOに転じ、現在はグロービス・キャピタル・パートナーズでスタートアップの成長支援などを手掛ける。「プロフェッショナルとしてのアドバイザー職」「事業会社でのマネジメント職」「スタートアップの経営職」を行き来してきたが、一貫して実務者である。

テムにおける具体的なノウハウと仕組みづくりを紹介します。

― **第5章**では、日本独自の採用革新に向けた提言を述べさせていただきます。世界標準にキャッチアップするだけでなく、世界をリードするための方策、いわば「日本の採用革命」の仕上げとなる内容です。

たとえば、「手っ取り早くノウハウを知りたい」という方は、第3章・第4章から読んでいただいてもいいでしょう。

その後で第1章・第2章へ戻れば、なぜそうしたノウハウが必要であり、効果を上げるのか、より強い納得と確信を持っていただけるはずです。

そして、採用に何か新しい刺激やアイデアが欲しい方は第5章を、ぜひ。前著『人を選ぶ技術』で、特に反響の大きかった「**ポテンシャル・モデル**」に基づき、人の深層に隠された「伸びしろ」を測る技術を、採用面接に応用可能な形で詳述します。

私は、日本企業がまだまだ強くなれると信じています。その突破口たりうるテーマは何か。それこそが「採用」であり、そこには想像以上のパワーが宿っています。

さあ、一緒に「世界標準の採用」の扉を開けていきましょう。

第1章

採用革命の物語

第1節

採用革命の歴史

採用革命に「点火」したのはグーグルだが、その源流は1980年代初頭まで遡れる。石油ショック、東西冷戦の終結、エクイティ・インセンティブの導入――土壌が整ったところに、Web2・0の波に乗ったリンクトインが2008年、ゲームチェンジを起こす。

1 それはグーグルから始まった

もしかすると、このような視点でビジネスの歴史を振り返るということは、あまり例がないのかもしれません。初めて耳にする話も多いでしょう。しかし、実は近年、皆さんが知らないうちに、ビジネスの世界では確かに大きな革命が起きていたのです。本書はこれを「**採用革命**」と名づけます。

２０００年代の中頃、**グーグル**が始めた新しい採用手法は、まるで核分裂のように猛スピードでシリコンバレーのテック企業コミュニティーに広がっていきました。それは、技術革新であるだけでなく、時代を揺るがす波となり、やがて世界中のグローバル企業へと浸透していったのです。大手企業にもスタートアップ企業にもその影響は広がり、先鋭化し、採用という概念そのものを以前とはまったく異なるものへと変えてしまいました。

採用という活動は、強い外部ネットワーク効果が働きます。新しい面接手法は、それを体験した人々を通じて価値を増幅させながら広がっていくのです。グーグルの採用面接を受けた人たちは、その衝撃的な体験を語り、シェアしました。その結果、そのやり方を真似ようという企業が次々と現れました。異質な面接体験そのものがコンテンツへと変化し、共有されていったのです。

採用革命はこうして、あっという間に広がっていきました。

グーグルからは多くの人材が飛び立ち、その後のキャリアで新しい採用手法を広めていきました。その一例が、キャロライン・ホーン氏です。彼女はグーグルで採用革命を牽引した一人で、その後、米国を代表するベンチャーキャピタル、**アンドリーセン・ホロウィッツ**

ツのパートナーとして活動しました。

アンドリーセン・ホロウィッツは、投資金額においても、投資後の企業成長の支援においてもスケールが桁外れに大きく、投資先企業に極めて大きなインパクトを与えるベンチャーキャピタルの一つです。

ホーン氏は、グーグルで培った知見を生かし、アンドリーセン・ホロウィッツの投資先企業に次々とその採用ノウハウを移植していきました。例えは悪いかもしれませんが、まるで伝染性の高いウイルスのスーパースプレッダーです。次々と新しいクラスターを生み出し、それらの企業が採用力の強化を果たし、独自の成長を遂げていったのです。


私が初めてグーグルと接点を持ったのは、2010年ごろのことです。当時のグーグルは、**採用エージェント**にとって、とても仕事がやりにくい存在として知られていました。なぜなら社内に大量の**リクルーター**(採用担当者)を抱えており、外部の力に頼る必要がほとんどなかったからです。*

当時はまだ、採用における「**グーグルモデル**」は完全には確立されておらず、その伝染性に気づく人も多くありませんでした。

しかし、それからわずか10年後、2020年代になると、グーグルに端を発した採用革命が世界をのみこんでいました。ほとんどのグローバル企業が、採用の新時代を切り拓いたこのグーグルモデルを組み込むようになったのです。

＊ グーグルは当時より原則として採用エージェントの利用を禁じていたが、日本では転職市場が硬直的という理由で、例外的に一部での活用を認めていた。

2 激動の前兆

２０００年代半ばから、グーグルを起点に採用革命が始まった、と書きました。では、この採用革命がなぜ生じたのか、どうして米国からだったのか。その社会的背景を振り返ってみましょう。

１９８０年代初頭の米国は、石油ショックによるデフレ効果と金融引き締め政策により、急角度の景気後退に突入します。[*1] リストラクチャリングの波とともに**終身雇用**の時代が終焉を迎えました。それまでは米国企業も、今日の日本大企業のように、空きポジションを埋めるのは約90％が社内人事。つまり、昇進と配置転換で充足していたのです。[*2]

１９８９年にベルリンの壁が崩壊すると、グローバル化が猛烈なスピードで進展していきます。冷戦下で東西に分かれていた世界は一体化に向かい、国境を超えた企業活動が盛んになりました。**マーケットメカニズム**に基づく企業間の競争が激化し、人材の移動も活発になります。

そのグローバル化した経済の恩恵を一番受けたのは、国際貿易と国際投資のルールメーカーたる地位を確立した米国でした。ここから、米国のグローバル企業が国外で雇用する

＊1. 経済企画庁（1980）「石油危機への対応と1980年代の課題」昭和55年 年次世界経済報告

＊2. Peter Cappelli. (2019). *Your Approach to Hiring Is All Wrong*. Harvard Business Review. May–June 2019

人材の数は膨れ上がります。２０２２年には約４４３０万人に上り、[*3]その背後で、グローバルな人材のスカウト合戦が猛烈な勢いで繰り広げられていきました。

米国市場では、他の先進国に比べていち早く**エクイティ・インセンティブ**の導入が進んだことも、人材移動が活発化した背景として挙げられます。西部開拓の時代からフロンティアスピリットあふれる米国とはいえ、転職におけるリスクが低いわけではありませんでした。しかしそこに、企業の株主価値によって報酬が決まるエクイティ・インセンティブが入ってきたことで、大きく状況が変わりました。株価が上がれば、どかんと稼げる「当たるとでかい」報酬制度が、優秀層を採用する際の条件として定着したことにより、転職におけるリスクとリターンのバランスが一気に整ったのです。

こうして米国では、組織全体がスカウトによる**経験者採用**で構築されていくことがすっかり定着しました。さらに、海外でも積極的にスカウト活動が行われ、エクイティ・インセンティブによって強力にブーストをかけるという、まるで採用における巨大ハリケーンのようなシステムが完成したのです。

こうした背景が、採用革命の進展を促すドライビングフォースとなり、世界を変える原動力となったといえるでしょう。

ここでぜひ認識していただきたいのは、その時間軸です。グーグルが新しい採用手法を使いはじめたのは約20年前ですが、採用革命の萌芽はそれよりずっと前、今から30年以上

＊3. Bureau of Economic Analysis. (2024). *Avtivities of U.S. Multinational Enterprises, 2022*

前にはすでに存在していたのです。もともと世界の採用市場では、米国企業をキープレイヤーとするグローバル人材の激しい獲得競争が起きていました。それを背景にデジタル革命というトリガーが引かれたことで、採用革命が本格的に出現したのです。つまり、採用革命は決して突然変異ではなかった。十分に練り上げられてきた下地に、新たな技術が流し込まれて確立されたのです。

日本国内にいるとその変化を肌で感じにくいかもしれませんが、一歩外に目を向ければ、こうした時代の流れがあったことを、ぜひ押さえていただきたいと思います。

3 「リンクトイン・リクルーター」の衝撃

2004年は、一つの大きな節目だったと、今振り返って気づかされます。この年、ティム・オライリーが、米サンフランシスコで「Web2・0カンファレンス」を初開催し、「**Web2・0**」という概念が広まりました。オライリー自身も後に、「Web2・0の定義にはいまだ大きな意見の相違がある」と記していますが、[*1] 大まかに捉えるなら、次のような理解でよいのではないでしょうか。

＊1. Tim O'Reilly. (2005). *What Is Web 2.0 Design Patterns and Business Models for the Next Generation of Software.* O'Reilly Media

Web1.0 ―― 情報の発信者と受信者が明確に分かれ、固定されている。情報の流れは発信者から受信者への一方向である。

Web2.0 ―― 情報の発信者と受信者が流動化し、誰もが情報の発信者にも受信者になれる。情報の流れも流動的になる。

スマートフォンの普及に乗じて、SNSに代表される個人発信型のサービスが大きく育ち、一般人が発する情報にこそ価値があるという文化が生まれはじめたわけです。そして、この年、グーグルが空前の時価総額でIPO（新規株式公開）を行い、かの**リンクトイン**も、本格的に普及モードに入りました。

リンクトインについて、少し振り返ってみましょう。

その起源は1990年代初めごろに遡ります。実はその時点ですでに「eリクルーティング」という言葉が登場していました。それは、オンライン上のバーチャル空間で、リアルな世界では接点のない人とコンタクトを取り、採用へとつなげていくという動きの始まりでした。

とはいえ、当時の仕組みは単純なものでした。求人側が情報を登録したり、そのデータベースを採用側が検索したりできる、専用のプラットフォームやツールが存在したわけではありません。

ただし、企業が「このような人材を募集しています」とインターネット上に掲げるだけでも、それまでより多くのターゲット層に、より的確にリーチできるようになったのは確かです。それだけでも、当時においては十分に革新的なことでした。

シリコンバレーは2000〜2002年の間、厳しい不況に見舞われていましたが、その時期を脱するタイミングで誕生し、eリクルーティングを一段と洗練させたのがリンクトインです。

前述の「Web2・0」のムーブメントが始まった2004年になると、キャリアアップを目指すユーザーに特化したSNSとして本格的にテイクオフしはじめ、一躍、急成長企業の仲間入りを果たしました。

そして、採用業界に決定的なインパクトを与えたのが、2008年に登場した「**リンクトイン・リクルーター**」です。[*2] 法人向けの採用業務支援ツールとして開発されたこのプロダクトの登場により、企業や**採用エージェンシー**が、リンクトインの登録ユーザーからターゲットとなる人を絞り込み、直接コンタクトを取るというプロセスを、網羅的かつ効率的に管理することが可能になりました。組織的な「**ダイレクトリクルーティング**」の誕生です。

ちなみに初期のリンクトインは、かなりテック・ギーク臭の強いサービスで、もっぱらエンジニア同士で活用されていました。シリコンバレーの起業家たちは「とにかく優秀な

＊2. LinkedIn Corporate Communications. (2008). *LinkedIn Launches New Corporate Recruiter Product.* LinkedIn Pressroom

エンジニアをリクルートしよう」と躍起でした。そんな中、大勢のエンジニアの個人プロフィールが分かり、さらにスカウト機能も備えたこの「リクルーティングＳＮＳ」に、誰もが飛びついたのです。新興テック・スタートアップとの相性は抜群で、リンクトイン・リクルーターは急速に発展していったのです。

リンクトインの普及によって、何が決定的に変わったのでしょうか。それは、これまでメディアに取材されない限り表に出ることがなかった個人の過去の経歴や現在の役職、役割が、ユーザー自身によってつくられる**ユーザー生成型コンテンツ**（**UGC**：User Generated Content）として、まるで雪崩のようにインターネット空間に解き放たれたことです。その結果、企業が直接その人たちにリーチすることができるようになったのです。

4 グーグルがもたらした革新

グーグルの話に戻しましょう。採用革命において決定的な役割を果たしたグーグルは、リンクトインのツールを、最もモダンで洗練された形で活用し、新しい採用手法を確立しました。このアプローチは採用のあり方に革新をもたらし、世界に大きな波紋を広げたのです。

私がヘッドハンターとしてのキャリアをスタートしたのは2008年で、最初はラグジュアリーブランドやコンシューマー分野を担当していました。2010年からテクノロジーチームに合流した私は、グーグルを担当することになります。グーグルがIPOを果たしたのは2004年、その6年前のことですが、その爆発的な成長は止まるところを知りませんでした。そこで私は、驚くべき体験をすることになります。

グーグルの採用が他社と決定的に異なっていたのは、社内の採用担当者の役割と位置づけでした。

通常、エグゼクティブ・ヘッドハンターとやりとりをするのは、経営陣。それに加えて、人事部長やHRBP（ヒューマンリソースビジネスパートナー：Human Resource Business Partner）となりますが、当時のグーグルでは、すでに**TA**（**タレントアクイジション**：Talent Acquisition）チームが発達しており、内部での高いプレゼンスを持っていました。TAチームのメンバーの半分はもともと採用エージェントだったプロフェッショナルたちで、インハウス（社内）・ヘッドハンターとして先進的で組織的な活動を進めていたのです。

グーグルと仕事を進める中で驚かされたのは、その徹底したデータ主義でした。候補者のバックグラウンド情報について、他の企業とはまったく違うレベルの詳細さを求められました。

たとえば、卒業大学については厳格な基準があり、日本の大学も海外の大学と同じ基準で仕分けされ、それぞれがどのレベルに位置づけられるかについて独自のランキングを持っていました。時には出身高校の情報も参考にされるほどです。また、大学時代の成績表（GPA：Grade Point Average）は、採用の最終段階で必ず提出を求められました。

また、職歴においては、どの企業で何年働いたかだけでなく、その勤務先が業界内で「トップ・ティア」、つまり上位層の企業であるかにも強くこだわっていました。

こうして学歴と職歴が、自前のデータに基づいて評価され、グーグルにふさわしい人物かどうかが厳密にジャッジされていたのです。

緻密な監査

選考が始まると、前の面接官から次の面接官へと、詳細なレポートとともに、次々とバトンが回っていきます。

「私のセッションでは、これとこの部分は確認できました。次のセッションではこの点を深掘りしてください」「このポイントにはまだ疑問点が残るので、そこを深掘りしてください」とコメントがつなげられ、集団的なプレーによって候補者の総合的な分析が行われるのです。

また、グーグルの採用プロセスでは、単に得られた「データ」――評価のために収集された各種の情報――を分析するだけでなく、そのデータの裏づけや整合性が徹底して確認されていました。データの信頼性をテストし、判断の強度を確かめ、不正や情報の抜け落ちがないかを徹底的に精査していくのです。その様子は採用活動というより、まるで企業の会計監査のような、緻密さが感じられるものでした。

これは、特に初期のグーグルにおいて、エンジニアリングやサイエンス系の研究者の所属割合が現在よりも高く、経営におけるデータドリブンなアプローチが企業カルチャーに深く浸透していたことが影響していると思われます。このカルチャーによって、採用の意思決定においても、データの整合性が重視され、学術性を帯びた厳密な検証が行われたのでしょう。

その偏執的とさえいえるデータ主義の採用カルチャーを象徴していたのが、かの有名な**「パケット」**の存在です。

グーグルでは、一人の候補者に対して約30ページにわたる詳細な資料が作成されます。このパケットには、候補者についての裏づけチェック済みの基礎情報をはじめ、面接で得られた評価、候補者の未来の可能性や懸念点、入社後に克服すべき点となりえる事項までが綿密に記録されています。ファクトチェックだけでなく、採用すべきかどうかのロジックの確認も徹底して行われていました。

そうです。まるで一人の人物を研究テーマに博士論文を仕上げるかのような緻密さで、このパケットは常に仕上げられていたのです。

パケットが作成されると、これを資料として、候補者一人ひとりについて採用の可否を議論する「**採用委員会**」が開かれます。その性質は、ベンチャーキャピタルが投資の是非を決める、投資委員会に近いと思います。

投資委員会では、なぜその会社への投資が価値を持つのか、どのくらいリターンが期待できるのかといった観点から、その会社の可能性やリスクが綿密に検討されます。これと同じくらいの労力と時間をかけて、グーグルの「採用委員会」は、その候補者を採用する価値があるかについて、真剣に検討していくのです。

トレードオフは許さない

グーグルが驚異的なのは、これだけ厳格で徹底した選考プロセスを維持しながら、世界中で大量にトップ人材を採用し続けた点にあります。厳しい採用基準と大量採用はトレードオフが発生するものですが、グーグルはこの両方を妥協なく追求しました。

各国のマネジメント層から本社のトップマネジメントまで、採用の基準は一貫して高いものでした。世界中にオフィスが分かれても、地域ごとに異なる基準や例外を認めようとせず、あくまで一つの組織としてこの偏執的なプロセスを回していたのです。創業者のラリー・ペイジも、かなりの頻度で採用委員会に参加していたといいます。

これにより、グーグルの採用の異常さが企業ブランドへと変質していき、世界中からわれこそはと意気込む優秀な人材が集まるようになります。組織の隅々まで「グーグル品質」の人材を確保していくことにこだわり抜いたことで、伝説が生まれていったのです。

特筆すべきは、マネジメント層が、採用に注いでいたエネルギーです。多くの企業のマネジメント層にとって、採用面接は主要業務の「合間」に行う仕事とされがちです。しかし、グーグルでは、**採用こそがリーダーの主要業務である**と明確に位置づけられていました。

年収が数億円を超えるような役職者が、自分の朝も昼も夜も捧げて、優秀な人材を採用することを最優先にして働いていたのです。

それは、まさに前例のない取り組みでした。同規模の企業で、採用の質と量の基準をこれほどまでに高く設定し、しかも実際に追求できた例は、グーグル以前にはほとんど存在しなかったといえるでしょう。

なぜこんなことが可能だったのでしょうか。一つには、グーグルがデジタル時代の新たな挑戦者であり、当時のマイクロソフトのようにレガシー資産を抱えていなかったことが関係しているでしょう。また、異常に高い粗利を生むスケーラブルなプロダクトを生み出したことと、絶好のタイミングでＩＰＯできたことなどにより、資金的に潤沢であったことも背景にあるように思います。

しかし、真のチェンジ・ドライバーとなったのは、やはりグーグルの創業者たちが他のどこもやらない、独自の採用手法の開発にこだわったことでした。

これによって生み出されたのは、以下のような特徴を持つ採用モデルです。

- 最も賢い人だけを雇いたいという明確なビジョン
- 採用エージェントに頼らずに、社内チームがスカウトを行う体制
- 客観的な基準にこだわって行われる評価プロセス
- 採用の質と量にトレードオフがあることを理解しつつ、人材の見極めにたっぷりと時間をかける姿勢
- 委員会方式による集合知を活用した意思決定の仕組み

これらが有機的に結びつくことで、「グーグルモデル」とも呼ばれる新しい採用モデルが完成しました。そして、このモデルの登場によって、世界の採用の風景は大きく変わっていったのです。

5 ネットワーク効果

採用のグーグルモデルは、その革新性と精緻さによって、まるでウイルスのように瞬く間に世界中に広がりました。

採用という行為には、「**自己増殖性**」があります。言葉を換えれば、「**外部への伝播性**」が存在します。すべての採用面接は、企業の内部者と外部者との交わりだからです。一度グーグルモデルを経験した候補者たちは、その体験を外部に持ち出します。さらに、その効果やプロセスの精度の高さまで共有されはじめると、他企業も自然に、同じ採用モデルを使いたいと考えます。採用体験が候補者によってグーグルの外部に持ち出される以上、他社が模倣することは可能となります。

そこに強力な**ネットワーク・エフェクト**も作用していきます。ネットワーク・エフェクトとは、特定の製品やサービスの価値や影響力が、利用者の増加とともに指数関数的に拡大していくという現象で、経済学や情報科学の分野で広く認識されています。

つまり、スマートフォンを使う人が増えるほど、スマートフォンの価値が高まるように、グーグルモデルを採用に使う企業が増えるほど、グーグルモデルの価値は高まっていくということです。

グーグルの偏執的なまでの採用ハードルの高さが、都市伝説のように広まりました。その結果、優秀な人ほど「あの採用面接を一度受けてみたい」と思うようになります。そのため、グーグルの採用は狭き門となりますし、それと同時に、他社もグーグルモデルで採用を実施するようになります。この結果、グーグルモデルの採用を突破することがステイタスとなりました。

一つの企業が採用した方法論や基準が、他の企業にも広がり、瞬く間に業界全体の標準となっていく。その様子を、私たちは採用の世界で目の当たりにしたのです。

まるで風車のように、ひとたび回りはじめると、それは止まりません。グーグルで経験を積んだ人材が次の職場に移る際、その知見や手法もともに伝わります。それは、あたかも植物が自らの種子を風に乗せて、新たな地に根を下ろすようなものでした。新しい採用手法とともにグーグル的な価値観も次の職場に根づき、また次の場所へとどんどん伝播していったのです。

この現象を別の角度から捉えるならば、グーグルが推進した採用革命は、「社会的ウイルス」のような存在だったともいえます。強い伝播力によって、ネットワークにおける一つのノード（結節点）から他の無数のノードへと波及し、最終的には世界中のあらゆる企業がその影響を受けるに至りました。グーグルがもたらした新しい採用の波は、地理的な境界や業種の壁を超え、全世界をのみこんでいったのです。

やがてこのグーグルモデルは、導入先の企業ごとに微妙に変異しながら、世界規模のパラダイムシフトを引き起こし、グローバルな採用基準を再定義してゆくことになります。

もちろん、グーグル自身にとって、それは自社の成長を実現する一手段に過ぎませんでした。グーグル内部にいる人たちが、その成果を喧伝するようなことは、あまり多くありませんでした。

しかし、結果として、グーグルがテクノロジーの巨人であるだけでなく、採用モデルの革新者でもあったことは間違いありません。この面において同社が現代のビジネス社会に果たした貢献は、あらためて評価されるべきなのではないでしょうか。

6 日本へのバタフライ・エフェクト

2011年ごろになると、このグーグルが端緒となった採用革命は、業種を超えて広がりはじめました。

たとえば、米国のラグジュアリーブランド「**コーチ**」。私は2011年ごろ、コーチの本社の方と接点を持たせていただきましたが、その時点でコーチはすでに、グーグル流のモダンな採用モデルへとシフトしていました。つまり、2008年のリンクトイン・リクルーターの衝撃から、たった3年という短いスパンで、直接候補者にアプローチする「ハンティング（狩猟）型」の採用スタイルに完全に移行していたのです。

一方で対照的に、この頃、同じラグジュアリーブランドでも、欧州系の企業たち――**LVMH**や**ケリング**ら――は、依然として従来の採用モデルを維持していました。[*1]

このように米国系と欧州系の間で、同じ業種であっても、採用革命の波が届くまでに明らかなタイムラグがあったことは興味深い事実です。

しかし、今やその欧州系ブランドでも、軒並みリンクトイン・リクルーターなどのデジタルツールを活用した、モダンな採用モデルが当然のように導入されています。

たとえ適応のタイムラグはあったとしても、採用革命は国境を超えて広まり、様々な業界に浸透していったのです。

こうして、すべてが静かに、しかし確実に変わっていきました。まるで、眠るかのように静かだった湖に石が投げ込まれ、その波紋がゆっくりと広がっていくように。その変化に私たちが気づくまでには幾ばくかの時間を要し、やがてそれがどれほど大きな影響を持つのかを思い知らされることになるのです。

山が動いた

＊1. 業界を問わずにいえる傾向として、欧州系には、リンクトイン・リクルーターなどを使ったダイレクトリクルーティングに対して懐疑的な企業が、米国企業より多かった。

日本はこれまで、このハンティング型の採用モデルの侵入を防いできた……つもりだったかもしれません。しかし、この「侵入者」はじわじわと日本でも根を張り、静かに広がりはじめています。

思い出してください。あのコロナ禍における国境防衛が、いかに大変だったかを。ハンティング型の採用モデルという新型ウイルスは、世界中で猛威を振るい、今や企業活動の常識として定着しています。日本だけが無縁でいられる。そんなことは果たしてありうるでしょうか。

それはすでに始まっています。主な侵入経路は明白です。2つのルートから始まりました。

- 外資系コンサルティング業界
- IT系を中心としたベンチャー業界

この二大成長産業セクターにおいては、「タレント＝才能ある人材」に対する需要が高く、グーグルから伝播したハンティング機能が求められる土壌がありました。そして実際、早期に実装された結果、この仕組みが狙い通りの効果を発揮し、国内の優秀な若手層を次々と引き込んでいったのです。

採用革命の伝染性は**バタフライ・エフェクト**のようなものでした。小さな出来事が連続的な変化を引き起こし、予測を超えた大きな影響へとつながっていったのです。

リンクトインが米国ほどには普及していなかった日本において、この動きを牽引したのは、ハイクラス層に特化した採用プラットフォーム「**ビズリーチ**」でした。ビズリーチのテイクオフ[*2]は、外資系コンサルティング業界とIT系ベンチャーの世界に人材の流動化をもたらしました。ただしそれだけならば、「動きやすいものが、もっと動いた」というだけです。

しかし、ビズリーチはその枠を超え、新たな市場を開拓しました。その結果が、国内の一流大企業からの一流人材の流出という事象です。これは「なかなか動かなかった山が、ついに動いた」ともいうべき出来事でした。まさにこれこそが、ビズリーチが日本社会にもたらした本質的なインパクトだったのだと思うのです。

最初は例外事例として、脂の乗った30代の優秀層が日本の一流大企業から静かにポッポツと羽ばたいていきました。ある人は商社から外資系コンサルティングファームへ。またある人は、メガバンクからITベンチャーへ。この見えない人材争奪戦で、知らないうちに岩盤を崩されてきた日本の大企業では、やがてリーダー層の不足や質の低下が叫ばれるようになります。

「俺たち世代に比べて、若手にはリーダーシップを発揮できるやつが少なすぎる」

そんな声が、いつの間にか、あちこちから聞こえるようになってきたのです。

＊2. ビズリーチの創業は2009年だが、このプラットフォームを使った日本企業からの人材流出が顕著になったのは、テレビCMの放映が始まった2016年ごろからだった。

この伝染性を持つ革命は、その実態がなかなか捉えにくいという面がありました。現場から遠い経営層の間では、若手が抜ける現象を、「ゆとり教育のせい」にして片づけてしまうことが多かったように思います。そう、残念ながら、事態の深刻さに気づいていなかったのです。問題はもっと深いところにありました。分かっている人は、すでに気づいていたはずです。これは単に「人材獲得競争に負けてきた結果」だと。

先延ばしされてきた問題が、ついに表面化してきました。地殻変動のエネルギーが徐々に蓄積され、ついには爆発を迎えるかもしれません。これが、今の日本が直面している現実なのです。

この事態を招いた「初期状態におけるわずかな差異」は、まるで誰かが遠い昔に投げ込んだ小石のようなものです。その波紋は、静かに、しかし確実に広がりつつあります。どこまで広がるのか、今はまだ誰にも分かりません。けれど、その波紋が広がり続けてゆくことは、確かなのでしょう。

第2節

採用革命の本質

リンクトインが起こしたゲームチェンジは、ダイレクトリクルーティングの誕生にとどまらなかった。ポジション起点の採用から、個人起点の採用へ。パワーバランスが崩れ、埋めるべきポジションがなければ始まらなかった採用活動は、24時間365日、継続すべき仕事に生まれ変わった。

1

「コペルニクス的転回」と「新しい仕事」

どんな時代でも、革命が起こるときには必ず、様々な変化が同時に押し寄せてきます。

新しい産業は新しい職種を生む

	産業革命 18〜19世紀	情報革命 20世紀後半
新しい産業	繊維産業、 鉄鋼産業、 鉄道産業…	情報技術産業、 ソフトウエア産業、 デジタルマーケティング…
新しい職種	工場労働者、 機械技師、 鉄道員…	ソフトウエアエンジニア、 ウェブデザイナー、 データアナリスト…

歴史を振り返ると、それらの変化の中にある共通点を見出せます。それは、革命の後には、必ず新しい産業が芽吹き、新しい職種が生まれる。ということです。

産業革命は工場労働者や機械技師を生み、情報革命はソフトウエアエンジニアやウェブデザイナーを生みました。これらと比べると、**採用革命**のインパクトはそこまで大きくないかもしれませんが、過小評価はできません。

採用革命を経て新たに生まれた産業としては、たとえば、人事業務を自動化し、合理化する「**HRテック**」産業があり、すでに世界で6兆円に迫る市場規模に成長し、２０３２年には12兆円を超えると予想されています。[*1] また、採用を代行する**RPO**（リクルートメント・プロセス・アウトソーシング）と呼ばれる産業も、すでに世界で1兆円を突破しており、年率10％を超える成長を続けています。[*2]

それだけではありません。採用革命がもたらした変化とは、なんといっても、**ダイレクトリクルーティング**を軸とする新しい採用モデルの普及です。この変化は企業の内部にも作用し、採用に関わるまったく新しい職種が生まれました。

リンクトインの登場でまず、採用する側の企業が、他社で働く個人に直接DM（ダイレクトメッセージ）を送ることが可能になり、ダイレクトリクルーティングが始まりました。それまで、このようなスカウト業務は外注するのが当たり前で、**採用エージェンシー**の専売特許のようなものでしたから、それは大きな変化です。

たとえば、ある企業で、あるポジションに空きが出たとしましょう。このとき人事担当者が取れる行動に、どのようなものがあるでしょうか。

リンクトイン以前

1. 募集広告を出す
2. 採用エージェンシーの担当者（エージェント）や知り合いに紹介を依頼する
3. 業界で評判の高い人を自力で特定する。その人のメールアドレスを探し出して、個人的にメールを送ってみる（メールアドレスを探し出すまでに相当な困難があることが多い）

＊1. Fortune Business Insights.（2024）. *Human Resource（HR）Technology Global Market Analysis, Insights and Forecast, 2024-2032*

＊2. Grand View Research.（2023）. *Recruitment Process Outsourcing Market Size Share & Trends Analysis Report By Type（On-demand, Enterprise）, By Service（On-site, Off-site）, By Enterprise Size, By End Use, By Region, And Segment Forecasts, 2023–2030*

今ではこれらに、新たな選択肢が加わりました。

リンクトイン以後

4．リンクトインのデータベースを検索して、気になる人すべてにDMを送る（もちろん、1〜3と併用できる）

このように広く人材市場を見渡して、食指が動く人すべてにアプローチができる。ということが最初の発見でした。

次に、この新しいアプローチ方法を試した企業は気づきます。「ひょっとしてこれ、ポジションが空いているかどうかって、関係ないのでは」と。

候補者に広くアプローチする方法を持たなかった時代では、企業の採用は、特定の空きポジションを想定し、それに合ったプロフィールを持つ人材をターゲットにするというものでした。募集広告を出すのも、エージェントに紹介を依頼するのも、埋めるべきポジションありきで、それがなければ基本的には動けなかったのです。[*3]

しかし、リンクトインを眺め、気になる人に声をかけるのはいつでも可能です。空きポジションがなくても、いいと思った人には「今でなくてもいいから、一度会ってみない？」と、声をかけることができます。たとえそのときはタイミングが合わなかったとしても、

＊3. 従来型の採用では、ジョブ型の雇用システムを前提とする欧米ほど、ポジションに縛られやすい傾向があった。

一度きりのコンタクトで終わらせるのではなく、持続的な関係を構築すればよいのです。続いて、企業は気づきます。「ひょっとしてこれ、そもそもポジションがなくてもよいのでは。いい人がいたら、その人のためのポジションをつくればいいじゃないか」と。

つまりこれは、**ポジション起点の採用から、個人起点の採用への移行**を意味しています。従来のように募集要項ありきで、それにマッチする人を探すだけではなく、候補者一人ひとりのプロフィールをつぶさに見た上で、「この人なら、こんなことができるんじゃないか」とか「今回、探していたポジションとは違うけど、これから開拓する予定のこの領域にぴったりフィットするかもしれない」などと、あれこれ思索することができるようになりました。

つまり、ポジションへのフィットありきではなく、人物として魅力的な人は、ポジションがなくても確保してしまおう。という方向に、企業の動きが変わっていったのです。「個の可能性」を引き出す方策を考えてから、採る。

そんなアプローチが可能になったのです。

毎日が採用

こうなると、採用のチャンスは24時間365日、絶えることがありません。かつて採用は、空きポジションが発生したときに稼働する、一時的な業務の要素が強くありました。

しかし、状況は一転し、それは常に稼働し続ける、レギュラー業務へと変わりました。

ダイレクトリクルーティングの登場によって、企業内部に、まったく新しいフルタイムの仕事が生まれたのです。

ウェブサイトを巡回（クローリング）するだけで、いつでも、どこでも、採用候補者をサーチし、候補者にアプローチできます。その結果、採用は常に成果を出し続けることが求められる、アクティブな仕事へと進化していきました。

まるでコペルニクスが天動説をひっくり返したように、採用の概念に根本的な転換が起こり、そこから必然的に、企業内部における採用のプロセスや体制も劇的に変わっていったのです。

2 採用は人事にあらず

「リンクトインを使えば、企業が候補者に直接声をかけられる」というコンセプトが最初に出てきたとき、米国ですら、懸念の声が少なからずあったようです。

それはインターネットが情報を開放していく過程において、あらゆる業界で起きたことです。

以前は、家を買いたいと思ったら、不動産屋さんに足を運ばなければなりませんでした。そこに不動産のポータルサイトが現れ、物件情報をダイレクトに見られるようになったときは、多くの人が詐欺などのリスクを懸念していました。旅行の予約も、旅行代理店に直接出向いて申し込んでいましたが、オンラインで予約できる旅行ポータルサイトが現れた当初は、本当にそのチケットが本物なのか、いぶかしむ向きも多かったと記憶しています。

様々な懸念から、しばらくは旧来のやり方を好む人が多数という時代がありましたが、それはやはり変化していきました。

今ではオンライン・プラットフォームを使うことが消費者にとって当たり前の時代です。スマホやパソコン一つで簡単に済ませられるというのも大きな変化です。

しかし、それ以上に本質的な変化があります。それは、かつて仲介業者（エージェンシー）が独占していた情報のかなりの部分が、顧客に開放されたということです。

新しいサービスの登場によって、古い業界に風が吹きこみ、守られていたエージェンシーの既得権益も大きく削られていったのです。[*1]

このような他業種での前例を踏まえた上で、リンクトインが企業向けのツールを開発したこと――採用エージェンシーが必死に守ってきた有望な候補者すべての名前や連絡先をデータベース化し、公開しようとしたこと――について考えてみてください。それがいか

＊1. 一方で完全に仲介業者（エージェンシー）が駆逐されたわけではないことも含め、不動産業界と旅行業界の事例は、リクルーティング業界と似ている。

に「やばい」アイデアで、どれだけの影響を与えたのか、想像してみていただければと思います。

さて、この買い手（採用したい企業）が仲介業者を飛ばし、売り手（採用候補者）へと直接声をかけることを実現する、**リンクトイン・リクルーター**という破壊的なツールは、企業社会にどのような変化をもたらしたでしょうか。

簡単にいうとそれは、人事部を変えた。ということです。

企業の内部に、まったく新しい仕事が生まれたことは、すでに指摘しました。フルタイムで稼働する採用の仕事です。

すると、その仕事を担当することになる人たちが変わりました。より正確にいえば、「採用を担当する人」に求められる資質が変わったのです。

何を隠そう、米国企業でも人事部は、大きく分類するなら管理部門です。人事部の人材には、制度設計や人事評価など企業統治にも関わる「かっちりした仕事」が求められることもあり、保守的で真面目な人たちが多い印象です。その点では日本企業と大差ありません。

そんなかっちりした人たちとは対照的な人が多い[*2]外部の採用エージェンシーと組みながら、採用業務を「きっちり」と回していたのが、それまでの時代の姿でした。

そんな人たちの前に、突如として現れたのが、このダイレクトリクルーティング・ツー

＊2. 採用エージェンシーで働く人たちのキャラは、人事部員とおおかた真逆のことが多い。対人コミュニケーションが中心となる仕事のため、外交的で、達成志向も強く、新しいものを好み、楽しむタイプが多く、そこは米国も日本も変わらない。

ルだったのです。

2013年ごろのことだったと記憶しています。私はあるグローバル・ファッション大手でCHRO（最高人事責任者）を務めていたカナダ人の女性と話をする機会がありました。当時50代だった彼女は、もともと製造業や製薬業界のいわゆる「堅い会社」で、人事の王道を歩んできた成功者でした。

そんな人がなぜファッションという遠い業界へと転じたのか。話を聞くと、なるほどと思えることがありました。それは彼女の人間性です。実にチャーミングでユーモアにあふれた、おしゃれ好きの方だったのです。

当時はまだ新しかったリンクトインを使ったダイレクトリクルーティングについて話が及ぶと、彼女は笑いながらこう言いました。

「私はね、もう人事部の部下たちにリンクトインを触らせるのを諦めたのよ」と。そして、続けてこう教えてくれました。「それでどうしたと思う？　ショップの若い子たちにアカウントをつくらせるように伝えたの」

ファッション業界といえども、大手企業の人事部員は、やはり堅実で、見知らぬ人にオンラインで直接声をかけることには心理的な抵抗があったそうです。

「自分でできないなら、ご飯でも奢って、代わりにショップの子にやってもらいなさいって言ってやったのよ！　グッドルッキングな子たちから連絡が来たら、候補者だって喜ぶでしょうし。悪くないアイデアでしょ？」

確かに、かっちりした人事部の人たちに、ダイレクトリクルーティングを任せるのは、まるで異性とまともに話したことがない人に「街に出てナンパをしてきてください」と指示するようなものなのかもしれません。

人事部員の立場からすれば、「急にそんなことを言われても」という話だったのでしょう。「まるで営業職に飛ばされたみたいだ」とぼやく声も聞こえたそうです。

しかし、この人のアプローチは正解だったのではないでしょうか。

その後、ダイレクトリクルーティングの普及とともに、米国では「採用＝人事」という従来の考え方を根本から見直そうとする流れが生まれました。新しい時代の「採用」活動は、人事の業務というより、むしろ「営業」に近いと、多くの人が言いはじめたのです。

採用という活動が、一気に営業活動に化けていったのです。

ただし、この「採用＝営業」という新しい認識が社会全体に浸透するまでの流れは、決して速かったわけではありませんでした。新しいもの好きな米国でさえ、古いビジネス界の常識を覆すには相応の時間と努力が必要だったのでしょう。

採用のパラダイム変化

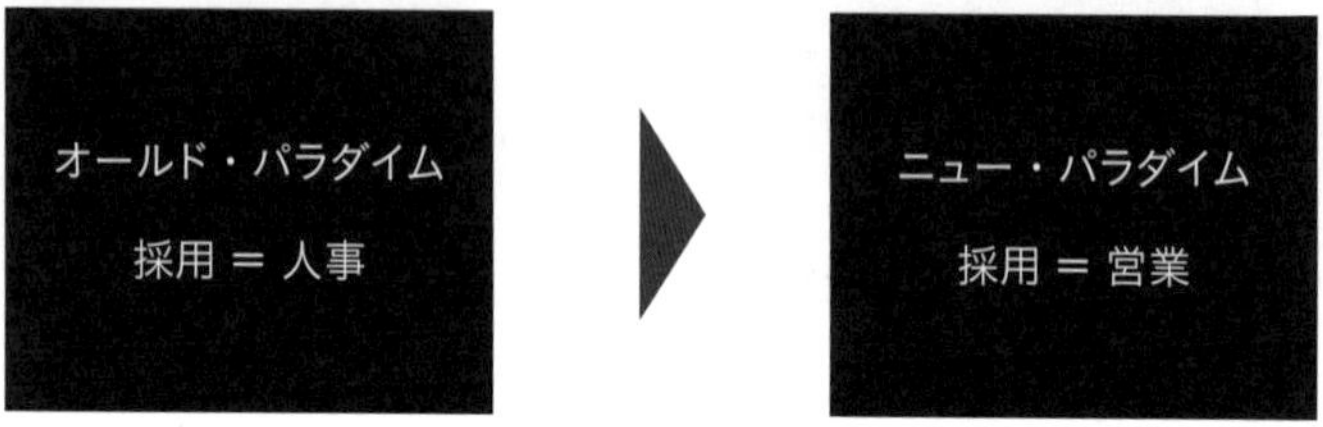

その突破口となったのが、「タレントアクイジション（Talent Acquisition）」、略して「**TA**」という呼称がバズりはじめたことでした。

「タレント＝才能ある人材」を「アクイジション＝獲得」するという積極的な響きは、採用の新しいパラダイムを象徴するものとなりました。この新しい言葉が一般に使われ出した頃から、従来の人事の常識がゆっくりと、しかし確実に一新されていったように感じます。

ここから、採用の風景は一変しました。ＴＡ（タレントアクイジション）に特化したチームを設置する企業が次々と現れ、増加していきます。

新たに命を吹き込まれたＴＡという仕事は、先進テクノロジーを駆使し、膨大なデータを収集・分析することで、最高レベルの才能を持つ人材を探索し、アプローチする活動として広がりを見せました。

この変化は、従来バックオフィス的な要素の強かった人事部に、プロフィットセンターの性質が加わったということを意味します。

この「人材調達」とも呼べるアグレッシブな機能が、企業に根づき、急速に発展していったのが、かれこれ、ここ15年ほどの出来事だったのです。

3 S級を探せ

「タレント」という言葉は、日本では芸能人のイメージが強いかもしれませんが、もともとの意味は「才能、素質」で、「～のタレントがある（have a talent for ～）」といった形で使われます。人を指す場合は、「才能ある人材」といった意味になります。

トップクラスのタレントが一人いるだけで、企業は大きく変わることができます。

たとえば、法人営業に飛び抜けた人材が一人加わることで、これまでにない大きな取引が実現することがあります。低迷する巨大企業でも、優れた器を持った社長が一人登場するだけで、停滞を抜け出し、業績が飛躍的に向上することがあります。

その人が生み出す直接的な価値だけではありません。模範となるタレントの存在は、周囲に広範な影響を及ぼします。リーダーシップを発揮できる人材ならばなおのこと、そのシャワー効果は信じられないほど大きいのです。

海外のグローバル企業で働く方と話していると、人材をざっと、A、B、Cでランクづけする場面によく出くわします。たとえば、「彼女なんて、まさにAランク人材だよね」といった調子です。

あるいは、「**S級**が欲しい！　S級はいないのか！」と、経営者や人事責任者が採用エージェンシーの担当エージェントに詰め寄る、といったやや切迫した場面も見かけます。

S級とは、言うまでもなく、Aランクをはるかに上回る「スペシャルな人材」ということです。そうです。世界では、「S級」のタレントを血眼になって求める動きが当たり前になっているのです。

トップタレントへの執着、いや、信仰とでもいうほどのこだわりがビジネス文化として根づいていることは、このビジネスシーンにおける言葉遣いからも伝わってきます。

まだ私がヘッドハンターとして駆け出しの頃の話です。当時の主な仕事は、外資系企業の日本法人の社長探しでした。サーチをする日本人社長は、本社所属の外国人の部下となります。この外国人上司をどう納得させるかが、いつも大きな課題となりました。

提案した候補者たちに対して、「物足りない」という主旨のフィードバックを、丁寧に（微笑みつつも目は笑っていない顔で）いただくことが頻繁にあったように思います。言外に「君は、うちのクオリティ基準が分かっていない」というお叱りのメッセージのようなものを感じたものでした。

外資のグローバル企業の中でも業界最大手ともなると、トップクラスのタレントへのこだわりにはすさまじいものがありました。

しかし、これが日本企業の場合、その様相は随分と異なってきます。

私のヘッドハンターとしてのキャリアが後半に差しかかる頃、時代が変わり、日本の大手企業からの依頼が一気に増えました。経営幹部のサーチや次期社長候補の選抜サポートといった案件です。

もちろん、案件によって状況は異なるものの、外資系企業との「歯を食いしばって食らいつかないと負けてしまう」ような仕事と比較すると、日本企業のプロジェクトは、一度始まりさえすれば候補者選びは比較的スムーズだったといえます。多くの場合、最初に紹介した3～5名の候補者の中から、すっと採用する人が決まり、サーチを一からやり直す事態になることはほとんどありませんでした。

これには、日本のクライアントがサーチに不慣れだったから、という側面もあるかもしれません。しかし、それ以上に、「最高の才能を見つけよう」という意識が希薄で、むしろ企業文化にフィットする人材を優先する傾向が強かったからではないか、という印象を持っています。

もしも桁違いに優秀な人が来て、すぐ結果を出してしまったら、何か困ることでもあるのだろうか。だから優秀な人を避けるのかと、うがった見方をしてしまったこともありました。

このように、日本の大手企業は、とにかくベストな「S級」タレントを必死で探し求める、ということへの動機づけが、いま一つなされていないように感じられるのです。

4 パワー・トゥ・ザ・ピープル

S級タレントへの信仰のごときこだわり。

それは、経済のグローバル化を戦い抜いた外資系企業に備わる、際立った特徴です。

では、その結果、採用の現場で何が起きたのでしょうか。端的にいえば、各レイヤーで極めて活発なトップタレントの引き抜き合戦が始まったのです。つまり、「トップタレントの獲得こそが企業間競争における勝敗を決する」という認識が、理論的な理解を超え、具体的な行動として実行されるようになったのです。

「トップタレントを探せ」
「トップタレントを囲い込め」
こうした言葉が、まるで宗教的な原理のようにシリコンバレーの経営者層を中心に広まりました。

シリコンバレーでこの動きが起こったのは、ある意味で自然な流れでした。というのも、ソフトウエア産業では、製造業やサービス業に比べ、トップタレントの獲得が企業の競争力に与えるインパクトが際立って大きかったからです。

ただし、トップタレントの価値はソフトウエア開発にとどまりません。イタリアの経済学者ヴィルフレド・パレートが発見した法則にならって、「トップ20%の従業員が売り上げの80%をつくる」などとよく言われるように、あらためて考えれば、プロダクト開発から、販売や営業、さらには資金の獲得と回収に至るまで、あらゆる企業の経済活動において少数のトップタレントが成果の大部分を担っていることに、誰もが納得するはずです。

具体的な調査データを探してみたところ、**マッキンゼー・アンド・カンパニー**が、2000年にアグレッシブな数字を弾いているのを見つけました。人材の質と仕事の成果の関係性を調べた、このマッキンゼーのリポートによると、平均的な人と、ハイパフォーマーの間では、仕事の複雑性が上がるほど成果の差が大きくなり、最大で800%も違いが出るというのです。

トップタレントにまつわる「アグレッシブな数字」

●マッキンゼーが提唱した生産性の格差
「一般的な人」と「ハイパフォーマー」のギャップ

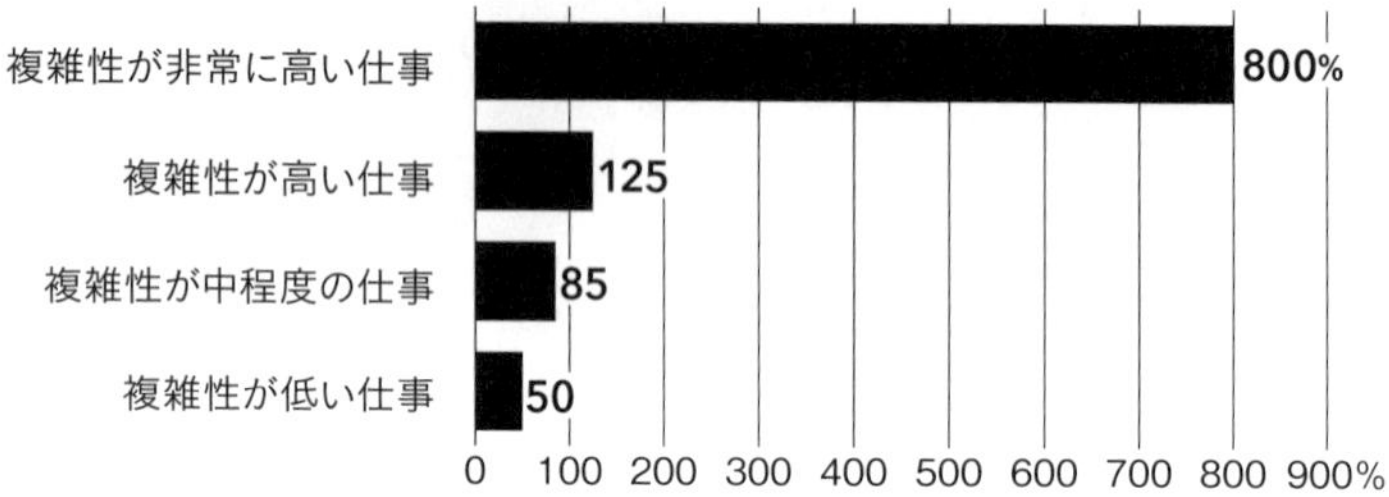

＊ マッキンゼー・アンド・カンパニーの"McKinsey Global Surveys: War for talent 2000"を基に作成（マッキンゼーが同資料を引用した2017年の記事を参照）

コンサルティングファームは（プロジェクトを売ろうという狙いがあるからでしょうか）得てしてインパクトのある調査結果を出したがる傾向があるので、割り引いて受け止めるべきでしょうが、この分析は切り口としての妙があり、ビジネスの現場の感覚とも合致するものがあります。

話を米国での人材にまつわるトレンドに戻しますが、S級トップタレントの獲得競争は、前述のようにソフトウエア業界において始まったといっていいでしょう。「トップX%のエンジニアとそれ以下の差は著しく、生産性がY倍違う」といったデータがよく引用されるようになり[*1]、エンジニアに関していえば、「飛び切り優秀な人を一人採った方が、平凡な

＊1. プロフェッショナルのプログラマーであっても、プログラミングにかかる時間には28倍の個人差があるという実験結果を示した1968年のザックマンらの論文に端を発して、プログラマーやエンジニアの能力の個人差がもたらす生産性の違いについては長年議論がある。これらの「神話（Myth）」について分析したカーネギーメロン大学のウィリアム・ニコルズの論文は、心理面も含めて、作業環境の違いの影響が大きいとしつつも、プログラマーの能力に個人差があることは認めている。
- H.Sackman, W.J.Erikson, E.E.Grant.(1968) *.Exploratory Experimental Studies Comparing Online and Offline Programming Performance.* Communications of the ACM
- William R. Nichols.(2019). *The End to the Myth of Individual Programmer Productivity.* IEEE Software

トップタレントとパワータレントの違い

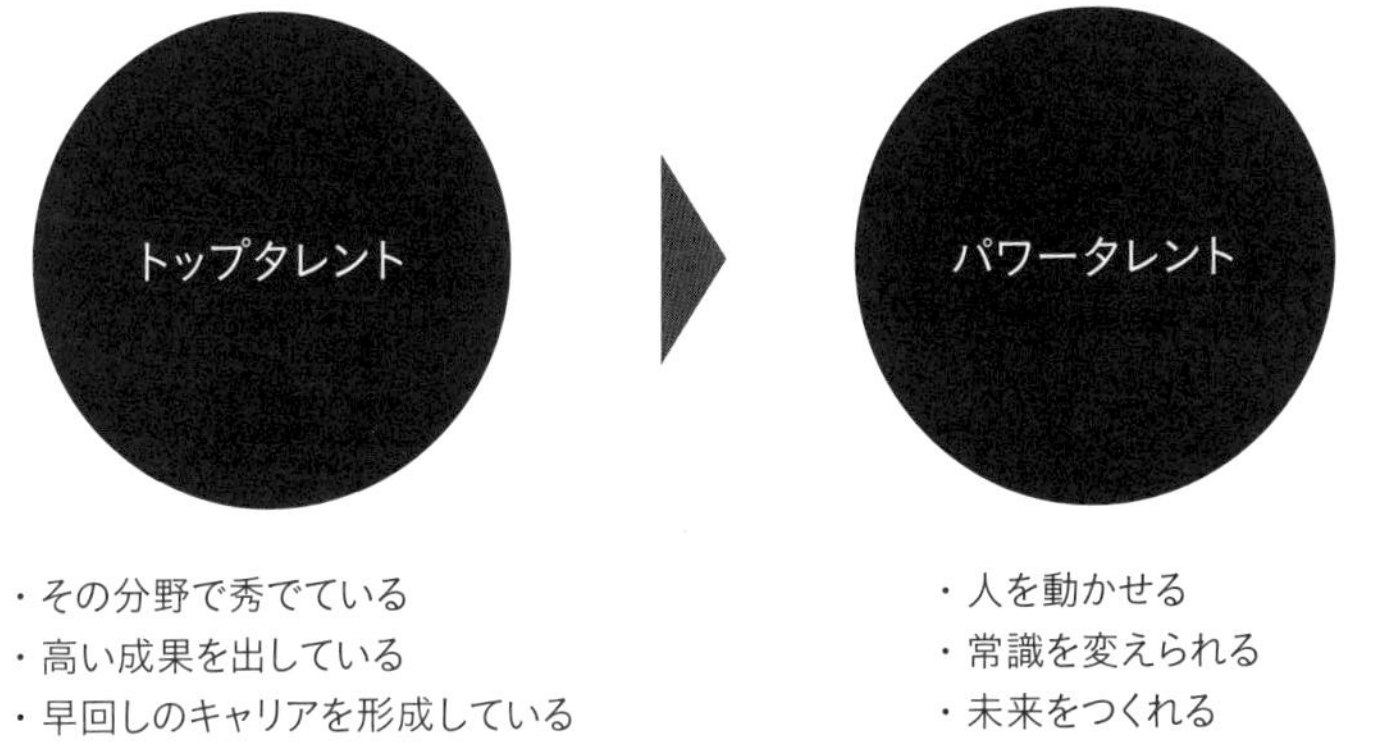
トップタレント
パワータレント
・その分野で秀でている
・高い成果を出している
・早回しのキャリアを形成している
・人を動かせる
・常識を変えられる
・未来をつくれる

人を何人も採るよりもいい」ということがほぼ常識になりました。[*2]

そして、この考え方は他の業務にも広がっていきました。いわゆる「**ナレッジワーカー**（知識労働者）」であれば同じ、という発想です。「エンジニアだけでなく、カスタマーサポートも上位層がいい」「当然、営業や広報も」といった具合に、どの職種においても、過去の実績などから見てトップ20%、せめて25%に入る優秀な人材を採用しようという考え方が、現場のスタッフレベルにまで浸透していきました。そして、もちろん経営者もナレッジワーカーです。

ナレッジの力が生産性を爆発的に押し上げるこの時代、トップタレントの中でも飛び切り優秀な一握りの人たちは、企

＊2. グーグルのナレッジ担当上級副社長だったアラン・ユースタスは「一流のエンジニアは平均的なエンジニアの300倍の価値がある」と言い、ビル・ゲイツは「優秀なソフトウエアプログラマーは平均的なプログラマーの1万倍の価値がある」と発言したと、ラズロ・ボックは、著書『ワーク・ルールズ！　君の生き方とリーダーシップを変える』（鬼澤忍、矢羽野薫訳、東洋経済新報社）で、紹介している。

業間の競争に決定的な違いを生み出す存在となりました。次々とヒーローやヒロインが登場し、その影響力を広げ、時にはただ転職するだけで、転職先の企業の時価総額を引き上げました。[*3]

こうした人材は、もはやただの「優秀な人＝トップタレント」とは、カテゴリーが別の人材だといえます。

個人としての仕事を通じて企業を変え、さらには社会を大きく動かし、この世界に影響力を与える力強い存在。

このような人たちは一部では「**パワータレント**」と呼ばれ、トップタレントとは区別して語られはじめています。

パワータレントとは、イーロン・マスクのようなスター起業家だけを指すわけではありません。普通のスタッフと同じオフィスで机を並べる人の中にも、エクイティ報酬を含めると年間数十億円を稼ぐ人材が紛れ込んでいる可能性がある——これが、今日の世界の職場なのです。[*4]

米国を端に始まった採用革命。それは、パワータレントをめぐる狂想曲であり、企業から個人へのパワーシフトでもあります。

劇的な違いを生む人材を「日常的に」探し、見つけたら必死で口説いて仲間に引き込む。そして、魅力的な報酬とともに、この世界を変えられる仕事を用意して囲い込む。

これこそが、シリコンバレーから始まった採用革命の実相なのです。

＊3. 一例として、グーグル幹部だったマリッサ・メイヤーが2012年にヤフーCEOに就任した直後に、その期待感からヤフーの株価は2.8%上昇し、一年で約70%上昇した。その後の立て直しは難航し、中核事業の売却とともに退任したが、それはまた別の話。

＊4. 調査会社CBインサイツによると、2024年時点で、世界には時価総額が1兆円を超えるメガスタートアップが1200社以上存在している。こうした企業では、年収数十億円クラスの経営トップに限らず、マネージャーレベルでも、エクイティ報酬で年収1億円を超える人がゴロゴロいる。

5 企業格差は広がる

正直に言えば、この採用革命には一種の毒が含まれていることをお伝えしておくのが誠実だと思います。結論から言うと、この革命は企業間の競争力格差を広げる方向にエネルギーを働かせる要素が強いのです。その理由は、採用市場が本来持つある特性にあります。**マーケットメカニズム**という言葉があります。これは、売り手と買い手、供給側と需要側がn対nの突き合わせを行いながら成り立つ仕組みです。このメカニズムの本質的特徴は、自由競争の過程で必然的に強者と弱者が生まれるということです。それはどうにも変えようのない現実でありますし、資源の配分、つまり採用における人材の分配もまた、極めて不均等に進むのです。

マーケットメカニズムが働きはじめると、強者はますます強くなり、弱者はますます弱くなっていきます。これを労働市場に置き換えると、自由な就職先の選択が広がり、転職が当たり前の世界が到来することで、格差を生むメカニズムがさらに加速するということです。実際、日本以外の世界では、この状況はとうの昔に定着しています。強い会社はますます強くなり、弱い会社はますます弱くなる。これが現実なのです。

さらには、採用市場においては、**情報の非対称性**というものが存在します。よく、候補者側が企業に比べて情報不足で不利だという話を聞きますが、実際には、需要側である企業も一般的に、供給側である個々の人材に関する情報が不足しがちです。裏を返せば、競合する企業と比べて、より多く、より質の高い情報を得ることのできる強者が優位に立ち、より有利な取引（採用活動）ができるのです。

この情報格差をさらに広げるのが、**採用エージェント**の存在です。優れたエージェントと良好な関係を築いた企業は、優秀な候補者を優先的に紹介されることが多くあります。これは経営資源が豊富な企業に有利に働きがちです。その結果、強い企業はさらに強くなりますし、反対にネットワークや情報へのアクセスが限られる弱者企業は、人材獲得競争でますます後れを取ってしまう状況へと陥るのです。

加えて、規模の経済性もガツンと働きます。大量の高給人材を雇う計画がある企業には、多くのエージェントがこぞって集まり、競い合って優秀な人材を紹介します。その結果、優れた人材だけでなく、価値ある情報が多く集まり、それらが有機的につながり合って、その企業固有の情報ネットワークが築かれていきます。

この採用活動というものは、外交上のインテリジェンス（諜報）活動と少し似たところがあります。たとえば、候補者の職歴や人柄を第三者に確認するリファレンスチェックは、インテリジェンス活動におけるヒューミント（ＨＵＭＩＮＴ＊）にほかなりません。力のある

＊ human intelligence（ヒューマン・インテリジェンス）の略称。人間を情報源として情報を収集するインテリジェンス活動を指す。具体的には、合法的なインタビューや情報交換のほか、スパイ行為も含まれる。

企業ほど強力な情報ネットワークを持ち、それをうまく活用することで、採用成功の確率を上げているのです。

しかし、興味深いことに、この市場は不完全さゆえに時折バグが生じます。採用市場は、マーケットメカニズムが強く働く一方で、完全な合理性とは程遠い市場でもあります。なぜなら、人材という資源には、感情や意思が伴うからです。たとえば、レアメタルのような物資の取引であれば、提示価格を上げれば手に入れることができますが、人間の場合は違います。たとえ市場価格以上を提示しても、その人自身が納得しなければ採用に至らないことがしばしば起こるのです。

このような要素こそが、採用市場を「完全市場」とは程遠い、実にエキサイティングな場にしていますし、この「ゲーム」の攻略を奥が深いものにしています。これは一発逆転を目指す企業にとってはグッドニュースといえるポイントでしょう。

どれだけ破格の待遇条件を出しても、意中の候補者に断られてしまうという、なんとも残念なことが起きる一方で、通常では出会うことも難しい優れた人材の魅了に成功し、望外の採用に至るという、嬉しいサプライズもある。これが、この採用という人間味あふれた活動の面白いところなのです。

コラム

巨人のつまずき

――グーグルの試行錯誤

何やら「シリコンバレーすげえ」的な話ばかりを繰り広げてきましたが、実は米国でも、そう簡単に採用革命が進展したわけではありません。たとえば、採用革命を牽引したグーグルでさえ、最初から完璧なモデルを持っていたわけではなく、トライアンドエラーの連続だったことをご存じでしょうか。

2010年代、グーグルは誰もが入りたいと憧れる、絶対的な採用強者でした。グーグルに入社することはまさに成功の象徴であり、多くの人にとって人生をバラ色に変えるチャンスだと考えられていました。もちろん、世界中から大量の候補者が応募し、その中からどのように最適な人材を選び出すかは大きな課題となります。グーグルはそのふるい分けのため、採用プロセスの中で様々な試行錯誤を重ねました。

その一つが、面接時に候補者の「コグニティブ・アビリティー」、つまり認知能力を測るテストでした。いわゆる知能テストに近いもので、候補者の論理的思考力や問題解決能力といった知的な能力を数値化し、採用の判断に生かす試みです。

当時のグーグルは「とにかく頭のいい人を採用する」という方針で、採用面接で一風変わったクイズのような問題を出題していました。

日本でも話題になった「フェルミ推定」も、その一例です。フェルミ推定とは、正確に計測するのが難しい数量を論理的に概算する方法です。

たとえば、「飛行機の中にピンポン玉が何個入るか」や「アーカンソー州には電柱が何本あるか」「シカゴにピアノ調律師は何人いるか」といった問題が挙げられます。かつてはコンサルティング業界の採用面接でも頻出の手法で、応募者の推論力や柔軟な思考力を試す目的で出題されていました。

グーグルでは、他にも少し風変わりな採用実験を行っていました。あるとき、道路沿いに難解な数学の問題が書かれた看板を設置し、通りがかりの人々に挑戦を促したのです。答えが分かると特別なウェブサイトにアクセスでき、さらにそこには別の難解な方程式が待ち受けていました。この方程式を解けた人のみが、グーグルに履歴書を送ることができる仕組みです。つまり、グーグルの門を叩くためには、このような数学の難問を解ける知力が第一条件とされていたのです。

しかし、時がたち、グーグルが自社で検証を重ねた結果、知能や知力を問うテスト結果と仕事でのパフォーマンスには、実はほとんど関連がないことが明らかになりました。

グーグルの人事担当副社長だったラズロ・ボックは、「この種の質問は誰にとっても時間の無駄」として過去の採用基準を見直し、反省の弁を記しています。*

仮説を立て、問題解決に当たる論理的思考は確かに重要ですが、職場での成功に必要な能力はそれだけではないことに、グーグルは気づかされたのです。

仕事では、チームメンバーを納得させる説得力や、自ら率先して行動する力、変革に伴うリスクを引き受ける度量なども求められ、むしろ、これらの要素の方が、与えられた問題に「答えを導き出す」能力よりも仕事の成果に寄与することが分かったわけです。この学びから、グーグルは採用基準を見直し、「人と組織を動かせる力」に重きを置く方向へとシフトしていきました。

このように、自ら定説として掲げたものを否定し、あっさり上書きしちゃうところが、ある意味爽やかで、いかにもグーグルらしい逸話です。

私たちも日々、様々な選択の中で多くの失敗を経験しますが、重要なのは、その失敗から何を学び、どう次に生かすかということです。同時に、このテクノロジーの巨人がたどった道のりは、採用という分野がいかに奥深く、人間という存在がどれだけ謎に満ちているかをあらためて浮き彫りにしているように思えます。

＊ ラズロ・ボックは、自身の著書でここに引用したように「難問奇問のような洞察問題」の無意味さを指摘している。ただし「面接時のこうした（編集注：知性を問う）質問はグーグルでも使われてきたし、間違いなく今後も使われつづけるだろう」とも記す。

第2章 文明開化はまだか

2011年、リンクトインが日本法人を設立。採用革命の日本上陸が始まる。GAFAMの日本法人など外資系企業が、トップタレントの獲得に特化したTA（タレントアクイジション）チームを構築。日本企業のエース人材を次々に引き抜いていった。標的とされた日本企業も反撃に出る。

1 GAFAMによる着火

ここまで、世界の採用スタンダードがどのように形成されてきたかを見てきました。では、翻って、日本の現状はどうなのでしょうか。この章では、主体を「私たち」、すなわち日本企業に置き換え、日本企業が、なぜ今、変革を必要としているのかを整理し、問題提起してみたいと思います。

まず、日本の採用の実態を整理してみましょう。

日本にいると、「**採用革命**」など遠い国で起きていることのように思えるかもしれません。しかし実際には、この波はすでに日本の沿岸に到達し、上陸を果たしています。

たとえば、2024年8月、日本経済新聞に「大手金融、中途採用拡大へ直接スカウト仲介に頼らず」という記事が掲載されました。**三菱ＵＦＪ銀行**が**リンクトイン**や**ビズリーチ**の活用に乗り出すなど、日本のメガバンクでも**ダイレクトリクルーティング**の導入が進んでいることを伝えています。このニュースは、ここ十数年の間に静かに進んできた大きな変化の一端に過ぎません。

振り返れば、皆さんの周りにも、同様の変化が起きているのではないでしょうか。ご自身にダイレクトリクルーティングの声がかかったり、同僚や知人、友人が他社に引き抜かれたり、あるいは新しい上司が異業種から転職してきたりと。そう、採用の状況は着実に変わってきたのです。


日本の採用市場の現場では、今、何が起きているのでしょうか。

端的にいえば、**ＴＡ（タレントアクイジション）**システムの導入です。グローバル企業や先進的なスタートアップ企業だけでなく、日本を代表する大企業のいくつかでも、飛び抜けた才能（タレント）を積極的に獲得（アクイジション）するＴＡ業務の重要性を認識し、従来の採用手法からの脱却が徐々に進行しはじめています。

リンクトイン上陸でGAFAMが変わった

前述のように、海外のグローバル企業の経営戦略においてTA業務が大きな役割を占めるようになったのは、2008年にリンクトインが採用支援ツール「**リンクトイン・リクルーター**」をローンチしてからです。このツールの登場により、企業は自ら候補者を探し、ダイレクトにアプローチする「ダイレクトリクルーティング」を行えるようになり、この手法はシリコンバレーから世界へと広がっていきました。

そして、2011年に日本でも小さな一歩が記されました。東日本大震災が発生したこの年、リンクトインが日本法人を設立しました。この動きに呼応するように、**グーグル**をはじめとする**GAFAM**（グーグル、アップル、フェイスブック、アマゾン、マイクロソフト）の外資系大手テック企業が、日本法人において本格的にTAチームの組成、整備を開始したのです。振り返るとこの2011年が、日本におけるTA元年だったといえるでしょう。

特に、米国系企業に顕著ですが、本社は各国からの例外対応の要望を嫌う傾向にあります。現地法人からの「うちの国は変わっているので、まだそれは時期尚早です」などといった陳情は無視されがちです。

こうして、GAFAMをはじめとするグローバル企業の本社の、社内にTAチームを作り、**採用エージェント**に支払う費用を削減しよう。というグローバル方針が、そこまでそのコストが問題になっていなかった日本にも適用された結果、日本現地法人にTAチームが設立されていったということが大きな流れでした。

しかし、当時の日本はどうだったでしょう。当然ですが、そもそもTA業務を理解する人材が国内に存在しないという状況でした。

この状況に対して、GAFAMはどのように対処したのでしょう。

その方法は様々でした。たとえば、グーグルの日本法人では、TAチームの構築を進めるため、**採用エージェンシー**から社員を引き入れていました。シーディィエスアイ（現・RGFエグゼクティブ サーチ ジャパン）といった外資系人材を得意とするエージェンシーから人材を出向させる形も取っていました。

一方、**アマゾン**の日本法人は、外資系企業で伝統的な採用経験を積んだ人材をモダンなTA人材へとリスキリングしていく手法を採りました。TAチームのリーダーとして、米国通信業界で経験を積んでいた日系米国人のエリコ・タリー氏を迎え、TAチームの整備を始めました。

このように、アプローチは各社各様ながらも、断固たる意志でTAオペレーションを立ち上げる努力がなされたことにより、日本市場においてTA人材の「培養」が始まりました。それと並行して、ダイレクトリクルーティング活動の実行も本格化していきました。

こうしてグローバル基準を導入した外資系テック企業による採用変革は、各地で摩擦を引き起こしながらも、市場のルールをぶっ壊すくらいの強烈なインパクトを与えました。この破壊的なエネルギーとともに、TAシステムは確かに日本に上陸し、根を張りはじめたのです。

本丸への転移

外資系テック企業、とりわけGAFAMの日本法人がTAチームによるヘッドハンティングを積極的に展開しはじめると、やがて日本企業からの人材流出が目立つようになりました。特にターゲットとされたのは、MBA留学や国際部門で活躍した経験を持つ、日系グローバル企業のエース人材たちでした。

このエース人材たちをピンポイントで引き抜かれた日本企業は、この流出現象が何によるものか、その原因を探りはじめます。そして、その背景にはTAシステムやTAチームといった新しい概念や仕組みがあることに気づくに至ったのです。

こうして次第に日本企業も、TAシステムを研究し、自ら積極的に導入していくようになっていきました。それはいわば採用革命の、日本経済本丸への転移です。その始まりは、自社からの人材流出への対抗措置であり、ディフェンスのためのオフェンス強化が不可欠になった。という認識からでした。

ところで、日本におけるＴＡシステムの進化において、実は**楽天グループ**が重要な役割を果たしたことはあまり知られていないかもしれません。日本企業で洗練されたＴＡシステムをいち早く完成させたのは楽天だといっても過言ではないでしょう。

楽天は２００２年、バーティカル戦略とポイントプログラムを打ち出し、「楽天経済圏」というコンセプトでアマゾンに対抗する方針を掲げました。２０００年代後半からグローバル展開を開始し、２０１０年代にはキャッシュバックサイト「イーベイツ」や通話アプリ「バイバー」などの海外企業を次々と買収。海外拠点も急速に拡大していきました。

このように多角化とグローバル化を進める中で「アントレプレナー精神にあふれる優秀なマネジメント人材の確保こそが、戦略実行の生命線であり、その人材獲得の対象を世界に広げるべきだ」と、強く認識しはじめたのは自然なことでした。その流れの中で２０１２年、社内公用語の英語化がスタートしたのです。

しかし、やがて英語を使える人材を育てたことが裏目に出はじめます。皮肉にも競合であるＧＡＦＡＭへの人材流出が深刻化していったのです。

そのような状況下で、楽天もカウンターアタックに打って出ました。外資系テックジャイアントらがフル活用するＴＡシステムのパワーを、日本企業としては極めて早い段階で「発見」し、他に類を見ないほど貪欲にそのモデルをコピーし、導入を進めたのです。

さらに深掘りしますと、楽天は２０１４年、大きな一歩を踏み出しました。グーグルジャパンでＴＡチームを牽引していた桑原メリッサ氏の招聘《しょうへい》に成功したのです。シリコンバレー流の採用のノウハウを実践してきた彼女を迎え入れ、楽天は世界最先端のＴＡシステム構築に乗り出します。その結果、国内外からトップタレントを次々に獲得し、グローバル競争における人材戦略の基盤を強化していったのです。

これこそが押さえておきたい、国内における重要なＴＡ発展の歴史といえるでしょう。

それからおよそ10年がたちました。日本におけるＴＡシステムは確実に根を下ろし、成長してきました。

外資でキャリアをスタートしたＴＡ第一世代は続々と日本企業の本丸に転じています。桑原氏は**トヨタグループ**でＡＩ・ソフトウエア開発を担う**ウーブン・バイ・トヨタ**にてＴＡチームを率い、さらなる道を切り拓いています。

また、**アマゾンジャパン**の初期ＴＡチームでキャリアをスタートさせたメンバーも、各分野でそのノウハウを広めています。高橋美智子氏は**オリンパス**へ、鈴木由佳氏はＡＩ開発大手の**エクサウィザーズ**へと転じ、それぞれやはり、日本企業の本丸でＴＡシステムの社会実装・普及に貢献しています。

彼女たちのキャリアが外資から、楽天のような国内メガベンチャー、そして日系トップ企業へと移っていったことは興味深い一致だといえるでしょう。それはまさに**ＴＡの波が日本社会へと浸透していく過程を合わせ鏡のように映し出している**ように思えます。

2 日本勢の焦燥

日本企業の採用力は、残念ながら現状では米国をはじめとするグローバル企業に比べて、大きな差があるといわざるをえません。日本国内で採用に携わっている方には、この事態がピンとこないかもしれません。しかし、グローバルな採用の現場で働く人々にとって、この力の違いは日々の業務において痛感される現実です。

「日本にもグローバル企業が多数存在するのに、本当にそれほどの差があるのか？」と疑問を持たれるかもしれません。

実際、たとえば、海外現地法人が、その土地で現地スタッフを採用するといった場合は、大きな問題が生じることは少ないのです。これは、本社が口を出す必要はなく、現地法人だけで採用プロセスが完結するからです。

しかし、問題は日本企業のグローバル本社が関与する採用にあります。本書冒頭で触れた「異文化の面接室」を思い出してください。年収5000万円クラスのマネジメント人材の採用でありながら、係長クラスが面接官に指名され、オンライン面接で済ませ、志望動機を形式的に尋ねるだけ――。こうした初歩的なミスがほうぼうで繰り返されています。

本社が絡むと、こうした状況が突然多発することは現実にはよく見受けられます。これが、グローバル人材の採用における日本企業の課題を浮き彫りにしているのです。

このことを責めるのは、もしかしたら酷かもしれません。日本では、空きポストは内部昇格で埋めるのが原則であり、外部からの**経験者採用**を基本とする組織モデルを採用している企業はほとんどないのですから、しょうがないといえばそうです。

ただ、単純にグローバル市場での実情を比較すると、日本企業は、採用モデルや採用システムの洗練度の低さ、**エンゲージメント・ノウハウ**の不足、採用スキルの未熟さなどから、総じて劣勢に立たされていることは事実です。

この劣勢は国内においても同様で、リーダー層やＡＩ人材など専門職の採用では、洗練された採用モデルとノウハウを持つ外資系企業に日本企業は太刀打ちできず、多くの優秀な人材がマイクロソフトやアクセンチュアといった米国系企業の日本法人に流出してしまっています。ましてや、日本企業が世界のトップタレントを引き寄せることは、現状ではほぼ不可能といえるでしょう。

ちなみに、欧州系の企業と比べても、日本企業の実情を肯定することは難しいと感じます。米国で生まれた新しい採用モデルに対し、急速にキャッチアップしていった欧州企業としては、たとえば、ドイツ発のソフトウエア大手**SAP**、スウェーデン発の音楽配信サービス大手**スポティファイ・テクノロジー**やオランダ発の半導体製造装置メーカー**AS**

MLホールディング、ルーマニア発のRPA（ロボティック・プロセス・オートメーション）大手**UiPath**（ユーアイパス）などがあり、各社とも世界中でトップタレントの獲得を実現しています。これらの欧州系グローバル企業と日本のグローバル企業の採用力を比べても、歴然たる差があるため、日本は米国とは違う。という言い訳は成立しません。

日本企業のグローバル市場における採用力のギャップは、正直なところ深刻な課題であり、現場には危機感が漂っています。少し大げさかもしれませんが、グローバル採用の現場を知る日本の人々が抱く焦燥感は、まさに明治維新の志士たちが、工業化の遅れによる欧米との国力差に感じたものに匹敵するのではないかとすら感じます。

3 場数の違い

日本企業と海外企業を比較したとき、採用力にこれほどの差を感じてしまう要因を、企業側の採用システムが遅れているからだと指摘するだけでは不十分かと思います。企業を取り巻く採用市場の違いにも目を向けるべきでしょう。

とりわけ経験者採用における供給サイドの違いは顕著で、日本ではそもそも採用可能な人材の層が薄いのです。

エグゼクティブに特化したヘッドハンターをしていた私の視点が、やや特殊であることは前置きしておくべきでしょう。その上であえて申し上げるならば、マネジメント採用の対象となるミドルレイヤー・ハイレイヤーにおいて、日本の採用市場に出ている人材は、海外と比べて質や量において、やはり見劣りしてしまうというのが正直なところです。

このリーダー層の薄さという問題がなぜ生じたのか。そこには、構造的な背景もあると思います。日本企業の採用力に関わる本質的な課題として、ここで触れてみたいと思います。

私はZOZO勤務時代に、ZOZOスーツ事業の世界展開のため、米国、ドイツ、シンガポールの3つの拠点で、自分のチームをゼロから現地人材のみで立ち上げました。その際、どの国も日本と比べると、経験者の探索は驚くほどスムーズでした。ぱっと会える人材の質が高く、量も豊富なのです。「業種 × 職種 × 企業規模」の組み合わせでどんな要件を出しても、すぐにトップクラスのプロフェッショナルがそろう感覚がありました。[*1]

特に、30代から40代のリーダー層では、集まる人材の経験値や自信、対応力、適応力において、日本の同世代と比較して正直、悔しくなるほどの決定的な違いがありました。現在も日本の採用市場では、リーダーシップを発揮し、迅速かつ効果的な意思決定ができる

＊1. 2017年に現地法人3社を設立した際、日本からはスタッフを送り込まず、現地採用のみでチームを組成した。米国における候補者の選択肢の豊かさは圧倒的であったが、他の2カ国も日本と比べれば、はるかに多様で質も高かった。

人材が圧倒的に不足しており、このギャップは深刻です。

しかし、だからといって日本人がそもそも劣っているとは、到底思えません。客観的に見て、日本の初等・中等教育の水準は今なお世界でも高いレベルにあり[*2]、社会には勤勉で理解力の高い人材が多く存在しています。一体どこに問題があるのでしょうか？

日本の高等教育に課題があるという指摘は否定しません。しかし、より大きな問題は、日本の企業社会が総体として持つ人材育成力の弱さにあると見ています。

かつて日本の大企業が生み出し、１９８０年代には「世界を制した」要因とまでされた自慢の経営システム。それがいつの頃からか制度疲労を起こしていたのではないでしょうか。にもかかわらず、それを守り続けてきたツケが、今になって回ってきていると感じます。

具体的には、**新卒一括採用**からの**終身雇用**、**年功序列**が下敷きとなった、事なかれ主義と順番待ちの文化、専門性なき人事ローテーション、そしてメリハリのない報酬制度などが、人間が本来持つアニマルスピリットを削いでしまっていることです。これが、負荷の強い環境で勝負できる人材を育むことを難しくしてきたように思われます。

その結果、国際的な視点で比較すると、どの企業に転じても勝負ができる高度プロフェッショナル人材も、イノベーションや変革をリードできるリーダーも、圧倒的に不足

＊2. たとえば、経済協力開発機構（OECD）が、15歳を対象に実施する学習到達度調査（PISA）によると、日本は2022年、OECD加盟国の中で、数学的リテラシーと科学的リテラシーが1位、読解力が2位。

しているのが今の日本の現実なのです。

もう一歩踏み込んで考えてみましょう。

話を戻せば、日本の経験者採用の市場において、供給の層が薄いのはなぜか。とりわけリーダーとなるべきミドルレイヤー・ハイレイヤーで、獲得できる人材が海外と比べ、質量ともに見劣りするのはなぜか、です。

その違いを、個々の人材レベルで突きつめると、難易度の高い複雑なミッションを、自分の判断で遂行した経験の回数に行き着きます。言い換えれば「場数の違い」です。プレッシャーのかかる状況下で、ラストマンとして意思決定を重ねてきた経験がどれだけあるか。この点において、日本企業に勤める30代、40代と、欧米を中心に外資系企業で働く同世代には大きな格差があります。

外資系企業では、比較的若い頃から大きな権限を与えられ、試行錯誤を重ねる機会が多くあります。これは、シリコンバレーのＩＴ企業に限りません。米国では、**ディズニー**、**プロクター・アンド・ギャンブル**（**P&G**）、**ファイザー**といった伝統ある大企業であっても、若手にポテンシャルがあると見るや、アグレッシブに抜擢して、権限ある立場にするという、明快なエリート育成システムが構築されています。

ひとたび将来性のある人材だと見なされれば、30代前半であっても、１００人規模のチームを率いる要職に抜擢されることが珍しくありません。[*3] その後も子会社の社長や執行

＊3. 日本語で情報を集めやすい海外の事例として、カルロス・ゴーン容疑者のキャリアをひもとき、昇進時の年齢と着任した役職、各役職の責任規模に着目して、その遍歴をたどることをお勧めしたい。良いリーダーの例としてはもはや適切ではないが、ミシュラン、ルノー時代の昇進スピードとそこで積み重ねた経験の厚みには圧倒される。

役員に急ピッチで昇進していき、40代で数千人規模の組織や数兆円の事業予算を動かしているという例も多く見られます。

「意思決定デビュー」が早い。だからデビュー後のキャリアも長いという単純な話ですが、こうなると同じ50歳でも、日本企業のリーダー層と比較したとき、積み重ねてきた場数の違いから、人材としての質に圧倒的な差が生まれることは明白です。

また、外資系企業では、早期に権限を与えられるだけではなく、自らの意思を示すことをよしとする文化があることも指摘したいと思います。最終判断は上に仰ぐときでも、自分はこれがいいと思うとはっきり表明し、スタンスを明らかにすることが求められるのです。

一方、多くの日本企業では、若手や中堅に与えられる権限がいまだ限られるのはもちろん、自分の意思を明確にしない方が安全という文化が根強く残っています。合議制の下、あえて個人としての意見を曖昧にすることで責任を回避する方が賢いとされる職場が実に多いのです。

意思決定ばかりか、意思表明の場数も少ない。この差がリーダーとしての経験値の差として積み重なり、リーダー層の厚みに大きな隔たりを生んでいるのではないでしょうか。

日本の大企業には、社内競争を勝ち抜いた才能ある人材が確かに存在します。しかし、その人たちが有事において、自らの才能を意思決定者として存分に発揮する機会は、驚くほど限られています。年功序列の仕組みの中で、優れた人材が「順番待ち」の状態に置かれているのです。

大きな仕事をまるっと任されることがついぞなく、責任の所在が不明確な細切れの仕事を続けるうちに、優秀だったはずの人たちが、いつしか優秀でなくなってしまう。当人たちもその事実をたいがい自覚しています。「実力が発揮できず、飼い殺しにされている」と嘆く、大企業のエグゼクティブの声を転職市場の現場で幾度となく聞いてきました。

こうした先輩たちを目の当たりにして失望した若手が、成長の機会を求めて外資系企業やベンチャー企業、スタートアップへと流出したことは自然の流れというものでしょう。

その結果、伝統的な日本企業では現在、40代前半のリーダー層が不足しはじめています。人材の厚みを誇ってきた大手総合商社でさえ、この問題に直面しており、対応に頭を抱えていると聞きます。

この状態がさらに10年続けば、次に不足するのは、全社の舵取りが期待されるはずの50代の経営層です。この事態に、日本企業の人事部や経営陣もついに焦燥感を抱き、募らせています。経営トップをまともに担える候補者がいなくなるかもしれないという恐怖です。事ここに至ってようやく、変わろうとしている。これこそ、まさに「今」の日本企業のリアルではないでしょうか。

4 内からの脅威

世界との差、すなわち「**グローバルギャップ**」について、ここまで述べてきましたが、日本にはもう一つ、より身近で深刻な「**ローカルギャップ**」というものが存在します。

グローバルに事業を展開していても、日本企業は採用活動の「本丸」を国内に置きがちです。海外での人材獲得競争がどれほど厳しくても、「国内で優れた人材を採用し、育て、送り込めればなんとかなる」と、やりすごしてきた企業も少なくないでしょう。

ましてや、国内での事業展開が中心の企業であればなおさらです。日本は島国ですから「海の外の人材獲得競争とは無縁」と考え、「国内のルールに従い、横並びで採用を続けていれば十分」とする企業が多数を占めていました。いわば、「ガラパゴスバリア」に頼ってきたわけです。

しかし現在の状況を見れば、この戦略が通用しないことは明白です。しかも、世界レベルでの人材獲得競争の激化は、グローバル展開をしている企業にとどまらず、国内のみで事業展開する企業にまで、影響を及ぼしつつあります。それは一体どういうことでしょうか。

まず、すでに述べたように、外資系企業による、日本企業のトップタレント獲得がこの10年で顕著になりました。当初、狙われたのは**リクルートホールディングス**や楽天グループといった一部の企業でしたが、外資系企業の日本国内での活動領域が広がるにつれ、人材のニーズも多様化しました。今や、そのハンティングの脅威はあらゆる日本企業へと及び、誰も無視できないレベルにまで進展しています。

たとえば、**富士通**では、２０１５年ごろから25〜35歳の社員が外資系企業に転職するケースが増加し、大きな経営課題となっていたことが政府の「**ジョブ型人事指針**」に報告されています。[*1] ２０１５年といえば、リンクトインの日本法人設立から4年後、楽天が桑原メリッサ氏の招聘に成功した翌年。採用革命の国内上陸タイミングと符合します。

富士通では育成した人材の流出が増加した一方で、外部からの経験者採用は思うように進んでいなかったようです。この人材枯渇への危機感が、**ジョブ型人事制度**の導入など、全社的な経営改革を進めるきっかけとなりました。

外資系に続いて、新たな勢力からの攻勢も始まりました。それはまさに「内からの脅威」。積極的に経験者採用を進める国内メガベンチャーの台頭です。

たとえば楽天、**ディー・エヌ・エー**、**エムスリー**など、２０１０年前後に急成長した企業がその代表格です。

これらの企業は、日本の伝統的な採用モデルから離れ、シリコンバレー流のモダンな採

＊1. 内閣官房、経済産業省、厚生労働省（2024)「ジョブ型人事指針」

＊2. とはいえ、国内メガベンチャーのすべてが日本の伝統的な人事モデルから離れ、経験者採用に積極的なわけではない。日本型の人事モデルに近く、経験者採用は限定的な企業群も存在し、たとえば、GMOグループ、サイボウズなどが該当する。

用モデルから大きな影響を受けています。[*2] 年功序列の要素を薄め、成果主義色の強い評価・登用システムを導入することで、若手に大きな裁量を与え、早くから重要な仕事を任せています。これが職場としての魅力となり、国内大手企業や官公庁からのタレント獲得が進んだのです。

さらに、近年、存在感を増すスタートアップの存在も見逃せないポイントです。日本のスタートアップは、GDP（国内総生産）全体から見ればまだ小規模ですが、首都圏の採用市場における影響力は無視できないレベルに達しています。東京では、全労働人口の約8％がスタートアップ企業で働いているとされ、[*3] 採用市場にも大きな変化をもたらしはじめています。

たとえば、**スマートニュース**[*4]や**アンドパッド**[*5]、**キャディ**[*6]、**カケハシ**[*7]などは、未上場企業ながらも社員数が数百人を超える規模に成長し、採用市場においても確実に存在感を高めています。

これらのスタートアップの取り組みは、前述した楽天など、ひと世代前の急成長企業群と比べても、さらにモダンです。効率よりスピードを重視し、総力を挙げて成長に集中する電撃戦（ブリッツスケーリングと呼ばれます）を創業初期から展開し、その一環として大量採用を実施します。量を追うばかりではありません。才能ある人材を短期間に確保するため、トップタレントの獲得に特化したTA（タレントアクイジション）チームの構築も進め、

＊3. フォースタートアップス（2024）「スタートアップ企業で働く人口調査」

＊4. スマートフォンアプリ「スマートニュース」の開発・運営などを手掛ける。2012年設立。

＊5. 施工管理・業務管理システムの販売・運営などを手掛ける。2014年設立。

＊6. 製造業向けのクラウドサービスなどを手掛ける。2017年設立。

＊7. 薬局向けのクラウドサービスなどを手掛ける。2016年設立。

各レイヤーでダイレクトリクルーティングを積極的かつ戦略的に活用しています。

このように、外資系、国内メガベンチャー、スタートアップという3種類のプレイヤーが、新しい採用モデルをこぞって一斉に推進したこと。その余波は、日本国内の様々な企業に及びました。

これまでなら辞めることなど考えもしなかったトップクラスの「イケてる」人材が次々と姿を消していく――。どの企業も、この事態に戸惑いを隠せません。

そして今、国内の名門とされる伝統的大企業においても、ついに上層部が深刻な経営問題として認識するまでに（ようやく）至ったのです。これが、今日の私たちの到達地点であることを、直視するべきでしょう。

こうして、日本の人材獲得競争は、いまだかつてない熾烈な段階に突入しています。かつての安定的な雇用環境を取り戻すことは、もはや期待できません。

次々と名門企業を去る「イケてる」人材たちが向かう先には、外資系の巨大企業、急成長中の国内メガベンチャー、そして未来を見据えたスタートアップがあります。欧米ではキャリアの選択肢として一般的なものですが、日本人のキャリア戦略もいよいよこれに重なりはじめているのです。

5 代替策はあるか

「人材獲得競争が激化し、若手の流出が起きているだって？　そんなことは、今さら言われなくても分かっているよ！」と感じておられる方も多くいらっしゃるでしょう。現実にはいろいろと事情があるものです。

また、「経験者採用はそこまで必要なのか？」と思われる方もいるかもしれません。「足元で若手が流出しているとしても、これから内部を固め、新卒採用した次世代をしっかり育てていけばよいのではないか」と。この難局を「育成」の力で乗り切ろう、という考え方です。このような代替策は、果たして効果的でしょうか。

人材の育成に長けた日本企業の筆頭は、おそらくリクルートホールディングスでしょう。リクルートのすごさは、研修プログラムが充実しているだけでなく、会社全体のあらゆる仕組みが「いかに人材を育成するか」という目的に向けて最適化されている点にあります。[*1]その熱量と技術、仕組みは、日本トップというばかりか、世界でもトップクラスといっても過言ではありません。まさに日本の人材育成界のボスとも呼べる、輝かしい存在です。

そこで考えていただきたいのです。リクルートほど人材育成に優れた企業であれば、外

＊1. リクルートの「人材育成・成長支援」に関連する各種施策やデータは、企業サイトに詳しく開示されている。

部からの人材獲得に力を入れる必要はないはずだ。と思われませんか。内部人材だけで、十分に成果を上げられるのではないでしょうか。

しかし、リクルートはそんな「ゆるい」会社ではありません。内部での育成を徹底しつつ、さらにプラスアルファとして、30代、40代の経験者採用にもガンガン取り組んでいます。グループ全体で見ると、「中途採用者数」は「新卒採用者数」の5－6倍に上ります。[*2]

ホールディングスの子会社で国内事業を主に手掛ける「リクルート」では、約2万人の従業員のうち、約82%がキャリア採用による入社です。[*3]

このように、リクルートは実際のところ、一般的なイメージとは違い、かなり日本式の採用モデルから離れてきているのです。

たとえば、昨今では各社がこぞって取り組む「AI人材の獲得」にも、リクルートはいち早く、アグレッシブに取り組みました。2015年には、米シリコンバレーに新設したAI研究機関の研究トップとして、元グーグルの大物、アーロン・ハーベイ氏の招聘に成功しています。[*4] それはまさに**パワータレント**の獲得でした。

このように、リクルートは内部育成だけでなく、外部からの人材獲得にも力を入れ、常に成長と進化を求める姿勢を維持しているのです。

リクルートの人事部門に所属していたとある方から、こう聞いたことがあります。

「トップタレントを育てるには、トップタレントの卵が必要です。その考え方は新卒採用

＊2.「リクルートホールディングスESG Data Book 2024」参照。

＊3. リクルートの企業サイト内「数字で見るリクルート」参照。採用活動に関わる社員数、採用候補者に向き合う面接以外の総接点数なども開示されており興味深い。

＊4. 2015年11月の「ニューズウィーク日本版」によれば、アーロン・ハーベイ氏は、ワシントン大学教授時代にベンチャー企業を2社創業。うち1社がグーグルに買収されたのを機に、グーグルに移籍。10年間にわたりグーグル研究所の構造化データ部門の研究責任者を務めた。論文数やその引用回数に基づいて、研究者の相対的な評価を示す「hインデックス」は当時「94」。東京大学の松尾豊氏の「31」と比べてもかなり高く、世界トップクラスだった。

も経験者採用も一緒です。結局、人間の根本的な変化は研修だけでは望めません。だからこそ、私たちは採用が勝負だと思っています。育成のミスは育成で取り戻せますが、採用のミスは育成では取り戻せないのです」

つまり、新卒採用ではもちろん、あらゆるチャネルと手法を駆使して、トップタレントの卵を獲得し続ける。そこに、半端ない熱量をかけて育成に臨む。そこまでやっているのに、それだけでは飽き足らず、経験者採用で他社からトップタレントを引き入れているというわけです。

いかがでしょうか。世界屈指の人材育成力を誇るリクルートでさえ、これほど真剣に採用市場と向き合い、トップタレント獲得にこだわり、新卒採用をはるかに上回る経験者採用に取り組み続けているという事実に向き合いませんか。そこまでの育成力を持たない企業が「育成でなんとかなる」という「ゆるい」姿勢でいたらどうなるでしょうか。

そもそも内部人材の層が薄い中、育成にリソースを割いているうちに優秀層を他社に引き抜かれてしまえば、ひとたまりもありません。せっかくの育成の努力も報われなくなってしまいます。

そんな時代において、「育成で乗り切ろう」という方針は果たして現実的でしょうか。そのような「育成信仰」は、むしろ現実から目を背けるものであり、経営上の怠慢を招く害悪とさえいえるのではないか。そう思わざるをえません。

6 傍観は許されるか

一方で、はっきりとさせておくべきことがあります。それは、本書が推奨する新しい採用モデルを、「すべての企業」が「完全に」取り入れる必要はないという点です。たとえ採用革命の大波が日本全体に広がったとしても、個別の企業にもたらされる影響は、置かれた状況や戦略によって異なり、どの程度この波に乗るべきかにも差がありうるのです。

そこで、まずは全体像を捉えつつ、ケース別に見ていきましょう。

今日、大企業、中小企業を問わず、日本の企業で主流とされている採用モデルは、昭和の高度成長期に形成されたもので、主に次の3つの活動のミックスで成り立っています。

A：人材調達の中心的な活動である「**新卒採用**」
B：新卒採用を補う「**第二新卒採用**」
C：さらに補完的かつ限定的な「**経験者採用**」

本書が提案するのは、これらA、B、Cを捨てることではありません。それに加えて、もう一つの柱を立てていくこと、すなわち、

D：戦略的かつ能動的に取り組む**「経験者採用」**

の追加、となります。

本格的な経験者採用の導入には、相応のリソースが必要です。そのため、採用の重要性がそれほど高くないと判断される企業などでは、費用対効果が見合わないケースもあるでしょう。

たとえば、以下のようなケースが考えられます。

- 国内市場に強固な収益基盤を持ち、海外企業との直接的な競争にさらされる機会が少ない大企業
- 地域密着型ビジネスで、地域社会において確固たる地位を築いている中小企業

こうした企業にとっては、昭和型の従来の採用モデルを維持することが合理的な選択肢となるかもしれません。ただし、今のこの時代において、どれほどの企業がそのような恵

まれた状況にあるでしょうか。

「D」の選択肢として示した経験者採用は、あらゆる企業に必須ではなく、自社の置かれた状況や戦略に応じて導入の必要性を柔軟に判断すべきものです。単純にゼロかイチかで判断することは、少し乱暴でしょう。この議論にはグラデーションが存在するからです。

そこで、「経験者採用」機能の必要性を可視化してみました。

次ページの図をご覧ください。

横軸は、企業の規模や成長ステージの違いを表し、縦軸は、冨山和彦氏の論考*を基に、グローバル（G型）かローカル（L型）かという違いで分類しています。

G型企業は世界市場を狙い、規模の経済を生かしてスケールを追求する企業群です。一方で、**L型企業**は国内や地域市場のニーズに特化し、スケールを追うというより、持続可能な成長を目指す企業群を指します。

もし御社がG型企業であれば、経験者採用の必要性などを議論するまでもありません。世界で起きた採用革命への追従は、もはや待ったなしです。競合する海外企業に対して、すでに約10年の後れを取っているのです。今すぐ行動を起こさない理由は存在しないといえるでしょう。

G型スタートアップとしては、楽天、**メルカリ**、スマートニュース、キャディといった企業が挙げられます。これらの企業は、すでにモデルシフトを完了させ、日本国内では最

＊ 冨山和彦（2014）『なぜローカル経済から日本は甦るのか GとLの経済成長戦略』PHP新書

経験者採用の重要度におけるグラデーション

	急成長を目指すスタートアップ	安定成長を目指す中小企業	大企業
G型企業 グローバル	死活問題的に重要	重要	極めて重要
L型企業 ローカル	極めて重要	会社による	会社による

先端の取り組みを行っています。

次に、**G型中小企業**について考えてみます。このカテゴリーには、特定分野で世界トップシェアを握るいわゆる**グローバルニッチトップ**企業が該当します。これらの企業を調べてゆくと、日本本社は昭和型の採用モデルを踏襲しつつ、海外支社での採用はまったく別のオペレーションでしのいでいる。ということが多く、必要性が高いわりには、進化はまだまだな企業が多いようです。逆に言えば、採用モデルを革新することで、業績面でも劇的なブレイクスルーを果たす可能性を秘めています。

一方で、**サントリー**や**JT**などの**G型大企業**では、大規模な海外買収を契機に、本体でも経験者採用に積極的に

取り組んでいるという先行事例がすでにあります。これらに追従する形で、モダンな採用システムを導入する企業が広がりつつありますが、現時点において、明確な成功事例は多くありません。

いずれのタイプにおいても、G型企業群はその規模や成長ステージを問わず、グローバル市場で熾烈な人材獲得競争に直面しており、採用に限らず、マネジメントの難易度も日増しに高まっています。海外支社のみならず、日本本社においても採用革命への適応は必須だといえるでしょう。

翻ってL型企業について考えてみましょう。

L型企業にこれが必要かといえば、多くの場合、G型企業ほどの緊急性や重要性はないかもしれません。どれほどの必要性があるかを正確に判断するためには、自社の現状を緻密に把握、分析することが不可欠となります。また、費用対効果も検討しながら戦略的に考えてゆく必要があります。

ここで注意すべきは、L型企業にも例外が存在する点です。特に、**L型スタートアップ**の動向は注視すべきです。

シリーズAの資金調達を終え、製品やサービスが完成し、売り上げが急激に伸びはじめるステージにあるスタートアップ企業では、L型であっても毎年のように組織規模が倍増するケースが少なくありません。このような企業にとっては、採用の高度化を進めることが必然となります。実際、国内市場を主戦場としながらも、「必要は発明の母」とばかりに、TA（タレントアクイジション）モデルの実装によるヘッドハンティングを積極的に進めているL型スタートアップも存在します。

ここで考慮すべきは、こうしたスタートアップの動向が、同じくL型に分類される中小企業や大企業へも波及する可能性があるという点です。たとえば同じ業界でスタートアップが急成長し、業界内で存在感を高めていくと、そのスタートアップによるヘッドハンティングによって、国内人材の流動化が進みやすくなります。その結果、L型企業としてグローバルな人材獲得競争とは距離を置き、余裕を持っていたはずの企業が、自社の社員を引き抜かれたり、採用に苦労したりする事態が起こりうるのです。たとえば、大手テレビ局からU-NEXTやAbemaTVへ人材が流出していったような例を想像していただければと思います。

まとめますと、やはり置かれた状況によって変革の必要性には濃淡がありますが、採用革命がもたらす影響と完全に無関係な企業は限られているといえます。やはり現実的には多くの企業にとって、TAモデルの導入や、人材獲得競争への適切な対応は、避けられない課題だといえるのです。

コラム

「中途採用」は差別用語

「外部から人材を獲得しよう」という主張を分かりやすく言い換えれば、「中途採用を強化しよう」ということになるのかもしれません。「新卒採用」の対義語として「中途採用」が使われるのは、長年の慣習であり、違和感を持つ方も少ないでしょう。

しかし、よく考えてみると、「中途採用」という言葉はどこか失礼な響きを帯びていることに気づきませんか。

『広辞苑』（第7版、2018年）によると、「中途」には「道のなかば。途中」といった意味があり、用例として「中途退学」が挙げられています。これではあまり前向きなイメージが湧きません。さらに「中途採用者」という言葉を引くと、「新規学校卒業者として採用された者以外の常用労働者」であるとされます。ここでの「以外」という言葉遣いからは、「外れ者」に近いニュアンスが感じられます。

このような表現によって、外部から獲得した人材に対し、「正統ではない」「例外である」といった固定観念が形成され、それが引いては「忠誠心に欠ける」といったネガティブなイメージにつながり、多様な経験やスキルが正当に評価されにくくなっている可能性があります。

近年では「中途採用」は「経験者採用」や「キャリア採用」といった表現に置き換えられつつありますが、気軽な日常会話などで、「中途社員」といった言葉が使われる場面はいまだ多いように思います。これはもはや、差別用語と見なすべきではないでしょうか。

興味深いことに、英語には日本語の「中途採用」に直接当たる表現が見当たりません。一般的には「experienced hire」(経験者採用)、「lateral hire」(横からの採用)、あるいは「external hire」(外部からの採用)と表現されますが、これらに「途中から」とか「例外的な」といったニュアンスは含まれていません。

この違いには、文化的な背景や雇用慣行の違いが確実に影響しています。そもそも英語圏ではジョブ型雇用が主流であるのに対し、日本では長年、メンバーシップ型雇用が主流でした。

ジョブ型であれば、採用における候補者は、学生であれ、社会人であれ、あくまで「担当する職務を果たせるかどうか」で評価されます。それに対して、メンバーシップ型の場合、「この組織の一員としてふさわしいか」という視点が、評価に入りやすくなります。そのため「途中から入ってきた人」を区別する発想も出てきたのでしょう。

ここでも、プロスポーツの事例は示唆に富んでいます。

たとえば、極めて人材の流動性が高いプロサッカーの現場では、「他のチーム（外部）から獲得した選手」を特別に表す言葉は存在しません*。

今後はビジネス界においても、プロスポーツ同様、新卒から内部育成する人材と、外部から獲得した人材を必要以上に分けることなく評価するあり方が目指されるべきでしょう。

やがて、「昔は新卒と中途で分けていた時期があった」とベテラン社員が懐かしむ日が来るのかもしれません。そうした未来が訪れることを強く願っています。

＊ 新人選手については、「高卒」「大卒」「アカデミー育ち」といった、入団経路を示す言葉はあるが、それらはポジティブでもネガティブでもなく、ニュートラルなコンテクストで用いられる。ちなみに、川崎フロンターレのサポーターはアカデミー育ちの選手を「風呂上がり」と呼ぶが、それはむしろ好意的な表現である。

第3章 世界標準のシステム

土台の章

時代を超えて響く音楽は、時に、私たちの心の中に眠っていた行動の種火を再び燃え上がらせます。ちょうどこの原稿を書いている最中、１９９０年代を代表するレジェンドバンド、オアシスが２０２５年に再結成ライブを行うことが発表されました。

オアシスの代表曲「ワンダーウォール」[*1]の中に、こんなフレーズがあります。

Today is gonna be the day that they're gonna throw it back to you. By now you should've somehow realized what you gotta do.

——今日は、その何かが君のもとに返ってくる日になるだろう。今ごろ、君はやるべきことが分かっているはずだよ。[*2]

このリリックが、私にはまるで「世界標準の採用」への旅へと誘っているかのように響いてきます。それは、今こそ行動を起こすべきときであり、責任を負って、自分のやるべきことをやるときが来た、というメッセージです。

＊1. ノエル・ギャラガー作詞・作曲

＊2. 著者意訳。ちなみに、日本版シングルCDのライナーノーツには異なる解釈の訳詞が記載されているが、音楽情報サイト「GENIUS」によると、後日ノエル自身がこの曲を「架空の友人が自分を救ってくれる歌」だったと解説しているという。

2000年代に米国のシリコンバレーで始まった**採用革命**が巡り巡って2020年代の今、日本におけるリーダーシップ人材の不足と質の低下につながっていることを指摘してきました。

採用革命は、新しい採用モデルを生み、それが今やグローバルスタンダードとなりつつあります。この新しい「世界標準の採用」の波に、日本企業の多くはキャッチアップできずにいます。

悲観することはありません。新しい採用モデルの導入は、日本企業を大きく変革する第一歩になりえます。採用革命にキャッチアップすることは、ドミノ倒しのように企業全体を短期間で劇的に変える可能性を秘めています。

では、いかにして採用革命にキャッチアップし、世界標準の採用を日本企業に実装させるか。これが本書の主題であり、次の3つのステップを踏みます。

- **新しいシステム**を理解する（**第3章**＝本章）
- システムの**運用に必要なノウハウ**を学ぶ（**第4章**）
- **日本企業の強み**を生かす方法を考える（**第5章**）

ここからは、世界の先端を走る企業たちがどのようにして「採用革命」を体現し、業界をリードしているのか、その核心に迫っていきます。これらの企業の事例を深く分析しな

「世界標準の採用」を構成する5つのシステム

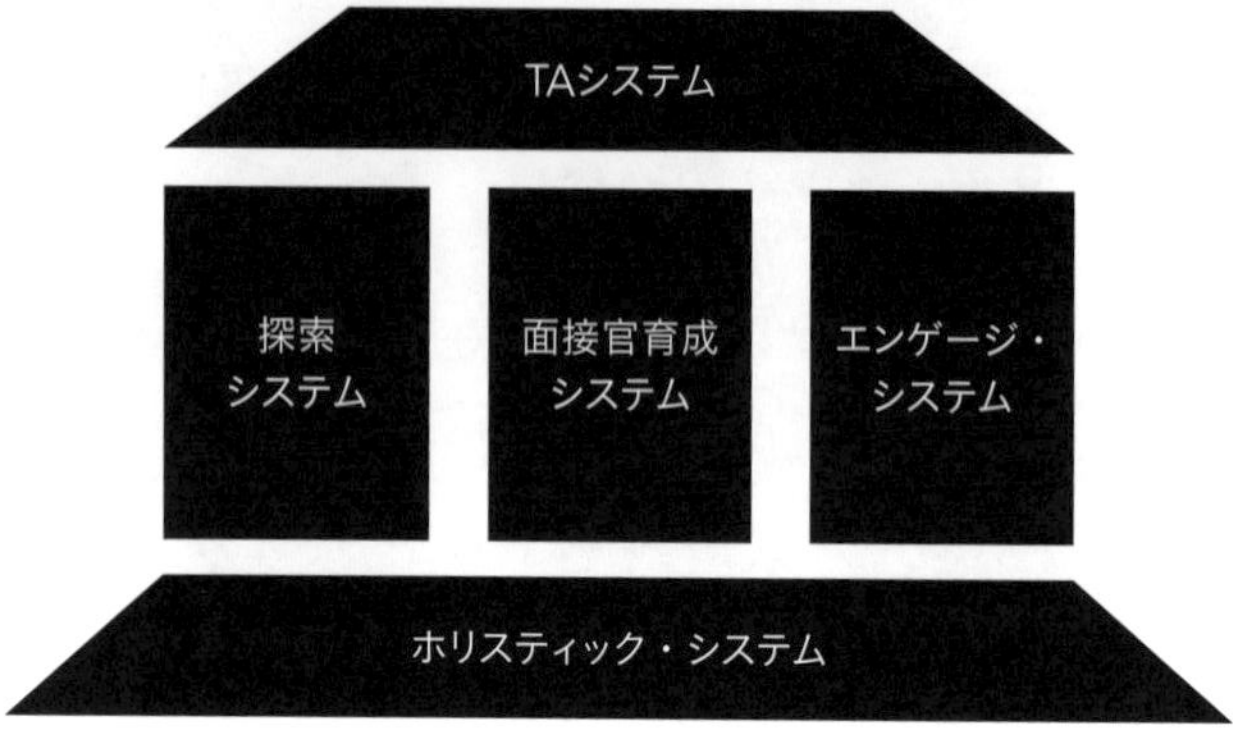

がら、世界標準の採用の特徴を明らかにし、実践的な指南書として読者に役立つ具体的なノウハウを紹介し、導入の方法論を展開していきます。

成功を収めている企業の背後には、常に明確な戦略と緻密な実行があります。革新的なアプローチで成果を上げている企業は、採用をどのように変革し、成功に結びつけてきたのでしょうか。本書を執筆するにあたり、あらためてその要因を検証しました。

これまでの活動経験を踏まえて考えると、世界トップクラスの採用と凡庸な採用を分ける本質的な違いは、**単なるテクニックではなく「システム」の有無**にあるという結論に至ります。

この「システム」とは、次の5つの要素によって説明ができます。

世界標準の採用システム1：TAシステム

飛び抜けた才能を持つ「トップタレント」に対する、信仰とも呼べるほどのこだわりが、世界標準の採用の根幹にあります。求人に対する応募を待つのではなく、「才能ある人材＝タレント」の「獲得＝アクイジション」に向けて、積極的に動く。**TA（タレントアクイジション）**のための独立した組織とシステムを持つことが、世界標準となります。

世界標準の採用システム2：探索システム

トップタレントを獲得するには、トップタレントを探し出さなければなりません。そのためには、社内に専門部署（TAチーム）を立ち上げた上で、外部の**採用エージェンシー**と連携していくことが不可欠です。「**エージェントマネジメント**」のスキルが求められます。

世界標準の採用システム3：面接官育成システム

トップタレントの獲得にこだわるといっても、誰がトップタレントであるかを見抜くのは容易ではありません。世界標準の採用においては、面接官の面接力の底上げが喫緊の課題となり、各社の不断の努力によってスタンダードが引き上げられるのです。

世界標準の採用システム4：エンゲージ・システム

トップタレントとなれば、本人に転職の意思がなくとも多くの会社から声がかかるのが常です。採用する側が、自社で働く魅力を候補者に提示し、引きつけなくてはなりません。戦略的な**アトラクト**により、候補者を**エンゲージ**する手法を開発する必要があります。

世界標準の採用システム5：ホリスティック・システム

採用革命を経て、経営における採用の重要度は飛躍的に増しました。タレント獲得は、全社を挙げて取り組むべき経営課題ということが、今の世界標準です。グローバルな先進企業における採用活動は統合的かつ有機的で、全従業員がまるで息をするように人材獲得に向けて動く組織文化が根づいています。

これらを「システム」と呼ぶ理由は、いずれも個別の活動にとどまっては力を発揮しないことにあります。企業全体の業務プロセスと緊密に連携し、組織全体に浸透させることで初めて機能するからです。

そして、システムは一度機能しはじめると、ぐるぐるとループが回り、持続的かつ再現性を持って価値を生み続けるという特性を持っています。この特性を理解し、効果的に運用することこそ、新しい採用モデルを企業の成長戦略に直結させる鍵となるでしょう。

この章では、これら5つのシステムについて具体的な事例を交えながら詳しく、実践的に見ていきます。それぞれのシステムがどのような企業によって、どのように運用され、機能しているのかをひもときながら、世界標準の採用の全貌を明らかにしていきます。

　この本を手に取られた方々が働く組織の現状は、多種多様であることでしょう。すでに世界標準の採用を導入し、実践のノウハウを蓄積している企業にお勤めの方もいれば、採用革命が世界で進行している事実すら、職場で誰も知らないのではないかと感じている方もいるかもしれません。それでも共通して採用の現状に何らかの課題感を抱き、変化の必要性を感じているからこそ、この本を手に取っていただいたのだと思います。

　もしかすると、あなたの職場も、今まさに変化を迫られるタイミングに差しかかっているのではないでしょうか。そして、その変化の中で、あなた自身が果たすべき役割や責任が問われているのかもしれません。

　新しい時代の風は、どこから吹いてくるのでしょうか。私たちが進むべき道は、どこに向かうのでしょうか。

　先行する企業の足跡を追いかけながら、その答えを探す旅に一緒に出かけましょう。

　今ごろ、君はやるべきことが分かっているはずだよ――ノエル・ギャラガーのリリックを、弟のリアム・ギャラガーが歌い上げる声が、聞こえてくるようです。[*3]

＊3. もっとも、不仲で有名なオアシスのギャラガー兄弟が責任を果たしてくれるのかについては、世界中のファンが不安を抱えているだろう。

第1節　TAシステム

突出した才能（タレント）を持つ人材の獲得（アクイジション）に特化した部署をつくるTAの概念は、1990年代後半、マッキンゼー・アンド・カンパニーが発表したリポートに起源を持つ。インターネット産業の勃興により、「人は財なり」は理想論を脱し、経営戦略の中心課題となった。

1　才能を獲得せよ――TAシステムの源流

「**TA**＝Talent Acquisition」（タレントアクイジション）は、世界標準の採用を理解する上で、極めて重要な概念です。

第1章にて述べたように、「TA」という言葉が広まったのは、**リンクトイン・リクルーター**を活用した**ダイレクトリクルーティング**が、採用の**グーグルモデル**とともに広がってからでした。それは「才能ある人材＝タレント」を、積極的に「獲得＝アクイジション」しにいくという、積極的で攻めの性質を帯びた言葉です。

ただし、さらに深掘りすると、**グーグル**や**リンクトイン**の登場以前から、それは概念としては存在していました。その「前史」を足早に押さえておきましょう。

米国において、いわゆる新卒ではない「**経験者採用**」が活発化したのは、1980年代の不況で人員整理がなされ、**終身雇用**が終わりを告げた後でした。景気が回復するにつれて、欠員を補充するための経験者採用の重要性が高まり、そのオペレーションも進化していきます。この傾向は、東西冷戦終結後の経済のグローバル化を受けて加速し、1993年のワールドワイドウェブ（WWW）の開放によるインターネット時代の始まりへと続いていきます。

TAの概念が世界に登場したのは、その少し後、1990年代後半のことでした。一つのきっかけとなったのは、**マッキンゼー・アンド・カンパニー**が1997年に打ち出した「**ウォー・フォー・タレント**（War for Talent）」という概念です。日本語にするなら「タレント獲得戦争」とでも呼ぶべきでしょうか。その後2001年に刊行された同名の

『ウォー・フォー・タレント』[*1]は、ベストセラーとなりました（日本では2002年に刊行）。

マッキンゼーがここで企業に説いたのは「才能ある人材＝タレント」を集めることの重要性ばかりではありませんでした。そのために、「常に優秀な人材を追跡」し、「求職中でない人にもアプローチ」をかけなくてはいけない、と呼びかけ、**「継続的に人を雇う体制をつくろう**と提案したのです。

これは、まさに「タレント」の「獲得＝アクイジション」に特化したチームを正式に組織化せよ、というメッセージにほかなりません。こうして「ウォー・フォー・タレント」は、TAシステムの確立に至る、一つの明快な流れを生み出したといえます。

これに応じ、タレント獲得に特化したTAチームを初期に導入した企業として**GE（ゼネラル・エレクトリック）**が挙げられます。

続いてインターネットバブルを挟む1998年から2003年ごろまでの約5年は、新興テック企業の間で人材獲得競争が苛烈になった時期でした。

アマゾンを率いるジェフ・ベゾスは、トップタレントの獲得に驚くほどの執着を持ち、自ら採用に多くの時間を費やしたことで知られています。

たとえば、ジャーナリストのブラッド・ストーンが著した『ジェフ・ベゾス 果てなき野望』[*2]には、1994年の創業から間もない時期にベゾスが「頭がいい最高の人材のみを集める」ため、採用面接に同席し、候補者に容赦なく質問していた様子が描かれています

＊1. エド・マイケルズ、ヘレン・ハンドフィールド・ジョーンズ、ベス・アクセルロッド、渡会圭子（訳）（2002）『ウォー・フォー・タレント』翔泳社

＊2. ブラッド・ストーン、井口耕二（訳）（2014）『ジェフ・ベゾス 果てなき野望　アマゾンを創った無敵の奇才経営者』日経BP

（大学進学適性試験の点数は必ず尋ねていたそうです）。この時期のアマゾンといえば、赤字続きで存続すら危ぶまれていたのに、そのような状況でもそこまで人材の質にこだわっていたのかと、読んで驚いた記憶があります。

時代の空気ともいえるかもしれません。振り返ればインターネット産業の勃興期は、「頭がいい最高の人材」を求めるトップタレント偏重主義が急速に強まり、それがビジネスコミュニティ全体に影響を及ぼしていきました。

企業にとって人材が重要であることは、株式会社という組織形態が生まれた当初から語られ続けてきたテーマでしょう。いや、そもそも株式会社が誕生するはるか以前から、組織の盛衰における人材の重要性は常に議論されてきました。

しかし、インターネットが登場し、勝者の移り変わりが加速し、「旬」がますます短くなる中では、人材の重要性に対するテンションがかつてないほど高まります。優秀な人材を確保できなければ企業は存続できず、確保できた企業だけが成長と繁栄を享受する——こうした「生き残り」をかけた「現実」を直視する経営者が増えたのです。

「人は財なり」という言葉が、理想論や精神論でなく、企業戦略の中心課題として据えられはじめたのが、この時代だったといえるでしょう。

2 ハイパーグロース——TAシステムの萌芽

具体的には、TA（タレントアクイジション）システムの萌芽は、1990年代に遡ります。いま一度、おさらいしておきましょう。

それは、「タレントの獲得は一つの独立した業務（TA業務）であり、企業内に専門チーム（TAチーム）を持つべきじゃないか」というアイデアが生まれたことから始まりました。特にこの時期、ネット時代の到来とともに台頭した新興テック企業と相性がよく、デジタル産業の発展とともに広がっていきます。

2000年代に入ると、インターネットバブルの崩壊で、新興テック企業は一時、停滞します。しかし、ほどなくしてリスクマネーの供給は再び加速し、2004年には、ティム・オライリーが「**Web2.0**」を提唱、グーグルがIPO（新規株式公開）を果たし、ハーバード大学でSNSの**フェイスブック**が生まれます。

2007年に初代iPhoneが発売され、スマートフォンが普及期に入ると、スマホに紐づけられたアプリ市場など**モバイル・エコシステム**が広がり、SNSはますます発展し、採用の世界でもSNSをベースとするダイレクトリクルーティングが始まりました。デジタル産業はまさにゴールデンエイジを迎えたのです。

この時期になると、中国などでもデジタル産業への投資が猛烈に行われ、米国だけでなく、世界中で有望なスタートアップ企業が次々と生まれます。それらはやがて、これまでにないスピードで成長してゆく**ハイパーグロース・カンパニー**へと育っていきました。

「ハイパーグロース（超成長）」という言葉が初めて登場したのは、2008年、「ハーバード・ビジネス・レビュー」誌[*1]においてだったと、世界経済フォーラムで「第4次産業革命」の研究プロジェクトを率いたトーマス・フィルベックは指摘しました[*2]。そこでは、ハイパーグロースとは、年平均成長率40%を超える成長であり、年成長率が20〜40%の「急成長」と異なると定義されました。

年率40%以上の猛スピードで成長する中で、これらの新興テック企業は、真のボトルネックが「資金」ではなく「人材」であることを痛感します。「超成長」のひずみは、主に深刻なエンジニア不足という形で表面化し、戦略と実行の間に大きなギャップが生まれるという事態が続出します。

逆にいえば、適切な人材さえ確保できれば、年率40%を超える成長の維持も可能であるという確信を持つ起業家が生まれた時代でもありました。たとえば、米国の**ツイッター**（現X）、**エアビーアンドビー**、**ネットフリックス**といった2010年代前半に成長期を迎えた米国企業は、創業間もなくから採用を最優先課題として捉え、あらゆる手段を駆使して人材獲得に取り組み、事業を拡大していきました。

＊1. Alexander V. Izosimov. (2008). *Managing Hypergrowth.* Harvard Business Review
ちなみにこの記事で、ハイパーグロース・カンパニーとして名指しされたのが、ロシアの移動体通信会社ヴィンペルコムだったことは、今日となっては味わい深いエピソードだといえる。

＊2. Thomas Philbeck. (2016). *What is hypergrowth, and what can we learn from it?.* World Economic Forum

「これだけ成長できる環境なのだから、とにかく人を採ろう」というシンプルな戦略を実行する中で、ハイパーグロース・カンパニーは、新しい困難に直面します。
年率40%を超える爆発的な成長を支える人材を調達するには、従来の採用手法ではとても無理だと気づかされたのです。まさにそのとき、ハイパーグロース・カンパニーの目の前にあったのが、リンクトイン・リクルーターという新しい採用ツールであり、TAシステムという新しい採用の仕組みだったのです。

では、これらの新しいツールとシステムは、どれほどの変化をもたらしたのでしょうか。最も極端な事例の一つが、**ウーバー・テクノロジーズ**です。2009年に配車用のスマートフォン・アプリをローンチした後、猛烈な勢いで成長しました。ウーバーで働いていたことのあるエンジニアは、「入社したとき1000人近くだった従業員数が、6カ月ごとに倍増した」と振り返ります。先輩社員から「当社は、半年ごとに違う会社になる」という説明も受けたそうです。[*3]
一方で、このような爆速の人員増を当時、多くの人事関係者は冷ややかに見ていました。ウーバーは明らかに無理をしていて、いつか組織運営で大きくつまずき、衰退してゆくだろうと、まことしやかにささやかれていたのです。[*4]
しかしその予想は見事に裏切られました。ウーバーは一向に衰退の兆しを見せることなく、指数関数的な人員増を続けていったのです。その陰には強力なTAチームの貢献が

＊3. Will Larson. (2016). *Productivity in the age of hypergrowth.* Irrational Exuberance

＊4. 2013年ごろ、当時勤務していたエゴンゼンダーの米国の同僚たちがよくウーバーを話題にしていた。その評価は散々で、アグレッシブすぎる採用手法や企業文化に対して厳しい見方が多く、企業の存続性にすら疑いの目を向ける声が強かった。

ありました。

モバイル・エコシステムの勃興が生み出した、過激なほどに変化してゆく市場環境の中では、新卒採用した人材を内部でじっくり育成しようなどという発想はありません。そのような時代は、もはやノスタルジーでしかありませんでした。

優秀な人材を外部から大量に調達しなければならない。特に、大量に調達した人材をマネージできる優秀なマネジメント人材の大量調達が喫緊の課題となりました。今までにない組織拡大のスピード感に対応するには、「即戦力のリーダー」を大量に採用する必要があったのです。

このような新たな常識の中で、人材獲得競争は激化の一途をたどり、それは今も続いています。こうした流れの中で、TAシステムは必然的に進化し、一層洗練された形へと変化していきました。

このように、**採用革命**も、その申し子であるTAシステムも、一過性のトレンドではなく、新しい市場環境下で企業が競争力を維持するための本質的な要請から生まれたことを理解すべきでしょう。だからこそ、地理的な境界も業界の垣根も超えて、新しいビジネス文化として広がり、今では多くの企業に定着し、人事戦略の中心的な要素となっているのです。

3 TAシステムの全貌

いよいよ実践的な話へと入ります。

TA（タレントアクイジション）システムとは何か。それを定義するなら、**「企業が必要とする才能ある人材（タレント）を、計画的かつ能動的に獲得（アクイジション）するための包括的な仕組み」**です。

このTAシステムを効果的に機能させるためには、TA業務に特化した専門チーム、すなわちTAチームの存在が不可欠です。TAチームの活動が、従来の採用と決定的に異なる点は、「募集」や「補充」ではなく、新たな才能を計画的に「獲得」することにあります。これは単なる空席の埋め合わせではなく、企業の成長を支える戦略的な活動として位置づけられ、TAチームの業務は専門的なものとなります。では、具体的にこのチームは、一体どのような業務に従事するのでしょう。

次ページに、TAチームが主導する業務の全体像を図示しました。これらは10個の構成要素から成ります。思っていたよりも幅広く感じる方も多いかもしれません。まずは全体感を持っていただくため、順を追ってざっと解説していきましょう。

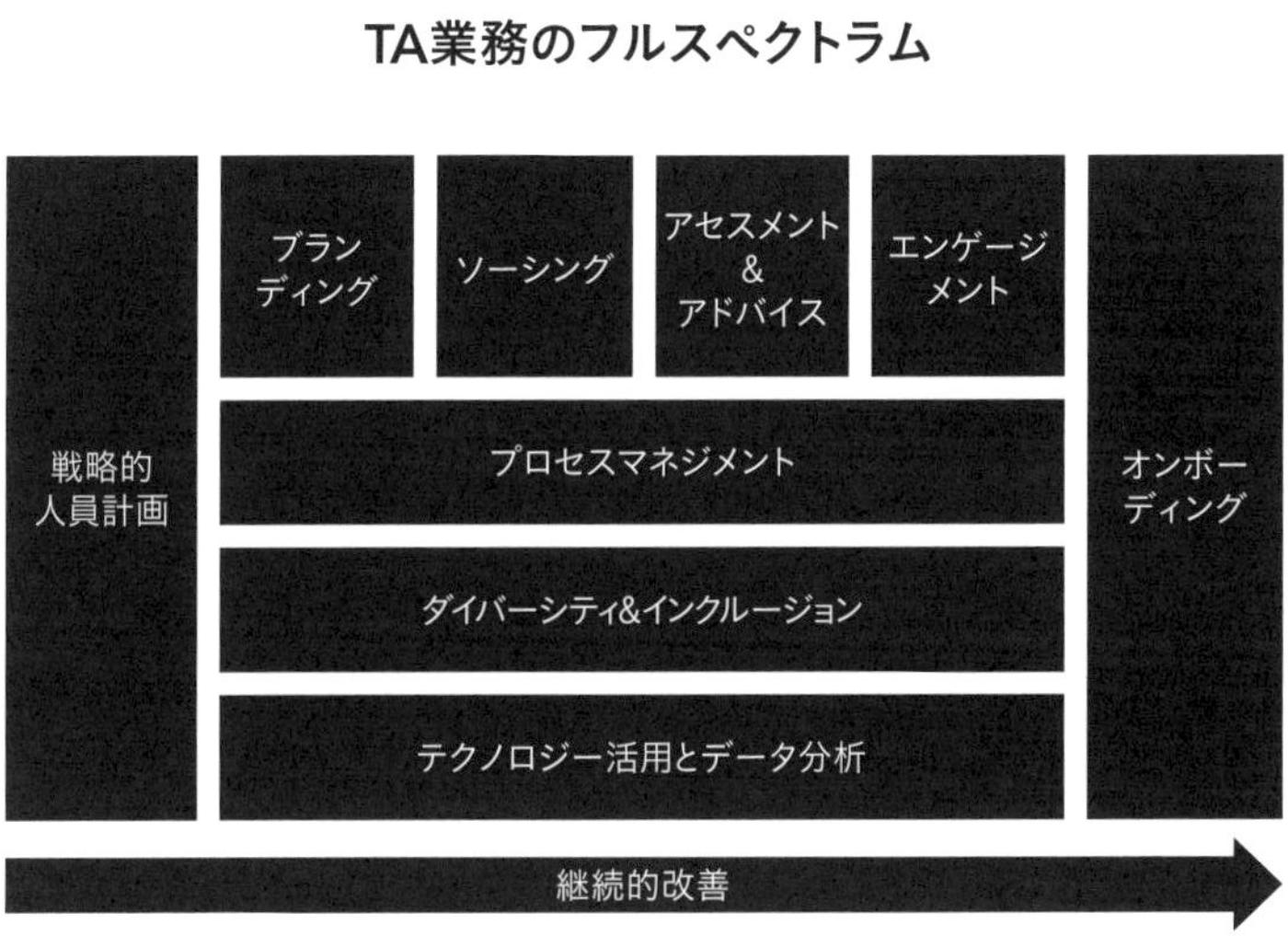
TA業務のフルスペクトラム
戦略的
人員計画
ブラン
ディング
ソーシング
アセスメント
&
アドバイス
エンゲージ
メント
プロセスマネジメント
ダイバーシティ&インクルージョン
テクノロジー活用とデータ分析
オンボー
ディング
継続的改善

1. 戦略的人員計画

TAの成否はまず、企業の中長期的なビジネス・ゴールと採用戦略をどれだけ一致させられるかにかかっています。

経営陣は未来の組織の姿を描き、その実現に必要な人員計画を立てます。どの部門にどれくらいの人数が必要かという「頭数」を決めることが求められるため、この計画立案のプロセスに、TAチームは積極的に参画します。そこから、獲得すべき人材に求めるスキルセットを明確にしていくのです。

目の前のニーズに対処するのではなく、中長期の計画から逆算した採用戦略が求められます。これは時に**ヘッドカウント・プランニング**とも呼ばれます。

2. ブランディング

採用広報とも呼ばれています。採用市場で企業の魅力をどのように伝えるかは、言うまでもなく優秀な人材を引き寄せるための鍵となります。魅力的な**雇用価値提案**（**EVP***）を策定し、ターゲット層に響く形で発信することが不可欠です。

TAチームが高度化するに従い、ただ発信するだけでなく、市場での受け止められ方を受信し、社内の経営幹部にフィードバックをしてゆき、改善のループを回し続けることができるようになっていきます。

＊ 雇用価値提案（EVP：Employee Value Proposition）：企業が雇用する人に提供する価値をまとめ、可視化したもの。具体的な内容としては、給与や福利厚生、キャリア形成におけるメリットのほか、企業のミッション・バリュー、働きがいといった心理的価値も含まれ、多岐にわたる。

3. ソーシング

採用における**ソーシング**とは、候補者を集める業務を指します。ここがＴＡシステム導入による最大のイノベーション領域だといえるでしょう。

伝統的な採用では、ソーシングが企業内部に取り込まれることはありませんでした。採用候補者のデータベースを持つのは**採用エージェンシー**というのが普通だったのです。しかし、今日ではリンクトインなどを使ったダイレクトリクルーティングによって、ＴＡチームのメンバーが直接、候補者のデータベースにアクセスすることが可能になりました。

候補者にアプローチするチャネルも多様化しています。リンクトインや**ビズリーチ**以外にも、従業員の紹介による**リファラル採用**やソーシャルメディア投稿による求人、社内公募による**ジョブポスティング**といった選択肢があり、もちろん、外部の採用エージェンシーを活用することもできます。ＴＡチームが様々な方法を駆使して、候補者の属性などのバランスを調整することで、理想の候補者を探し出すことが可能となります。

4. アセスメント&アドバイス

候補者を集めたら、**アセスメント**（評価）が実施されます。**スキル**（技能）や**コンピテンシー**（好業績者に共通する行動特性）だけでなく、将来の成長余地を示す**ポテンシャル**、組織環境への適合性も含めて、総合的に評価することが大切です。

アセスメントは、書類選考などのスクリーニングを経てから面談・面接へ、というプロセスを踏むのが基本ですが、より効果的なプロセス設計についても検討が必要です。適切なアセスメントをチームとして遂行するため、面接官のトレーニングなどの仕組みも整備します。

採用の可否を最終的に決めるのは事業部門のリーダーなどですが、TAチームのメンバーには意思決定者にアドバイスする役割も求められます。たとえば、採用市場への供給が限られている人材の場合や、今後の採用見通しが厳しいと予想される場合、面接官が設定した採用基準や、その基準に基づいて下した「Ｎｏ」の判断をそのまま受け入れるのではなく、中長期的なビジネスゴールの達成に向けた建設的な提案が求められます。

5. エンゲージメント

企業が面接したいと思った候補者のすべてが、面接に応じてくれるわけではありません。面接プロセスに乗ってくれた候補者に、どれだけ良い体験を提供できているか、心理的なつながりを深める**エンゲージメント**ができているかが、採用の成否を分けます。TAチームは、面接が候補者にもたらす体験価値を管理し、問題があるときには面接官にフィードバックします。

また、すぐに採用につながらなくても、優秀な候補者との関係を築き、維持していく活動も戦略的に重要で、これを**ナーチャリング**（熟成）と呼びます。優秀な候補者が継続的に流れ込む**タレントパイプライン**を育てることで、希少な人材資源に対するニーズにも対応できるようになります。

6. プロセスマネジメント

面接プロセスの進行を管理し、全体をコーディネートしていくのもTAチームの大事な仕事です。特にエージェントが採用に関与するケースでは、候補者と自社面接官に加えてエージェントの三者が関わるので、面接日程を決めるのにも高度な調整能力が求められます。

面接の後はその都度、候補者本人とエージェント、面接官などの関係者全員に、面接で受けた印象などを確認し、ちょっとしたサポートや情報提供など、必要なアクションを決めていきます。細かくコンタクトを取ることで、候補者のモチベーションを管理し、認識にズレが起きたり、状況に変化があったりした場合に即、アラートを上げることも重要な役割です。

特にエグゼクティブ層の採用には極秘情報が含まれ、社内外を問わず誰に何を伝えるか、または伝えないかなど、関係者の立場ごとに配慮が必要な場面もあります。状況を機敏に読み取るセンスが求められ、繊細な業務遂行が必要となります。

7. オンボーディング

候補者を採用してから、従業員として定着し、戦力化するまでの移行を支援し、円滑にすることを、**オンボーディング**と呼びます。入社後のフォローでエンゲージメントを高め、定着率の向上につなげます。特にクリティカルだとされる入社後90日間のモニタリングも効果を発揮するといわれています。

従業員の戦力化は、入社直後でなくても重要な経営課題です。そのため、オンボーディングは、人事の世界で**タレントマネジメント**（TM）と呼ばれる業務領域と重なります。大手企業では、転職者向けのオンボーディングはTAチーム、既存の従業員向けのタレントマネジメントは人事部と、担当部署が分かれていることが多いですが、その場合、連携が求められます。

8. ダイバーシティ&インクルージョン

TAチームが描く採用戦略は、**多様性と包摂性**（**D&I**）を支えるよう設計されているかを問われることが増えてきました。性別の**ダイバーシティ**（**多様性**）はもちろん、バックグラウンドや強みのタイプなども含めて、人材のバラエティが組織に変化をもたらします。広い意味でのダイバーシティの管理とバランスの舵取りが腕の見せどころとなります。

具体的な取り組みとしては、たとえば、面接で尋ねてはいけないことを自社で定めて守る、面接官の心理的バイアスを減らすためにトレーニングを実施する、多様な属性を持つ人が応募しやすいインクルーシブな求人情報を提供するなど、様々な事例があります。自社の採用戦略に基づいて設計し、実行することが必要です。

9. テクノロジー活用とデータ分析

採用の分野においてもテクノロジーの進化は著しく、データに基づく意思決定の幅が広がりました。

採用候補者を集めるソーシングの手段は前述の通り、多様化し、複雑化しています。それに伴い、応募者の情報を一元管理する**ATS**（応募者追跡システム：Applicant Tracking System）と呼ばれるシステムや、AI（人工知能）を使ったソーシングツールなどが出てきました。これらをいかに効果的に活用してゆくかが、さらなる高度化と差別化の鍵を握ります。

また、経営陣へのレポーティング業務も重要な領域で、採用の進捗を個別事例から全体像まで柔軟かつタイムリーに数字で見えるようにすることが求められます。

10. 継続的改善

TAチームの業務プロセスは定期的に見直しが必要です。パフォーマンスについて指標を設定し、候補者やエージェントなどステイクホルダーへのサーベイを実施してフィードバックを受け、進化するビジネスニーズに基づいて改善を続けます。

4 新しい呼称の必然性

米国で始まったTA（タレントアクイジション）システムが世界に浸透する中、日本でもTAチームが当たり前に存在する時代が、近々訪れることでしょう。2030年代には、上場企業の組織図にTA業務を担う部門名が自然に書き込まれる姿が想像できます。もしかしたら名称は「TA」とは異なるものになるかもしれませんが、才能ある人材の獲得を専門とするチームの台頭は避けられないでしょう。

ただし、この変革は決してスムーズには進みません。米国での採用革命がそうであったように、新たな試みには必ず抵抗や混乱が伴います。それでも壁にぶつかり、あっちへこっちへと、微妙に方向転換を繰り返しながら、やがてメインストリームとして定着していくのです。

日本におけるTAチームの定着において、最初の障壁となるのは、意外にも「ネーミング」の問題かもしれません。

「Talent Acquisition（タレントアクイジション）」を直訳した名前にするならば「人材獲得部」となりますが、「人を〝獲得〟する」というやや刺激的な言葉遣いは部署名としては微妙かもしれません。また、「人材調達部」という案も考えられますが、その名刺を出されたら、ちょっと嫌です。

「採用部」といったシンプルな名前にする手もあります。しかしそれではTAが示す新しい概念が想起されないため、今まで通りの感じがします。この差を埋めるためにも、「アクイジション（獲得）」という言葉が持つ、営利目的に直結する活動としてのニュアンスが欲しいところです。

そういった理由から、本書ではこのTAという英語の略称をそのまま使用しています。

ネーミングの重要性を象徴するのが、グーグルにおける「ピープルオペレーションズ（People Operations）」という部門名の導入です。2006年、グーグルは「ヒューマンリソーシズ（Human Resources：HR）」という部門名を廃止しました。

その狙いは、エンジニアたちがHRに抱く、管理的・官僚的なイメージを払拭することにありました。「オペレーションズ」という言葉には、数学的な精密さを感じさせる響きがあり、エンジニアに信頼感を与えるからというのが理由だったようです。*

やはり名前というものはラベル以上の意味を持っています。それはコンセプトです。背後にある文化や価値観をも表現し、変革を推し進める力をも持ちます。グーグルは、新しいコンセプトを体現する名前をつくり出すことで、時代の変化に対応し、組織のトランスフォーメーションを推進しようとする強い意志を持っていました。

＊ ラズロ・ボック、鬼澤忍・矢羽野薫（訳）（2015）『ワーク・ルールズ！　君の生き方とリーダーシップを変える』東洋経済新報社

そもそも、シリコンバレーのエンジニアたちには、ただ技術に長けているだけではなく、思想的なバックグラウンドを持つ人々が多くいます。アナーキズムやリバタリアニズムといった自由主義的な思想の影響が強く、管理されることを本能的に嫌い、古い体制に対して反発する。そんなシリコンバレーのエンジニアたちにとって、「HR」という名前は、クールさのかけらもない、過去の遺物に見えたのでしょう。

グーグルのピープルオペレーションズで鍛えられたメンバーやリーダーたちは、その後、他の企業に移り新しい文化を広めていきました。**ドロップボックス**や**メタ**（旧フェイスブック）、リンクトインなどのメガスタートアップに、ピープルオペレーションズという名称と、それが象徴する新しい思想が持ち込まれ、波紋のように広がっていったのです。

その痕跡は、現在もシリコンバレー系の企業文化に残っています。たとえば、人事の最高責任者の呼称として、日本で一般的になりつつある「**CHRO**（チーフヒューマンリソースオフィサー：Chief Human Resource Officer）」よりも、「**CPO**（チーフピープルオフィサー：Chief People Officer）」を採用する企業が多いのは、その影響の一つでしょう。

「CPO」「ピープルオフィサー」という呼称は、人々に寄り添い、組織全体の成長を支える存在としての人事の役割をより強く表現するものであり、そこには、従来の人事部門が持っていた管理的・官僚的な性質やイメージと決別するという意志が感じられます。

この「ヒューマンリソース」から「ピープルオペレーションズ」への変化は、シリコンバレーが生んだ人材マネジメントの思想を実によく体現したものだといえるでしょう。

5 採用は営業

翻って考えると、これまでの「採用」や「リクルーティング」という言葉には、どこか受け身的なニュアンスが含まれていたように思います。

応募してきた人を採用する。今年必要な人数を採用する。退職者が出ればその穴を埋めるために採用する。

こうした活動は、あくまで会社や上司からのオーダーに応じて、採用担当者が動くという受動的な姿勢を前提としていたように思われます。

結果として、従来の「採用」という言葉と、それに付随するコンセプトは「人材の不足を補う」ことや「社内の満足度を高めること」に重点が置かれ、それを喜びとする奉仕型の志向を持った人たちが活躍する場として機能してきました。言い換えるならば、「価値を提供すべき『顧客』は組織の内部にいる」。そんなニュアンスが強い印象があります。

しかし、「TA（タレントアクイジション）」の機能は、これまで述べてきたように、「採用」という言葉が持つ従来のコンテキストからはかなり遠いものであるべきです。

これまで保有していなかった「タレント＝才能ある人材」を、新たに外部から「獲得＝

採用から人材獲得へ

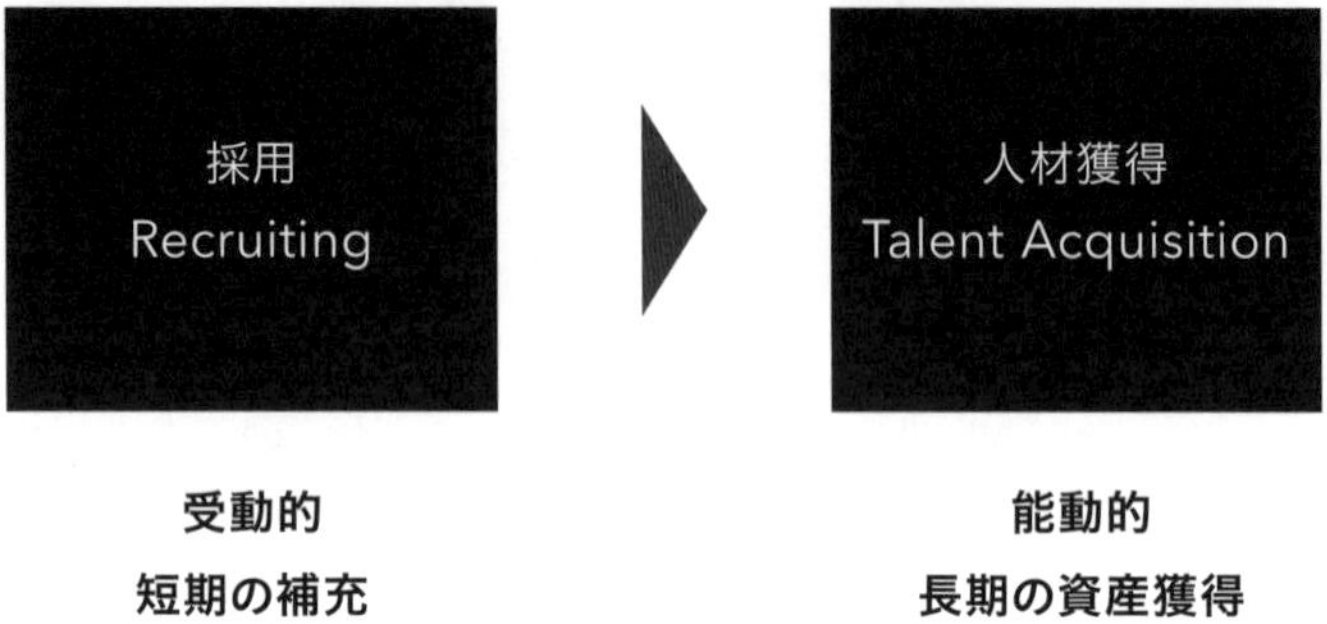

アクイジション」する活動が主になるため、「不足を補う」という発想とは真逆となります。どちらかというとマインドセットは「攻め」寄りです。現場の感覚としては、やっていることはもはや人事というより、むしろ営業に近いものとなっているはずです。

たとえば、ファイナンスの世界において、「**デット業務**」と「**エクイティ業務**」とでは、求められるマインドセットやスキルがまったく異なることが知られています。それは採用の世界においても同様です。

従来の採用は安定性を重視する点で「融資」に近いものです。必要な人材を、必要なときに、最小限の負担で獲得することを目指しており、「やらないで済むなら望ましい」という空気を感じる場面すらあります。

一方で、ＴＡは「出資」に近い考え方で人材を捉えます。将来の成長可能性を見据え、時には現在の組織体制を超えた人材の採用も辞さない――まさに未来への投資という発想なのです。

営業に近いのは、マインドセットだけではありません。業務の性質や、求められる人材の特性においても、TAシステムでの採用は営業、それも法人営業に似ています。

法人営業が見込み客の開拓に始まり、商談を重ねて契約の獲得に至るように、TAも優秀な候補者を探し、ターゲットを定めて面談を重ねます。

営業において、成約に向かう過程には心理的な駆け引きがありますが、採用も候補者の心を惹きつける「**アトラクト**」に成功しなければ応諾には至りません。

また、営業は売って終わりではないとよく言われますが、TA業務も同様です。採用して終わりではありません。TAシステムを回すTAチームのメンバーに課せられる目標は、優秀な候補者という「人材」を採用することにとどまらず、獲得できた優秀な人材が長期的に価値を生み出す環境を整え、成功を支援することです。これは、「空きポジションを埋める」という従来の採用とは一線を画した、かなり能動的なアクションだといえるでしょう。

TAチームにはさらに、マーケティングや広報のセンスも求められます。候補者を外部から引き寄せ、長期的な関係を構築するためには、自社の魅力を的確に発信し続けて、候補者からの信頼をゲットする必要があるのです。これも優秀な営業マンに求められる能力とまったく同じだといえます。

結局のところ、日本企業が世界の採用革命にキャッチアップしよう、ＴＡシステムを導入しようと決意するなら、何よりも――そして誰よりも――**経営トップにマインドセットのシフトが求められる**。この点を強く指摘しておきたいと思います。

変化というものは、一度始まれば不可逆な形で波及していくものです。その変化を組織の中でどのように起こし、全体に広げていくのか。それを企業において決定づけるのは、経営トップの姿勢です。採用を変革するためには、まずはリーダーが変わらなければならないのです。

言うまでもないことですが、部下に変革を促しながら自分自身が変わらないリーダーほど、奇妙な存在はありません。

採用を担うチームを、従来のように管理部門として扱うのではなく、営業部やマーケティング部のように位置づけ、動かすのです。リーダー自身が、価値観をガラッと変えることが求められます。採用とは、営業だと。その視点を強く持って、ＴＡチームを育てていただければと思います。

6 4つのフェーズ

TA（タレントアクイジション）チームを組成し、TA業務を展開することを「TAシステムの実装」と呼びます。

では、この実装が進化し、高いレベルへ発展した先には、どのような姿が現れるのでしょうか。そして、それをどのステージまで高めるべきでしょうか。

ここではTAシステムの進化のステップについて考えてみたいと思います。

TAシステムの発展フェーズを体系的にまとめたものとして、米国の人事コンサルティング企業、**ジョシュ・バーシン・カンパニー**が提唱した**「タレントアクイジション（TA）成熟度モデル」**[*1]があります。これを紹介しながら、TAシステム実装の段階的な進化とそのロードマップについて説明していきたいと思います。

TA成熟度の4つの段階

このモデルは、企業の採用プロセスの成熟度を、以下の4つの段階に分類して評価しま

*1. The Josh Bersin Company.(2023). HR Predictions for 2023 JOSH BERSIN

す。この分類に基づき、各段階の特徴について、私見を交えつつご説明します。

レベル1：リアクティブで断片的なフェーズ

リアクティブとある通り、この段階では、企業の採用に対する姿勢は反応的で、ポジションが空いたときに急いで埋める、という「都度対応」のアプローチが中心です。採用プロセスに一貫性がなく、企業戦略との整合性もほぼありません。

レベル2：標準化・構造化されたフェーズ

都度対応のフェーズから一歩進むと、採用プロセスが標準化され、一貫性が見られるようになります。たとえば、求めるポジションの業務内容や役割といったジョブロールが定義され、候補者の評価方法が統一されます。しかし、採用プロセスが標準化されたばかりのこの段階では、重点が効率に置かれ、戦略的なインパクトにはまだ欠けています。

レベル3：プロアクティブで個別化されたフェーズ

標準化フェーズから企業がさらに進化すると、企業は自らが求める人材を、より能動的（プロアクティブ）に求める採用を積極的に展開します。それと同時に、優秀な人材を惹きつけるべく、採用プロセスを候補者一人ひとりに合わせて**パーソナライズ**（個別化）し、体験価値を高めようとします。採用業務を、優秀な人材（タレント）を獲得（アクイジション）

TA業務の発展フェーズ

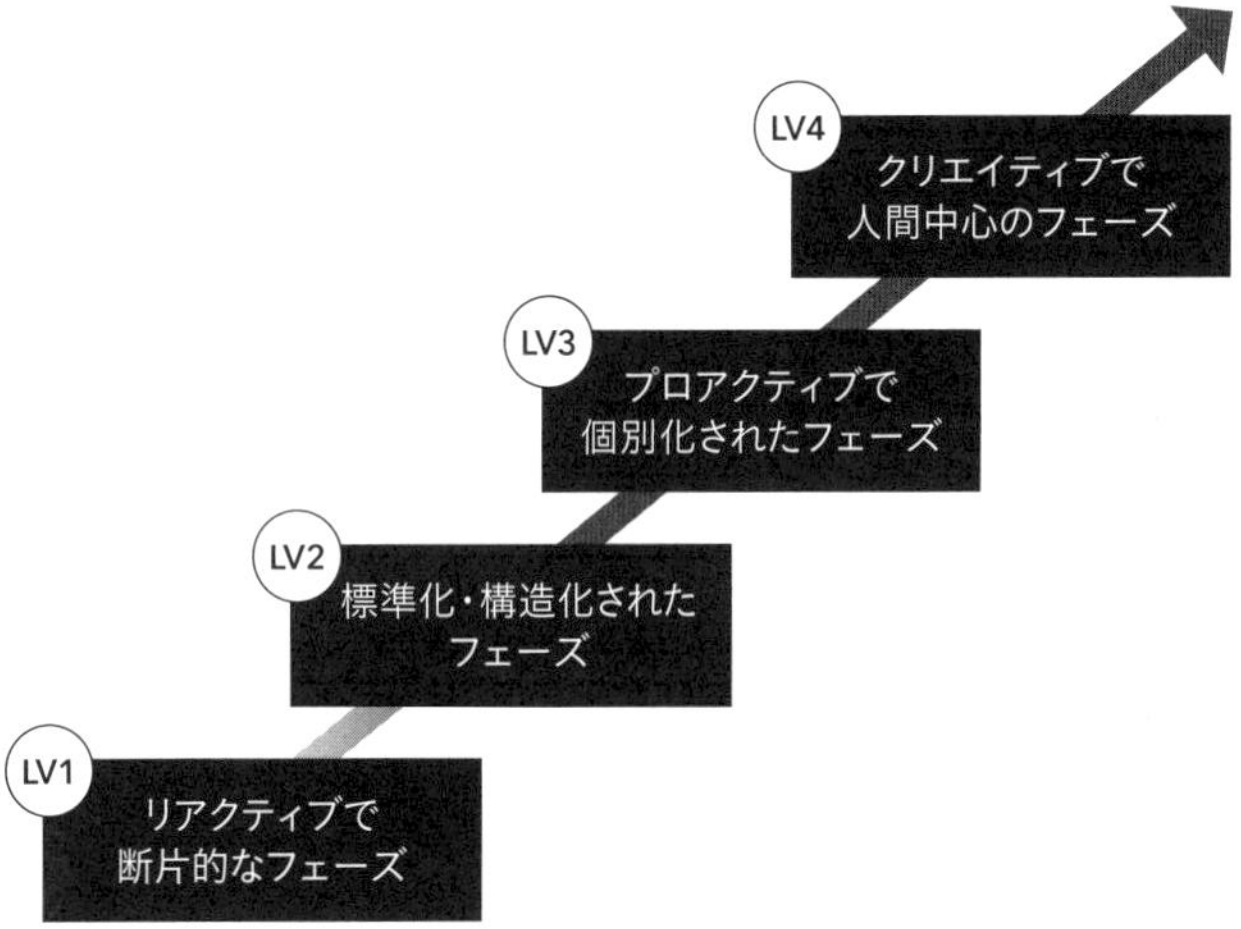

するTA業務と言い換えられるのは、このフェーズからでしょう。
候補者の体験を大きく左右する**リクルーター**（採用担当者）の役割も重要視され、採用を担う人材への投資も増加します。活動はより戦略的になり、将来の人材ニーズの予測に基づき、人員計画を立てる（**ワークフォースプランニング**）といったこともなされます。ただし、これらの採用戦略はまだ、企業戦略と統合されるまでには至っていません。

レベル4：クリエイティブで人間中心のフェーズ

最も成熟した段階では、採用活動は業務を超え、企業の競争優位性の源泉となります。採用戦略は完全に企業戦略と統合され、採用リーダーはビジネスリーダーと密接に連携して、未来の成長シナリオを創造します。そこから逆算する人材獲得のロードマップの立案と実行も、創造的（クリエイティブ）なものとなります。

このレベルに達した企業は、従来の採用慣行にとらわれず、大胆な実験を行い、非伝統的な手法を積極的に取り入れる姿勢を持っています。テクノロジーを戦略的に活用して、予測、分析を行い、採用の意思決定を支援します。優秀な人材を見つけたら、その人のために仕事をつくってでも獲得するといった、個人起点、人間中心のアプローチも特徴です。これによって候補者の体験価値がさらに高まり、強い雇用ブランドを構築しています。ここに至った企業は、採用市場での競争力を大きく向上させます。

ざっとご覧いただいて、御社はこの成熟度モデルが示す4段階のフェーズのうち、どの段階に位置していると考えられるでしょうか。

ここで特に注意すべき点は、レベル1の「都度対応」とレベル3で求められる「パーソナライズ（個別化）」を混同しないことです。この2つは表面的には似ているように見えるかもしれませんが、その実態には大きな違いがあります。

レベル1の都度対応とは、採用担当者が、上司や**採用エージェント**に振り回されているだけの受け身の状態です。次々に押し寄せる「個別のタスク」に「対応」しているに過ぎません。

このような結果としての「個別対応」を、「パーソナライズ（個別化）」していると勘違いしてしまうことがあります。しかし、レベル3のパーソナライズとは、採用担当者が自らの意思を持って、候補者に個別対応しているということであり、戦略的に業務をカスタマイズしている状態を意味しています。対応そのものに意味と目的が込められ、能動的に状況をリードすることができる状態を指すのです。

ちなみに、ジョシュ・バーシン・カンパニーによると、レベル4に達した企業は、レベル1の企業に比べて、業績ターゲットを満たす確率は2倍、生産性向上の可能性は2・4倍、変化への適応性は3倍、イノベーションの創出可能性は2・4倍と報告されています。[*2]

＊2. Bersin Social. (2018). *Bersin Talent Acquisition Maturity Model*. YouTube

これらの数字が信頼に足るものであるならば、その差はまさに劇的といえるでしょう。

一方で、2023年に発表されたリポートには、調査対象となった米国企業のうち、45%がレベル3の「パーソナライズ（個別化）」に達していなかったと指摘しています。[*1]

米国で採用革命が本格的にテイクオフした2008年から十数年がたっても、米国企業の半分近くがまだTAシステムを実装できていないというのは、意外に思うかもしれません。先行する米国においても、まだまだ多くの企業が採用の成熟度において課題を抱えている現状を、この調査は浮き彫りにしています。

7　インハウス化の魅力

TA（タレントアクイジション）システムの中核を成し、採用革命における最も大きな変革ともいえるのが、ダイレクトリクルーティングです。ここからは、この重要なトピックを掘り下げていきます。

リンクトインやビズリーチがもたらしたダイレクトリクルーティングの革新性は、採用候補者を集めるソーシング業務を企業が自社内に取り込めるようになった点にあります。それ以前、人材を求める企業は、ソーシングを外部の採用エージェンシーに大きく依存していました。なぜなら、市場に出ている候補者情報を網羅的にカバーするデータベースを持つのは、一部の採用エージェンシーだけだったからです。

ところが今では、リンクトインやビズリーチのツールがあれば、採用エージェンシーに頼らなくても、同じくらい充実したデータベースに自力でアクセスできるようになりました。つまり、採用活動の「インハウス化」が現実のものとなったのです。

では、そもそも、なぜソーシングをインハウス化する必要があるのでしょうか。それにはどのようなメリットがあるのか、まず概論として整理してみましょう。

ダイレクトリクルーティングによるソーシングのインハウス化が企業にもたらす利点は、大きく以下の5つに集約されます。

1．コスト効率化

まず注目すべきは、コスト効率の改善です。外部の採用エージェンシーを利用する場合、日本では一般的に、採用が決定した候補者の年俸に対して30〜40％、時には50％もの手数料が発生しています。これは企業にとって大きな負担です。一方で、インハウス化されたダイレクトリクルーティングを活用すれば、1人当たりの採用コストを大幅に削減することが可能です。

たとえば、英国では、外部の採用エージェンシーを利用した場合の採用コストが候補者の給与の15〜30％程度であるのに対し、ダイレクトリクルーティングの場合、1〜5％程度に抑えられるとされています。[*] これは、特に成長を続ける企業や、採用ボリュームが多い企業にとって大きなメリットとなります。

2. 広範なタレントプールへのアクセス

採用候補者の情報を蓄積するデータベースは「**タレントプール**」と呼ばれ、採用活動において極めて重要な役割を担います。外部の採用エージェンシーを利用する際には、それぞれのエージェンシーが持つタレントプールにアクセスできることが大きな魅力となりますが、一方で、特定のエージェンシーのネットワークに依存し、情報が制約されるというデメリットもあります。

これに対し、ダイレクトリクルーティングはそのような制約を受けません。TAチームが活用できる採用候補者の情報は、リンクトインやビズリーチなど採用プラットフォームにあるタレントプールにとどまりません。様々なソーシャルメディアや従業員からの紹介（リファラル）、業界特化型のネットワークなど、幅広いチャネルを活用し、採用候補者の情報を独自に集めることができます。このアプローチにより、トップタレントを探索し、特定し、引き寄せる活動の自由度が格段に高まります。

＊ Louise Donadieu.(2021). *How Talent Acquisition Teams Can Do More With Less in 2021.* Pinpoint

さらに、これらの活動を通じて、事前にアセスメント（評価）を行った候補者のデータベース、つまり自社独自のタレントプールを社内で構築できれば、重要なポジションを迅速かつ効果的に充足する準備が整います。

3. 企業ブランドの強化

インハウスでダイレクトリクルーティングを担うＴＡチームのメンバーは、単なる採用担当者にとどまりません。彼らは、自社を代表する「ブランドアンバサダー」としての役割を担います。

自社を深く理解した社内人材が、まるで「ふるさと大使」や「おらが町の代表」のように、候補者との接点で自社の文化や価値観を体現します。これにより、スキルや経験の適合性だけでなく、文化や価値観の共有なども含めた多面的な観点から、最適な人材を引き寄せることが可能となるのです。

このプロセスを通じて、ＴＡチームの活動は、ポジションを充足するだけの採用の枠を超え、採用市場における企業の存在感を高め、強固な**エンプロイヤーブランド**を形成するものとして機能しはじめます。

4．より大きな裁量と柔軟性

インハウスのＴＡチームを構築することで、企業は採用プロセス全体において、より大きな裁量と柔軟性を手に入れることができます。特に、時間軸をコントロールできることは大きなメリットを生みます。

採用エージェントを経由した採用では、往々にして、選考の進捗を急かされるものですが、インハウスの採用ならば、じっくりと選考を進めることが可能となります。優秀な人材に対して、相手が納得いくまで何カ月も相互理解の時間を取ることもできますし、逆に、内定を出すタイミングを思い切って早くすることもできます。時間軸のコントロールは、候補者とのリレーションを育てるための選択肢を増やします。この柔軟性が、迅速でありながら質の高い採用を可能にし、ミスマッチのリスクを低減することにもつながります。

5．長期的な戦略的利益

インハウスのＴＡチームへの投資は、短期的な採用ニーズを満たすだけにとどまりません。長期的な戦略的利益をもたらす大きな布石となります。

インハウスであることによって、経営陣や様々な事業部門との密なコミュニケーションが可能となります。こうした経験を積んだＴＡチームのメンバーはやがて、自社の戦略的目標を深く理解し、それを達成するために必要な人材の特性を明確に見極められるようになります。この結果、採用が企業戦略とより高い整合性を持つようになり、効果的かつ持続可能な人材獲得活動が実現できます。つまり、企業戦略に合致した人材の質と量において他社と差別化ができるようになるのです。

このように、TAチームへの投資には、アウトソースしていた業務をただ外から中に置き換える、単純なコスト削減以上のメリットがあります。採用は、ポジションを充足するだけの活動ではなく、長期的な成長基盤を築く経営戦略の一環として捉えるべきだ、という主張もご理解いただけたのではないでしょうか。

デメリット：試練の時期

ダイレクトリクルーティングを担う社内チームを立ち上げた初期には、期待したメリットが一時的にデメリットとして顕在化する「試練の時期」があります。

デメリットに感じられてしまうことの一つが、「コスト」です。外部エージェンシーに頼らなくていいから、コストが下がると思いきや、そうならないという話です。

なぜなら、日本では、ダイレクトリクルーティングに精通し、TA業務に慣れた人材の数が限られているところに、その多くが外資系企業出身であるため、新たに採用する際、報酬が相対的に高くなりがちです。最初にチームを組成するプロセスではどうしても試行錯誤が必要になるのもコストアップの要因となります。これらは初期投資として受け入れざるをえない現実です。

もう一つの課題は、ダイレクトリクルーティングが企業ブランドに与える影響です。良い方向に働けば、「エンプロイヤーブランドの強化」につながる半面、育成途上においてはマイナス面も発生しかねません。経験が十分でないTAチームのリクルーター（**TAリクルーター**）が、候補者やエージェントとのコミュニケーションで失敗し、結果として会社のブランドイメージを損なうケースもあります。新人のバーテンダーのミスでお店の評判を落とすようなものかもしれません。

しかし、これらのデメリットは、初期段階のつまずきに過ぎません。長い目で見れば一時的なことで、むしろ成長のための布石と捉えたいものです。オペレーションを磨き上げるには、どうしたって時間がかかります。だからこそ、先に挙げたメリットを手に入れるため、当初は少しの苦労を受け入れるべきだと思います。時がたてば、TAリクルーターたちも熟練し、チーム全体が力強く成長していくでしょう。

8 比較検討ができる採用へ

これまで多くの企業で、ダイレクトリクルーティングを推進するためのTA（タレントアクイジション）チーム組成をお手伝いしてきました。その中で、特に「広範なタレントプールへのアクセス」と「より大きな裁量柔軟性」というメリットについては、導入直後から実感を持てることが多いように思います。その要因を少し解説します。

たとえば、高価なドラム式洗濯機を購入しようとするとき、おそらく、多くの方は以下のようなプロセスを踏むのではないでしょうか。

我が家のドラム式洗濯機に求める条件をいくつか設定し、それに合致する候補を絞り込む。候補がリストアップされたら比較検討し、それぞれの特徴や長所・短所に納得した上で最終的に購入する洗濯機を決める。この流れは、購入後の満足感を得るための合理的なプロセスといえます。

これを重要なポジションを担う管理職の採用に置き換えた場合はどうでしょう。同じように条件を設定し、候補者をリストアップして、慎重に比較検討するのが理想です。しかし、現実には、このような当たり前のプロセスが多くの場合、実現されていません。

なぜ、採用においてはこの合理的なプロセスを実現しにくいのでしょうか。

それには、採用エージェンシーとの契約が深く関係しています。特に日本では、採用エージェンシーとの契約のほとんどが**成功報酬型**です。* 成功報酬型での協働では、十分に広範なタレントプールへアクセスし、十分な比較検討を経て採用を進めることが、実は思った以上に難しいのです。

採用エージェンシーも営利企業であり、ビジネスモデル上の制約を受けます。成功報酬型では、候補者が採用されなければ収益が発生しません。そのため、エージェンシー側には「できるだけ早く採用を決定してほしい」という思いがあります。また、「多くのオプションを見せて迷わせたくない」という心理も働きます。そのため、顧客企業に対して、そもそも候補者リストを出したがらないエージェントも多いですし、出すとしても、早く決めることだけを考えてリストを作成していることが少なくありません。

一方で、企業側には別の思いがあります。「この中から選ぶだけで本当にいいのだろうか?」「もっと広い範囲から比較検討すべきではないか?」「もう少し待った方がいいのではないか?」といった根本的な疑問が湧きます。特に重要なポジションほど、企業は決断をためらいます。「本当にこの人でいいのだろうか?」という迷いは、ほとんどの採用担当者が経験することでしょう。

しかし、慎重になるあまり、こうした迷いが長引きすぎると、エージェンシーとの関係に悪影響を及ぼす可能性があります。候補者を断ることが続いたり、採用の結論を引っ張

＊ 採用エージェンシーとの契約は、成功報酬型だけでなく、一定期間、継続的に支援を受けるリテイナー型というオプションもある。ただし、報酬の高いエグゼクティブ層の採用でない限り、リテイナー型の契約に応じるエージェンシーは少ないのが現状。結果として、多くの場合、企業が望むような深いリサーチや候補者との長期的な関係構築は難しいことが多い。

りすぎたりすると、エージェンシー側が愛想を尽かして、今後の取引関係を見直すこともあります。結果として、企業側はどこかで妥協を余儀なくされ、「これで本当によかったのだろうか」という感覚が残る採用を経験してしまうのです。

一方で、インハウスのＴＡチームであれば、前述のように採用を決めるまでの時間軸を長く取れます。まず、自分たちの会社に欲しい人材の姿をじっくりと考える。同時に、業界のトップ企業にはどのような人材がいるのかをリサーチしてみる。トップ企業の優秀な人たちと接点を持ち、長期的にコミュニケーションを取ることで、良い関係を築いていく。そして、タイミングを見計らって「うちに来ませんか？」と自然に声をかけ、巻き込む。こういった柔軟で戦略的な動きが可能になるのです。

時間をかけることが成果に直結するプロセスは他にもあります。たとえば、「**マッピング**」と呼ばれる、ベストな人材がどこにいるかを探っていく作業を丁寧に重ねること。また、「**パッシブな候補者**」と呼ばれる、転職意向の低い魅力的な候補者を口説くことも、時間と労力をかけることで可能になります。これらはいずれも、成約を急ぐ外部エージェンシーに頼っていては難しいアプローチなのです。

このように、企業がインハウスチームを作り、タレントプールを自ら構築し、柔軟かつ戦略的に採用を進める体制を整えることで、採用エージェンシーとの間で生まれる構造的なジレンマを克服することが可能となるのです。

9 TA人材は、どこにいる？

「採用のプロを採用する」——これは採用の変革を目指すとき、多くの企業が直面する新たなチャレンジです。

優秀な人材（タレント）を自社の力で探し出し、魅了し、獲得（アクイジション）するTAシステム。その戦略的価値と効果については、すでにご理解いただけたことと思います。しかし、この新しい採用システムを実装するには、重要な前提があります。それは、TA業務を専門とする社内人材の存在です。外部の採用エージェンシーに依存していた採用活動を、自社の強みとして内製化するには、その担い手となるプロフェッショナルの獲得が不可欠です。[*1]

ここで企業は、冒頭に掲げた皮肉な課題に直面します。「採用のプロフェッショナルを、どのように採用するのか？」。日本ではTAの歴史がまだ浅く、専門性を持つ人材の層は決して厚くありません。多くの企業が、この人材獲得の課題に明確な解を見出せていないのが現状です。

もちろん、TA業務の経験者を外部から採用するという選択肢はあります。前述のように、グーグルや**アマゾン**の日本法人から、日本企業に移籍したTA人材は実際に存在しま

＊1. とはいえ、インハウス化によって、外部の採用エージェンシーが不要になるわけではなく、むしろ効果的な活用が求められる。また、RPO（リクルートメント・プロセス・アウトソーシング）という、TA業務をアウトソースするサービスの利用も広がっており、これらについては後述する。

す。また、**楽天**や**メルカリ**のように、国内企業で先行してTAシステムを実装した企業からの経験者採用ができるならば理想的かもしれません。しかし、そのような人材は数に限りがあります。

外資系企業でTA業務を経験した後に独立をしたコンサルタントなどと業務委託契約を結び、そのノウハウを取り込むという方法も考えられます。しかし、この方面の人材リソースもやはり限られますし、予算や契約期間の制約も伴い、長期的な解決策としては不十分かもしれません。TA人材への需要が高まる一方の現状、獲得の競争が激しくなるばかりなのです。

では、どうすればよいのでしょうか。

「社内から適任者を探せ」――これが私からの提言です。

難しいと思われるかもしれませんが、一度この方向性を検討してみてはどうでしょう。御社の社内にTA業務を担える適任者はいませんでしょうか。もしいるとすれば、どこにいるのでしょうか。

ここでもグーグルのアプローチは参考になるでしょう。TAシステムの元祖であるグーグルも、最初からTA業務の経験者がそろっていたわけではありません。ゼロからTAチームを構築したのです。

その際、グーグルは人事部門のメンバー採用に「3分割ルール」という独自のポリシーを設けました。このルールでは、伝統的な人事畑のキャリアを持つ人材が、部門全体の3分の1を超えないようにするという基準を設けています。

残る3分の1には——ここにグーグルらしさが際立ちますが——戦略コンサルティングのバックグラウンドを持つ人材を充てました。そして、最後の3分の1には、アナリティカルなバックグラウンドを持つ人材を配置したのです。具体的には、組織心理学や物理学など、分析的な分野で修士以上の学位を持つ人々を選ぶという方針でした。[*2]

伝統的な人事が担ってきた業務と、TA業務が本質的に異なるという点については、本書でたびたび指摘してきましたが、このグーグルの3分割ルールは、それを再確認させるものです。さらに、TA業務を担う人材には戦略的思考と分析的思考が不可欠であるという考えも新鮮です。

新しいチームに必要な人材を3種類に分けたこのグーグルのアプローチは、社内外から多様なバックグラウンドを持つ人材を引き入れ、新しい発想や手法を取り込むための示唆に満ちています。TAチームの立ち上げを目指す企業にとって、大いに参考になる考え方ではないでしょうか。

続いて、TAチームの構築に関する実例として、日本のTA業界のベテランたちから得た知見をお伝えします。10年以上の経験を持つ複数のTA業務の先駆者たちにヒアリングしたところ、特定のバックグラウンドを持つ人材が、より効果的にTA業務に適応できる

＊2. ラズロ・ボック、鬼澤忍・矢羽野薫(訳)(2015)『ワーク・ルールズ！ 君の生き方とリーダーシップを変える』東洋経済新報社

ことが分かりました。

1. 人事キャリアの中で採用業務の経験が長い人材

まずは、誰もが普通に考えるであろうことですが、人事キャリアの人材をTAチームに引っ張ってくるというケースです。

従来の伝統的な人事モデルでの採用業務とTAシステムでの採用業務の間には大きな違いがあるとはいえ、これまで人事部門で採用業務に多くの時間を費やしてきた人材は、TAシステムにおいても即戦力となるケースが少なくありません。

たとえ従来型の人事モデルに基づく採用業務であっても、人材獲得を目指す以上、「攻めのマインドセット」を持つ人材が少なからずいるということでしょう。

一方で、注意が必要なのは、同じ人事キャリアを持つ人材であっても、労務管理や福利厚生といった採用以外の業務経験が中心である場合です。このようなバックグラウンドを持つ人材は、TA業務と相性があまりよくない傾向があります。これらの業務は、むしろ「守り」の姿勢が求められるものであり、仮に「攻めのマインドセット」があったとしても、生かしにくいどころか、場合によっては業務上の障壁となる可能性もあります。

同じ人事業務の経験者といえども、TA業務に適任の人材かどうかは慎重に見極める必要があるといえるでしょう。

2. 営業と人事の両方を経験している人材

営業から人事へ、またはその逆で人事から営業に移った経験を持つ人材は、TA業務で活躍するケースが多く、貴重な存在として注目すべきです。もし該当者が見つかれば、躊《ちゅう》躇《ちょ》なくTA業務へと抜擢することがお勧めです。

繰り返しますが、TA業務の中核となるダイレクトリクルーティングには、営業と似通った要素が多く含まれています。営業の現場で培われた商談力や交渉力は、候補者とのコミュニケーションや関係構築において強力な武器となります。

3. 採用エージェンシーで「両面の営業」を経験している人材

採用エージェンシーの営業には、採用される「候補者向けの営業」と、採用する「企業向けの営業」の2種類があり、両方を担当するスタイルを「**両面の営業**」と呼びます。これを経験しているエージェント人材は、候補者のニーズと企業のニーズの両方を理解し、バランスよく目配りしながら動けるため、TA業務においても力を発揮してくれます。

一方、片面の営業、特にキャリア・アドバイザーと呼ばれる候補者向けの営業を中心にしてきた人材の場合、TA業務の適性と合致するかというと、少し異なることが多いようです。キャリア・アドバイザーには、候補者に寄り添う姿勢が強く、心優しい方が多い傾向がありますが、場合によっては候補者への共感が企業側の視点よりも優先されることにもなります。その結果、企業の成長につながる人材を戦略的に獲得するというビジネス視点が弱くなり、TA業務で期待される「攻めの採用」の実現が難しくなるケースがあるようです。

10 コンバートという魔法

TA（タレントアクイジション）業務の適任者をどこから探すか。

この課題について、様々な角度から述べてきました。

しかし、人材の獲得こそが企業の競争力の源泉であると本気で考えるなら、端的に「TAチームには、御社で一番優秀な人材を抜擢してください」。この一言だけで十分かもしれません。

特に、自社の優秀なフロント側のエース人材をTAチームに**コンバート**する。というアプローチを選ぶケースは、実現できれば効果が大きいと考えます。

すでに述べたように、TA業務は法人営業などフロント側の業務と近い性質を持っています。そのため、フロント側で活躍している優秀な人材をTAチームに抜擢するという手法は成功しやすく、理にかなっています。

私が勤めるグロービス・キャピタル・パートナーズの投資先の一つであるスタートアップ、**キャディ**の事例は、TA業務の重要性を象徴的に示しています。製造業向けのクラウドサービスなどを手掛ける同社のCHRO（最高人事責任者）に抜擢されたのは、実質的な創業メンバーといえる3人目の社員であり、これまで常にフロント業務で重要な役割を担ってきた幸松大喜氏でした。

幸松氏は、まさにバリバリのエースリーダーであり、従来の発想であればフロント業務から外すのが惜しい、替えの効かない存在でした。しかし、2017年設立のキャディが従業員数500人を超える規模に成長した2024年、さらなる急成長が見込まれる中で、TAチームのレベルアップが緊急課題となりました。このタイミングで幸松氏が人事部門のトップに起用され、TAチームの運営を任されたのです。彼は見事に期待に応え、同社の採用力を大きく引き上げています。

この事例は、企業が重要な採用課題に直面したとき、全社的なエース人材を思い切ってTAチームのリーダーに配置するという大胆な判断が、いかに大きな成果をもたらしうるかを示唆するものでしょう。

コンバートを成功させる上で最も重要なのは、その伝え方です。

少し話がそれますが、サッカーの世界ではコンバート（ポジション変更）は、実はそれほど多くありません。外から見る以上に、ピッチ上では、ちょっとした立ち位置の違いによって選手が見ている風景が一変してしまいますし、ポジションごとにプレーの優先順位も変わるからです。逆説的ではありますが、だからこそサッカーファンは、成功したコンバートの物語にロマンを感じ、胸を躍らせるのです。

世界で最も有名なコンバート事例の一つが、アンドレア・ピルロのACミランにおけるトップ下からレジスタ（深い位置でゲームを組み立てる役割を指し、ボランチの一種）へのコンバートでしょう。ピルロにとって、この転換は戦術的な変更にとどまらず、自分自身のアイデンティティを見つける旅の重要な分岐点でした。

ACミランを当時率いていたアンチェロッティ監督は、稀代の人たらし。選手の才能を引き出す名将として知られています。彼はピルロの卓越したパスセンスとゲームビジョンに着目し、攻撃の起点となるトップ下より深い、守備的な位置から、レジスタとして試合を支配すれば、チーム全体が最大の力を発揮できると信じていました。そして実際、このコンバートをきっかけに、ピルロはACミランの「心臓」と呼ぶべき存在へと進化していったのです。

たとえ難しい挑戦であっても、監督から明確なビジョンと熱を持って伝えられたら、選手は「監督の期待に応えよう」と決意するのではないでしょうか。

営業で活躍している人材も、自身の仕事に誇りを持っています。そのため、「しばらく人事をやってみてほしい」といった曖昧な伝え方をすると、せっかく築いてきた営業キャリアが中断されてしまうと不安を抱き、モチベーションを落としてしまう可能性があります。

そうではなく、「今、採用が経営の最優先課題だ。営業で見せてくれた君のスキルが、我が社の採用には絶対に必要なんだ。採用も営業も本質は同じだ」と、任せたい仕事の重要性をしっかりと伝える。その上で、アンチェロッティ監督ばりに「君ならきっと、この会社の心臓として活躍できる」などと、相手の心に刺さるように誠意と工夫を込めて語りかける姿勢が大切です。

伝え方一つで、人材の心に火をつけ、組織の成功を引き寄せることができるのです。


私は今後、人事執行役員やCHROなど、人事部門のトップを目指すためには、キャリアのどこかでモダンなTAシステムでのリクルーティング経験を積むことが、ほぼ必須となるのではないかと考えています。

TAという「攻めの人事」経験がないと、人事トップとして経営陣の一角を将来担うことは難しくなるかもしれない、ということです。人事部門のトップには、経営や事業部門のニーズを深く理解し、さらには必要に応じて「ノー」と言えることが求められる。それだけの洞察力はもちろん、周囲からの信頼を獲得していなければならず、そのためには、TA業務での経験がプラスになる。という考え方が、今後ますます一般的になるのではないでしょうか。

先行する米国では、その流れが定着しています。TAチームのリーダーが、その後、人事部門の最高責任者に昇進するというキャリアパスの実例は、すでに数多く見られます。

たとえば、シリコンバレーに本拠を置く電子署名のリーディングカンパニー、ドキュサインでCPO（チーフピープルオフィサー：Chief People Officer）*を務めるジェニファー・クリスティー氏は、その代表例です。彼女は以前、**アメリカン・エクスプレス**でグローバルのTA業務を統括。その後、同社のグローバル・コンシューマー・サービス・グループの人事部門全体を任され、さらにツイッター（現X）に転じてCHROを務めるなど、TAから人事のトップへとキャリアを積み重ねてきました。

日本においても、今後15年ほどで同様のキャリアパスが主流になることは間違いないと思います。ダイレクトリクルーティングで成果を上げることは、人事部門トップへの道を切り拓く大きな鍵になるでしょう。「TA業務を経験して結果を出すことで、CHROに近づける」というメッセージを伝えて挑戦させることは、人事人材の育成においても意義深いことだと考えます。

＊ すでに述べた通り、シリコンバレー系の企業では、最高人事責任者の呼称として、一般的なCHROではなく、CPOを使うことが多い。

第2節

探索システム

ダイレクトリクルーティングがどれほど発展しても、外部の採用エージェンシーが不要になることはない。「候補者の説得」におけるエージェントの付加価値は、むしろ高まる。採用強化に取り組むならば、エージェントのインセンティブ構造の理解は必須。さらに、どこまでファン化できるか。

1 エージェントは必要か?

ダイレクトリクルーティングがここまで発展した現代においても、日米を問わず、多くの企業が**採用エージェンシー**に採用支援を依頼しています。それはなぜでしょうか？

確かに、インハウスでダイレクトリクルーティングを担う**TAリクルーター**が、日本にも徐々に増えてきました。インハウスでも、**ビズリーチ**や**リンクトイン**といった採用プラットフォームを活用し、候補者を検索しながら優秀な人材を発見することは可能です。また、自社の求める人材像を的確に把握できていれば、敏腕エージェントが強く推薦するような候補者に自力でたどり着くこともできるでしょう。

しかし、それだけで十分といえるでしょうか。


ビズリーチやリンクトインにすべての候補者が網羅されているわけではありません。トップクラスのエージェントたちは、長年の経験と努力の中で築き上げた広くて深いネットワークを持っています。そのネットワークが、リンクトインに「#OPEN TO WORK（積極的に求職中）」のタグをつけている人の情報をにわかに集めるより、**タレントプール**として優れている可能性は否定できないでしょう。

さらに、リンクトインでのメッセージ交換だけでは、候補者との間に深い信頼関係を築くことは難しいという面もあります。そもそも候補者がメッセージに応答するかどうかも不確実です。特に、声をかけてきた会社の知名度がまだ低かったり、または候補者が採用市場で人気の高い人材だったりする場合、そのハードルはさらに高まります。

混乱を招かないよう、ここで位置づけを確認しておきます。

新しい採用であるTA（タレントアクイジション）システムの目玉が、インハウスのリクルーティングチーム（TAチーム）の構築と、ダイレクトリクルーティングの実施にあることは確かです。

しかし、TAをシステムとして捉える際には、それが外部の採用エージェンシーとの活動を含めた、総体的な活動であるということをご理解いただきたいと思います。

結局のところ、どれだけダイレクトリクルーティングのスキルを磨いたとしても、それだけで才能ある人材の獲得を目指すTAシステムが完結するわけではないということです。

したがって、採用エージェンシーは、TAチームと補完関係にあると捉えるべきです。採用エージェンシーの担当者（エージェント）と協力し、互いにメリットを共有しながら、人材獲得の成果を高め合う関係を築くことが理想です。

このような関係性を適切に管理する取り組みを「**エージェントマネジメント**」と呼びます。ここから、このエージェントマネジメントについて論じていきたいと思います。

エージェントマネジメントの重要性は、特に日本では強調されるべきだと見ています。日本ではまだまだエージェント経由の採用が主流です。これには、すでに指摘した理由に加え、日本人特有の気質が影響している部分も大きいように思います。

エージェントマネジメントの概念

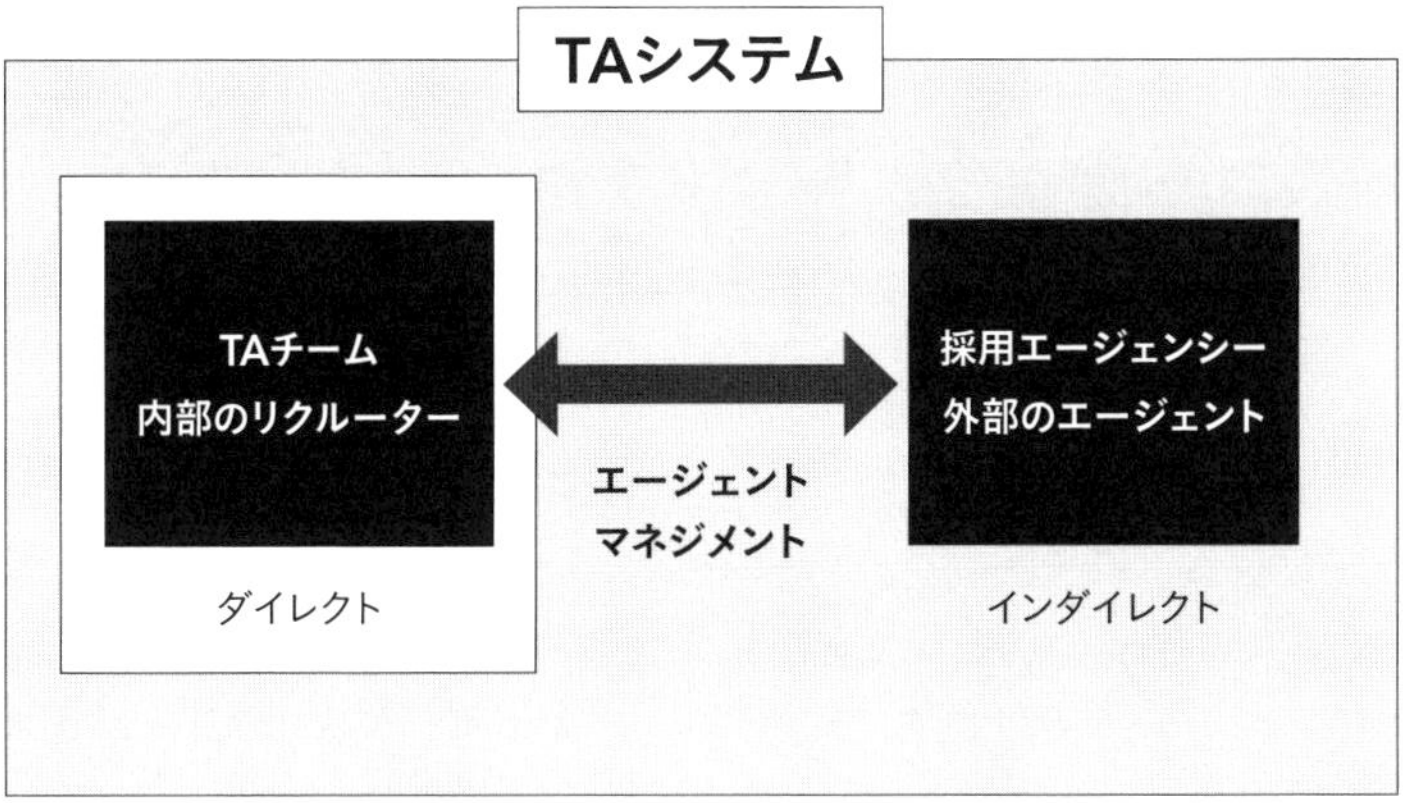

少し不思議な話ですが、日本人の候補者には、企業の**リクルーター**（採用担当者）と直接やりとりするよりも、エージェントが間に入る形を、より心地よく感じる傾向があるように思います。転職を考えた際に、自ら進んで新しい環境に飛び込み、アグレッシブにステップアップしようとするよりも、誰かに背中を押してもらいたいという気持ちが、日本人には強いように見受けられるのです。

「挑戦してみましょう！」「ここは人生の勝負どころです！」といった「後押し」の役割を担いやすいのも、エージェントの特性です。

実際、これがよくある残念な事例でもあるのですが、企業のリクルーターが候補者に直接、「あなたはうちで挑戦するべき」などと語りかけてしまうと、どうしても角が立ったり、相手が身構えてしまったりすることが多くなります。

その点、エージェントであれば、企業との間に入るニュートラルな立場から候補者に寄り添い、不安を和らげつつ、適切なタイミングで背中を押すことが可能です。エージェントの仲介によって、候補者の心を動かす「第三者」のメッセージを伝えることが可能になるというわけです。

こうしたアプローチは、前述のような日本の文化的背景において特に重要でしょう。優秀なエージェントは、候補者との信頼関係をしっかりと築きながら、企業側と役割を分担し、候補者の決断を促すことに長けています。


ビズリーチやリンクトインが広く普及している現代においては、候補者の「発掘」における付加価値は相対的に低下しています。しかし、一方で、候補者の「説得」における付加価値は、むしろ高まっているのではないでしょうか。

気乗りしない候補者をカジュアルな面談に誘い出す。内定を受諾するか迷っている候補者の話を親身に聞き、決断を助ける。こうしたシチュエーションでは、第三者であるエージェントがしばしば大きな役割を果たします。そのため、日本の採用活動においては、外部のエージェントの活用が、引き続き大きな意味を持つだろうと考えられるのです。


また、採用エージェンシーが提供するキャリア・カウンセリングという機能も（ちゃんと提供してくれれば）大きな効果を発揮します。

どれだけ年収が高く、立派な経歴を持つ候補者であっても、自分の採用市場での立ち位置や、そこにどのような仕事の選択肢があるかを十分に理解していることは稀です。自分自身の価値や能力を客観的に評価するのは難しく、過小評価もあれば過大評価もあります。そして何より、自分が人生で何を求めているのかを明確に理解していない人が大半であるという事実が根本にあります。

自分自身を正しく理解するのは誰にとっても困難であり、このことが、候補者がキャリアに悩む根本的な理由となっています。これはどれだけＡＩが進歩しても、変わることのない人間の本質的な側面ではないでしょうか。だからこそ、候補者が人生における大きな決断を下すとき、有能なエージェントの支援が必要なのです。

こうしたエキスパートは、**単なる仲介者ではなく、候補者にとっては優れたガイドとなり、採用したい企業にとっては、時に優れた説得者としての役割を果たします。**

トップクラスのエージェントは、今の仕事が順調で、転職をまったく考えていない候補者にさえ、新しい機会に目を向けさせ、面接へとつなげることができるのです。まるで見えなかった道筋に光を当てるように、候補者を導いていく存在。それがエージェントの真の価値だといえるでしょう。

2 インセンティブの理解

エージェントマネジメントのスキルを磨くことが大事だとお伝えしました。そのスキルを磨き、エージェントと効果的な協力関係を築くためには、まず採用エージェンシーのビジネスモデルを深く理解することが不可欠です。

この点について、どれだけ強調してもしすぎることはありません。私たち人間という生き物は、多かれ少なかれ報酬システム、すなわちインセンティブに影響されます。それにもかかわらず、多くの企業や採用担当者が、採用エージェンシーと、そこで働くエージェントのインセンティブの構造について、あまりに無頓着で無理解なことが多いのです。

よくある悲劇（あるいは、喜劇といった方がふさわしいかもしれません）の一例を挙げましょう。不慣れな採用担当者が初めて採用エージェンシーと取引する際、こんなオーダーを出してしまうことがあります。

「このポジションはじっくり比較検討して選びたいので、5名以上、いい候補者がそろった段階で決める予定です。どうぞよろしくお願いします」

そして、その後、エージェントからは候補者がまったく上がってこない。こうした状況に憤慨する採用担当者を目にすることは、実は珍しくありません。

なぜ候補者が上がってこなくなるのでしょうか。その謎を解くためには、まず採用エージェンシーのビジネスモデルを理解することです。それは大きく分けて2つのタイプに分類されます。


1つ目は、**成功報酬型**で、「**コンティンジェンシー・モデル**」とも呼ばれるものです。採用エージェンシーのほとんどがこの成功報酬型を採用しています。

このモデルでは、採用エージェンシーが報酬を獲得できるのは、企業が採用を決定し、成約に至った場合のみです。つまり、いかに努力を重ねて優秀な人材を紹介したとしても、企業側が採用を見送れば、その努力は報われず、報酬はゼロになります。

このため、成功報酬型の採用エージェンシーで働くエージェントたちには、自然と「スピード勝負で成約を決めたい」というインセンティブが働きます。また案件が難航しそうだと感じた場合は、早々にリソースを引き上げ、別の見込みが高そうな案件に注力する傾向があります。一方で、「これはうまくいきそうだ」と感じた案件には、全力を尽くして候補者のリストアップからフォローアップまでしてくれます。

このインセンティブ構造を理解すれば、先ほどのように「いい人が5名出るまで決めない」というメッセージを送った場合にどうなるかは容易に想像ができるでしょう。

2つ目のビジネスモデルは、「**リテイナー型**」と呼ばれるものです。これは企業の「お抱えエージェント」となるようなイメージです。

このモデルでは、採用エージェンシーと企業が一定の期間を定めた契約を結び、エージェンシーはその期間中、継続的に企業の採用活動を支援します。この支援に対して、稼働費として固定の報酬が支払われる仕組みであり、採用の成否にかかわらず報酬が発生する点が特徴です。

リテイナー型では、多くの場合、特定のプロジェクトを対象に、エージェントと企業の採用担当者がプロジェクトチームを形成します。定期的にミーティングを行い、求める人材像、選考プロセス、採用の方向性などについて議論を重ねながら、必要に応じて戦略を修正していきます。契約期間は、目標とする人材が採用され、プロジェクトが完了するまで継続されることが一般的です。

このモデルで働くエージェントは、成功報酬型のエージェントと比べて、時間をかけてじっくりと求める人材を探すことができます。企業側にとっての最大のメリットは、得ることができる情報の質と深さにあります。候補者個人に関する詳細な情報だけでなく、ポジションを取り巻く採用市場の動向や、他社が取っているアプローチなどから見えるインサイトも得られるため、意中の候補者を採用できなかった場合でも、新たな戦略や代替案を考えやすくなるのです。

もし、本当に「いい人を5名、出してくれないと決めたくない」のであれば、正解は、リテイナー型で採用エージェンシーと契約すること。になるのです。

ただし、リテイナー型にはコストが高くなりがちというデメリットもあります。固定報酬として支払う金額が大きく膨らむ可能性があるため、企業の採用予算に余裕がない場合は選択肢となりにくいでしょう。また、日本国内ではリテイナー型の採用エージェンシー自体が少なく、利用できるケースが限定的であるという現状も無視できません。

それでも、特に重要なポジションの採用や、戦略的な採用プロジェクトにおいては、このモデルが有効な選択肢となる場合があります。「ここぞ」というときにリテイナー型エージェンシーを効果的に活用すればよいのです。


採用エージェンシーのビジネスモデルを理解したら、次に目を向けるべきは、エージェント個人が会社から受け取る報酬の体系です。

具体的には、自社の担当エージェントの固定給と成果ベースの報酬（ボーナス）の割合について、少し仲よくなったタイミングで確認してみることをお勧めします。

所属する採用エージェンシーからの報酬支払いのうち、固定給の割合が大きい場合は、比較的安定的に収入が得られるため、リスクを恐れずじっくりと案件に取り組んでもらえる可能性が高くなります。

逆に成果ベースのボーナスが多い場合、給与水準の高い人材の案件や、継続的な発注が多く見込まれる企業（いわゆる太いクライアント）に対して、集中的に取り組む姿勢が強まるでしょう。

人材を紹介し、手数料を得る。というシンプルなビジネスですが、報酬体系の設計によって、同じ**採用エージェント**であっても、そこで働く人たちの行動原理やメンタリティが変わるという現象が生じるのです。

こうした「大人の事情」を理解することによって、この人はなぜこういう行動をするのか？といった疑問を持つことが減っていきます。その結果、エージェントマネジメントのストレスを減らすことができるようになるでしょう。

3 引き出しの一番上へ

続いて、エージェントマネジメントのコツについて、より具体的に踏み込んでいきましょう。

必要なことは、自社を担当するエージェントの「やる気」を高めることです。この課題を別の角度から見ると、採用エージェンシーの担当者が、複数の企業をクライアントとして抱えている状況において、いかに自社を「優先すべき案件」としてもらうか。その、エージェントの頭の中の、「第1想起」のポジションを勝ち取ることです。

「人は忘れる生き物である」――この事実を前提に考えることから始めましょう。

人間の記憶が薄れるのは早く、エビングハウスの「忘却曲線」ではないですが、頭に入ってきたことの半分は1時間で忘れてしまう、などという人もいます。

日々、面談とミーティングの洪水に見舞われるエージェントという職務においては、常に頭の中には膨大な情報が流れ込んできます。そして新しく流れ込んだ情報によって、古い情報は絶え間なく上書きされていきます。このため、記憶を外部化する――メモを取る、アシスタントに頼む――といった方法で、受け取った情報をその瞬間に整理して頭から取り出しておかないと、脳内がパンクしてしまうほどです。私自身の多忙なエージェント時代を振り返ると、正直なところ、細かな情報は頭に入ってから1時間も記憶に残らなかったのではないかと思います。

このような状況下で、エージェントという人種は徐々に「覚えておく」ことを諦めはじめます。つまり、クライアントにとっては、ぜひ覚えておいてもらいたい重要な情報であっても、効果的に伝える工夫が伴わなければ、エージェントがそれを忘れてしまうことは避けがたく、無理もないことなのです。

このような背景から、エージェントに対して情報を届ける際には、明確かつ簡潔に、そしてしつこく伝えることが不可欠となります。

たとえば、自社が採用リクエストを出したのが1カ月前で、ライバル企業が同様のリクエストを昨日出したとします。その状況で、そのエージェントの前に今日、有力な候補者が現れたならば、情報として新しい、そのライバル企業の話を紹介されてしまう可能性が高くなります。どうしても昨日聞いたばかりの案件の方が新鮮な記憶として残るからです。このような状況を可能な限り避けるために、定期的なコミュニケーションを通じて、担当者の記憶に上書きをかけ続けることが重要となるのです。

担当者の頭の中は、デスク脇の引き出しのようなものだとイメージしてください。膨大な情報を日々扱うエージェントは、新しいペーパーを次々にその引き出しへとしまい込んでいきます。あなたがやるべきは、**奥に追いやられた自社の案件を取り出して、その引き出しの一番上に置き直すこと**なのです。

とはいえ、この手法には限界があります。その効果には持続性が欠けるだけでなく、やりすぎると、かなりの確率で嫌われてしまうという課題があります。では、より効果的な方法はないでしょうか。

その答えは、担当エージェント自身が「自分から」あなたの案件を優先的に考えたくなる状況をつくり出すことです。つまり、エージェントが自発的にこの案件を「引き出しの一番上」に置き続けたくなるようにするのです。そのための有力な方法は、エージェントにあなたの「ファン」になってもらうことです。

エージェントが自社に対して特別な好感や信頼を抱くようになれば、他のクライアントよりも自社案件を優先する可能性が高まります。この「**エージェントのファン化**」がエージェントマネジメントの真髄だといえるでしょう。

一口に「ファン化」といっても、様々なアプローチが考えられます。順を追って説明します。

一つ目は、会社そのもののファンになってもらうことです。エージェントにあなたの会社のビジョンや文化に共感してもらい、「この会社を応援したい」と思ってもらうことが重要です。

たとえば、そのビジョンが社会にどのようなインパクトをもたらすのかを経営陣などが情熱的に語る場を設けたり、エージェント向けの特別なイベントを開催して、会社の魅力を伝えたりするのも有効でしょう。エージェントが自発的に「この会社を推したい」と思えるようなストーリーや体験を提供することが求められます。

2つ目は、採用ポジションのファンになってもらうことです。今まさに募集しているポジションが、どれだけ会社にとって重要であるか。また、どれだけ候補者にとってキャリア上のプラスになるのかを丁寧に伝えることで、エージェントがそのポジションに魅力を感じてくれるよう、努めるのです。

「このポジション」が果たすべき役割や、当該採用の成功がもたらすインパクトを共有することで、エージェントのモチベーションを高めることが可能です。入社した人が活躍するイメージを共有し、その活躍が企業に与える価値をビビッドに伝えることで、「この案件に関わりたい！」という意欲を引き出せれば最高です。

3つ目は、TA（タレントアクイジション）チームの担当者個人のファンになってもらうことです。

採用エージェンシーで働く人たちには、どんなタイプが多いのかを想像してみましょう。大まかな傾向としては、基本的に人とのコミュニケーションが好きで、得意で、それを仕事の価値と感じ、この職業を選んでいる人が多いはずです。どちらかというと、合理的な判断や機能的なフィットよりも、エモーショナルなフィットを重視する傾向が強いかもしれません。

そのような人間味あふれるエージェントの方々に「このTA担当者とは仕事がしやすい」「一緒に働くのが楽しい」と思ってもらえるかどうかは、つまらない話かもしれませんが、見過ごせない重要ポイントだといえるでしょう。

具体的には、できる人だと思われること。気持ちのいいコミュニケーションを心がけること。この2つです。

たとえば、検討の進捗を頻繁に伝えたり、先回りして気の利いた動きをしたり、ちょっとしたことでこまめに感謝を伝えたりするといった、日常的なコミュニケーションを積み重ねることです。小さなことでも信頼関係につながれば、想像よりも大きな違いが生まれます。

未熟なTAチームのメンバーは、まるでファストフード店で注文するかのように、エージェントと接してしまうことがよくあります。自社の採用ニーズを一方的に伝えるだけで、エージェントと人間的なつながりを築こうとしないのです。その結果、エモーショナルなフィットを重視するエージェントが十分に動いてくれない、あるいは協力的ではないと感じる場面が生じてしまいます。

一方、賢明なTAチームは、エージェントとの関係構築を重要視します。時には一緒に食事をするなどカジュアルなコミュニケーションの場も設けながら、自社の魅力や抱える課題を丁寧に伝え、他社とは異なる自社の特徴を理解してもらおうと努めます。このような努力がエージェントの心を動かし、優先してくれるきっかけをつくるのです。

4 エージェントのファン化

さらに、ファンになってもらうための具体的なノウハウに踏み込んでいきましょう。有効なアクションが3つあります。

まず1つ目は、採用したいポジションのボス（ビジネス責任者）が自ら担当エージェントに会うことです。特にハイレイヤー層の採用では、候補者を探しているポジションのボスが社長であることが多いです。その社長にエージェントと直接会ってもらい、意思決定者が自ら「こういう人を探しています。ぜひ力を貸してください」と伝えることは、エージェントの心をつかむために有効な手段です。

たとえば、**アマゾンジャパン**のTA（タレントアクイジション）チームが初期に成功を収めた要因の一つに、日本のトップだったジャスパー・チャン氏が有力エージェントと頻繁に面会をしたことが挙げられます。社長が出てくることにより、エージェントに「ここは特別なクライアントだ」「大事にしたい」と強く印象づけることができたのです。

もう一つの策は、エージェントが候補者と面談する際に伝えるべきことをまとめたスクリプト（台本）を用意して渡すことです。優秀なエージェントであれば、企業側のリクエストを理解し、自発的につくり、動いてくれることが多いですが、そうでない場合もあります。そのようなエージェントにとって、しっかりしたスクリプトを用意してくれるクライアントはありがたい存在となります。

スクリプトは、サッと頭に入りやすく、その仕事の良さが直感的に理解できる内容が理想です。

TAチームのメンバーは、**ジョブディスクリプション**（職務記述書）をただ渡すだけでなく、長々とした説明に頼ることなく、自社や求めているポジションについて要約し、効果的な演出を交えて伝える能力を磨くべきです。ストーリーテリングの力やキャッチコピー的なセンスと言い換えてもいいでしょう。

3点目は、直感と反することなのですが、依頼する採用エージェンシーの社数をある程度絞ることです。良い人に出会える可能性を広げたいと、たくさんのエージェントに声をかけたくなる気持ちはよく分かりますが、それが意外な悪影響を及ぼす場合があります。エージェントのやる気をかきたてるには、「あなたは特別だ」というメッセージをしっかりと伝えることです。

特に優秀なエージェントほど、たくさんのクライアントを抱えているものです。「このポジションは御社と、もう1社だけにお願いしています」などと伝えることで「やらなきゃ」と思わせることは、大きな効果を生む可能性があります。

やはりワン・オブ・ゼムでは、エージェントもさほど責任感を持てず、「自分が頑張って良い人材を決めよう」という気持ちにはなれないところがあります。

TAチームは、そういうエージェント心理にも配慮しながら、様々なエージェントに対して、**パーソナライズ**した関係構築を目指すべきです。あえて濃い付き合いをするエージェントを絞り込み、少数としっかり〝握る〟方が往々にして良い採用ができたりするものです。

フィーは引き上げるべきか？

最後に、もう一つダメ押しとして試みるべきかもしれないのが、**エージェントフィー**（仲介手数料）の見直しです。たとえば重要な案件であれば、通常は採用人材の年収30〜35％に設定しているフィーを、40％に引き上げるといった選択肢が考えられます。こういったアプローチも、エージェントに「特別感」を与え、案件への優先度を高めてもらうための有効な手段になりえます。

しかし、この方法にはいくつか注意すべき点があります。

過去には、特定の業界やセグメントで、いわゆる**タレント・ウォー**が発生したことから競り合いが激化し、フィーが高騰した例がいくつもあります。

その代表的な例が、ソーシャルゲームが全盛期だった頃のモバイルゲーム業界です。当時、「○○社はフィーを50%にまで引き上げている！」といった噂が業界で広まり、話題となりました。本気で勝負をかけているように見えるときほど、その焦りや余裕のなさが透けて見えるものです。このような状況を、一部のエージェントや候補者はさめた目で見るようになり、その会社の経営姿勢に疑問を抱く人もいたように思います。

実際、渦中のモバイルゲーム業界で採用業務に従事していた方と、件のタレント・ウォーから数年たった頃に、お会いして話したことがあるのですが、フィーアップによって採用市場におけるブランドの劣化があり、そのダメージは思ったより長い間残ったとおっしゃっていました。

このように、過剰なフィー競争は一時的な効果を生んだとしても、同時にブランドイメージを損ねたり、長期的な信頼関係に悪影響を及ぼしたりするリスクも伴います。そのため、フィーの引き上げを検討する際には、慎重に考え、冷静に判断する必要があるといえるでしょう。

共存関係はむしろ強まる

どれだけダイレクトリクルーティングが進化し、自社の採用力が向上したとしても、エージェントとの共存関係は弱まるどころか、むしろ強まる可能性があります。現代の採用市場において、エージェントの役割が進化していることは確かで、「エージェントの絶滅」が現実のものとなることはないでしょう。

実際、インターネットがどれほど浸透しても、採用だけでなく、多くの業界で「仲介業者」の存在は根強く残り、さらに重要性を増しています。広告代理店や不動産仲介業者が独自の役割と価値を持ち続けているのと同じく、採用市場においてもエージェントの存在は欠かせないものです。

この構造は、Eコマースの進化によって、様々なブランドが販売チャネルを自社ECサイトに集約しようとしたかつての試みと通じるものがあります。D2C（ダイレクト・ツー・コンシューマー）が究極の小売モデルだとされ、多くの企業がこの方向に動きました。しかし、結果的に実店舗も含めた自社チャネルだけで、顧客ニーズの大半をカバーできるのはアップルのような例外的な企業に限られました。

ナイキも一時期D2Cを強く推進しましたが、その結果業績が悪化し、近年は直営店に加えて、代理店や卸など複数のチャネルを戦略的に組み合わせる方向へ回帰しているようです。D2Cが進化した結果、むしろ代理店や卸、小売業者との協力が一層深まったようにも見えます。

採用の世界においても同様です。ダイレクトリクルーティングが進化する中で、エージェントとの関係は「取引先」ではなく、「重要なパートナーシップ」へと進化しています。

結局のところ、ビジネスの根幹にあるのは人と人とのつながりとバランスです。それを理解した上で、多様化した採用チャネルを柔軟に組み合わせ、戦略的に活用する包括的なアプローチが、これからの企業に求められる重要な視点ではないでしょうか。

5 RPOという第3の道

最近では、日本企業の採用の現場でも「**RPO**（リクルートメント・プロセス・アウトソーシング）」という言葉が広く聞かれるようになりました。

RPOはもともと、採用業務を外部にアウトソーシングすることを指しましたが、現在では、TA（タレントアクイジション）業務をアウトソーシングすることが増えています。

どの範囲までアウトソーシングするかは企業ごとに異なりますが、海外ではすでに多くのRPO事業者が**採用革命**への適応を果たし、ダイレクトリクルーティングやTA業務全般のアウトソーシングを受けられる体制を整えています。その結果、単なる業務代行にとどまらず、採用戦略を包括的に支援する役割を担うケースも増えているようです。

特に、採用プロセスの標準化や効率化、さらにデータ分析を活用した採用活動の高度化といった取り組みが進んでおり、RPO事業者のサービスは一種のコンサルティングに近い性質を帯びつつあります。こうした進化によって、海外では、採用活動を一歩前進させるための重要なパートナーとしての認知が進んでいます。

日本でも、ノウハウがない、人手が足りない、といった理由からTAチームをつくることが難しいときのオプションとして、RPOは大企業を中心に注目されはじめています。

一方で、RPOを活用する際に懸念されることが、企業文化などとのフィット感や、仕事に対するオーナーシップ感の問題です。RPO担当者の理解が浅く、候補者に対して企業文化を伝えるコミュニケーションをうまく取れなかったり、当事者意識に欠けて、候補者一人ひとりに十分な手間をかけず、カスタマイズされた対応を取ることができなかったりした場合、その候補者の体験価値が損なわれ、採用市場における企業ブランドを棄損するリスクがあります。「あの会社の面接はひどかった」「イマイチだ」などと思われてしまうのは避けたいところです。自社が求める業務クオリティを担保できる**RPOパートナー**を探し、選ぶことが極めて重要です。

たとえば**グーグル**は、かなり大規模な組織になるまで、外部の採用エージェンシーやRPO事業者に依存しない方針を徹底していました。自社の採用ページには「エージェントからの売り込みお断り」という明確なメッセージが長らく掲示されていたほどです*。

このスタンスを支えていたのは、トップタレントしか採用しないという強いこだわりと、

＊ あまり知られていない事実だが、少なくとも従業員数が世界5万人を超えるほどの規模になった時点においても、グーグルにおいて外部の採用エージェンシー、RPO事業者の活用は原則禁止だったことは、筆者の経験からも、また当時の従業員へのヒアリングからも確認済みである。「エージェントからの売り込みお断り」の掲示も同様。

それを可能にする潤沢な資金力、そして自社内で厳選された優秀なTA人材たちでした。

しかし、すべての企業がグーグルのように自前主義を貫けるわけではありません。同じGAFAMの一角でも**アマゾン**は対照的でした。優秀な人材獲得のためには、RPOを含めて、使えるすべてのオプションをフルに活用するという戦略を取っていたのです。

自社だけで完結する方法が理想的に思えても、それが可能なのは一部の特例的な企業に過ぎません。外部の力を取り入れることを検討することは、現実的なオプションとして認識するべきだと考えます。

RPO事業者の活用法

さて、実際にRPO事業者へ依頼するとき、どのようなことに気をつけるべきでしょう。

一つはTA組織の立ち上げの際の指摘と同様ですが、立ち上がりスピードへの期待値を調整することです。RPOパートナーとして選んだ事業者には、契約で約束した成果の提供が求められますが、実際に成果が上がるまでの立ち上がりには少し時間がかかります。このことは理解しておく必要があるでしょう。

ちょうど新しい従業員が会社に馴染むのに時間がかかるように、RPOパートナーのメンバーが御社の組織を理解し、業務プロセスを把握するには適切な適応時間が必要なのです。この期間は、一般的には1~3カ月と見積もられることが多いです。

特に重要なのは、ＲＰＯパートナーの担当者と御社の採用チームのマネージャーが信頼関係を築くための時間を見込むことです。担当者がマネージャーの期待やニーズを、また、どのような候補者が理想的であるのかを、深く理解することで、使えるテクノロジーの選択肢から、御社にとって何が効果的で何がそうでないのかを、的確に判断できるようになっていきます。

ＲＰＯの本質は、人手不足を埋めるアウトソーシングではなく、組織の変化を推進するためのチェンジマネジメントと捉えるべきであり、成功への道筋を描くためには適切な時間と取り組みが不可欠なのです。

もう1点は、成果が出しやすい案件から始めることでしょう。

ＲＰＯ初心者にとって取り組みやすいのは、採用市場で希少性が低い、ある意味、見つけやすい層をターゲットとし、かつ一定以上のボリュームで人材が必要な場合です。たとえば、ＳａａＳ（ソフトウエア・アズ・ア・サービス）系ＩＴ企業でカスタマー・サクセス部門の人員をまとめて数名増強する、といった案件が典型的な成功パターンとして挙げられます。

一方で、失敗しやすいのは、希少性の高い人材をピンポイントで探すパターンです。こうしたケースは得てして採用が難航するものですが、その解決を、標準化を得意とするＲＰＯ事業者に任せるのは少し無理があります。「レアキャラを一本釣りしてほしい」という依頼は、敏腕エージェントに委ねるべき領域でしょう。

6 「エモさ」の大切さ

TA成熟度（第1節参照）がレベル3（プロアクティブで個別化されたフェーズ）を超えてきたあたりの「TA優良企業」を想定した落とし穴の話をしたいと思います。

TA（タレントアクイジション）システムを企業が実装し、そのシステムが高度化すればするほど、避けて通れない落とし穴と向き合うときがきます。それは、「パフォーマンス至上主義の行きすぎによる、人間味の欠損」という問題です。この状況は、TAチームが目標達成志向に過度に傾倒し、かつ、プレッシャーが過度にかかると発生しやすくなります。

成果主義を企業文化の中心に据えること自体は、決して悪いことではありません。それどころか、資本主義の世界で競争に勝ち抜くためには不可欠でもあります。

しかし、その成果主義が過度に働くと、チームは目の前の数値目標達成にばかり集中するようになり、人間味や倫理観が二の次、三の次になってしまう危険性があるのです。人材の獲得をまるでモノの調達のように捉えてしまうようなイメージです。

いくつかのケースで、この現象を目の当たりにしてきました。特定の企業名を出すのは控えますが、以下に挙げるような事例は、よくある落とし穴として参考になるでしょう。

事例1

あるSaaS系の急成長スタートアップでは、TAチームに対し、厳格な月次**KPI**（重要業績評価指標）の達成を強く求めていました。その達成度が個人の評価に直結し、ボーナスや昇進に大きく影響するという人事制度と企業文化が確立されていたのです。

この環境下で、TAチームのメンバーたちは「採用を決める」ことに過度に集中するようになります。その結果、短期的な目標を達成するため、頭数をそろえることが最優先事項となり、優秀だけれども転職意向が低い候補者へのアプローチや、丁寧に**アトラクト**を進めるといった長期的な視点の業務は後回しにされがちになりました。

もともとは飛び抜けて優秀な人材を獲得する目的で立ち上げられたTAチームでしたが、採用する人材の質は思うように向上せず、採用活動の本来の意図とは乖離してしまっていたのです。このような現象は、短期的な成果にとらわれすぎた場合に生じる典型的な組織的課題といえるでしょう。

事例2

あるコンシューマー系テックサービス企業のTAチームでは、採用目標を達成するために、チーム内で競争をあおる施策が取られました。このアプローチは、短期的には一定の成果を上げたものの、その影響でチームメンバーが採用エージェンシーに過度なプレッシャーをかけるようになりました。競争を強いられたことで、エージェントを気遣ったり、エージェントと長期的な信頼関係を築いていこうとしたりする心の余裕がなくなってしまったようでした。

その結果、この企業はエージェント側からの信頼を徐々に失い、業界内で「協力しにくい企業」という悪評が広まる事態に陥りました。それと同時に、採用市場における企業ブランドも信用も揺らぎ、採用活動全体の基盤を弱めてしまったのです。

さらに、ＴＡチーム内部でも問題が生じ、深刻化しました。過度な競争がメンバーのモラール（士気）を低下させ、チームの協力関係が崩壊。離職者が相次ぎ、それがまたモラールを下げるという悪循環に陥り、最後にはＴＡチームの体制そのものの維持が困難になりました。短期的な成果への過剰な注力が、長期的なダメージを招いた典型的なケースといえるでしょう。

この2例が示すように、**パフォーマンス至上主義が進みすぎた企業では、数値に表れにくい「エモーショナルな要素」を軽視しがち**な傾向があります。たとえば、候補者や採用エージェントとの「信頼関係の構築」、チームメンバー同士の「協力」、さらには仕事における「創造性」といった要素です。

これらの要素は、短期的な数値目標に直接結びつかないため、リアリストたちの間では時に軽視されることがあります。しかし、長期的に見れば、これらの「エモい」要素こそが企業の持続的な成功にとって欠かせない土台を形成しているのです。

なお、この手の症状は急成長を遂げるスタートアップ企業でよく見られます。なぜでしょうか。

スタートアップのトップに立つのは、やはり優秀な起業家ばかりです。その優秀さの一端には、得てして「合理性を重視する」という特性が見られます。結果を出すために、相手にプレッシャーをかける手法を選ぶことがよく見られるのもその表れです。

そして、そのような強い経営トップのもとには自然と、合理的でロジカル、かつプレッシャーに強いタイプの経営チームメンバーが集まりやすくなります。

この合理性の重視は、採用活動にも影響を与えます。これから獲得しようとする人材に対しても、効率や費用対効果を最大化する合理的なコミュニケーションを図ろうとする傾向が生じます。しかし、このアプローチは必ずしも良い結果をもたらしません。特に、トップタレントや転職意欲の低い**パッシブな候補者**に対しては、合理性だけでは心を動かすことが難しく、期待していた反応が得られないことが多いのです。その結果、採用どころか逆に候補者から敬遠されてしまうという皮肉な事態が起きてしまいます。

このように、合理性を重視するあまり、候補者の感情的な側面を軽視してしまうと、人材獲得の成功率を下げる要因となることを、多くの先輩格のメガベンチャーはすでに経験しています。採用活動においては、合理性とともに、候補者の感情やモチベーションに寄り添う「エモい」アプローチを組み合わせることが重要となるのです。

コラム

タレント・ショウ

人が、見たことのないものを想像することは難しいし、想像できないものに対して「欲しい」と思うこともありません。

TA（タレントアクイジション）チームだからこそできる、ユニークな活動があります。それは、自社の経営トップや経営陣、あるいは事業部門のリーダーたちに対して、すごい人材を「頼まれなくても」紹介してしまうことです。これを「**タレント・ショウ**（Talent Show）」と呼びます。

具体的には、現時点で採用する予定がなくても、ダイレクトリクルーティングの手法などを活用して、すごい人材（トップタレント）とコンタクトを取り、自社の経営陣などと「情報交換しませんか？」と誘うのです。

すごい人材といっても誰でもよいというわけではありません。「ちょっとうちには来てくれないだろうな。でも、来てくれたら会社が変わるだろうな。すごいことになるだろうな」と思える人を狙います。高嶺の花以上、おとぎばなし未満――という感じでしょうか。

ターゲットの方への声かけは、実際の採用ポジションがない以上、工夫をする必要があります。「カジュアルに情報交換をさせていただけませんか」といった、軽い声かけのアプローチがよいでしょう。

また、このコンタクトを取る際に、「会いたい」と言っている人が誰か決めることも大切です。相手の返答意欲をかきたてるよう、相手が「ぜひ会ってみたい」と思えるような人物を設定することが大切です。理想をいえば、「弊社代表がお目にかかりたいと申していて」「今後のお付き合いの一歩として」などと書くことがベストでしょう。

このタレント・ショウを通じて、自社の経営陣などに「こんな人が世の中にいるのか」と、まるで見たことのない動物を初めて目にしたような衝撃を与えることができれば、それだけで十分な成果といえます。

その効果として、将来採用したい人材のプロファイルが具体的に見えるようになります。それまで、自分たちが求めている人材がどのような人物なのかをイメージできなかったところ、解像度が一気に上げられるというわけです。

なお、この活動を「フェイク・サーチ」だと批判することはやや筋違いでしょう。実際の採用につながることも十分ありえますし、そうでなくとも多くの場合、双方にとって意味がある場になりえます。

加えてタレント・ショウを実際にやってみると、副次的な効果が次々と生まれます。ハイレイヤーのトップタレントとの意見交換は、経営陣に様々な気づきをもたらします。他社の話にインスピレーションを得て、事業計画を見直したり、組織づくりのヒントを得たりすることもあるでしょう。業界動向はもちろん、社会全般の動きや変化について知見を深める貴重な機会にもなります。会社にとって有益な情報収集となるだけでなく、そのすごい人と自身の姿を重ね「あんな人がいるのなら、自分ももっと頑張らなければ。うちももっといける！」という前向きな刺激を得ることもあるでしょう。トップタレントとの出会いは、自己成長を促すきっかけにもなるのです。

このようにタレント・ショウは、想像を超えるレベルの人材との遭遇を通じて、経営を後押しし、会社の成長を支える素晴らしい活動だといえます。トップタレントとの出会いは会社を育て、人を育てるのです。

人は、自分が頼もうとすら考えたことのないものを差し出され、それは実は必要なものだと気づかされたとき、大きな感謝を感じるものです。相手のニーズを先回りして察し、頼まれる前にそれを届ける。これは、まさに高度なＴＡプロフェッショナルが成し遂げるファインプレーとなるのではないでしょうか。

第3節

面接官育成システム

採用において、候補者より「格下」の面接官を立てるリスクは大きい。面接官の選定において、ビジネスパーソンとして優秀であることは最低条件。その上で観察力と言語化能力の高い人材が望ましく、担当した候補者の「オファー承諾率」など、データに基づく選抜と育成を実施したい。

1 適任者を探せ

Assemble your team, Mr. Cobb. And choose your people more wisely.

――メンバーを集めろ。人選は慎重にな
（映画「インセプション」）

どんなに完璧なシステムを構築しても、それを生かし、成功へ導くためには、そのシステムを動かすメンバーの適切な人選と訓練が不可欠です。

クリストファー・ノーラン監督の映画「インセプション」で、主人公たちが複雑な作戦を夢の中で遂行するために、個々の能力を極限まで鍛え上げながら、絶妙な連携でミッションをクリアしていったように、採用においても面接官がチームとして機能する必要があります。

面接官のラインナップがどれだけ充実しているか、また、そのスキルがどれだけ鍛えられているかが、採用の成否を大きく左右するのです。

このセクション（節）では、採用プロセスに関わるすべての面接官のスキルを向上させ、チームとしての面接力を引き上げるための具体的な方法・ノウハウを紹介します。どのような人材を面接官として選ぶべきか、そしてその選ばれた人材をどのように育成し、持てる能力を最大限に引き出していくか。そのプロセスを詳しく探っていきましょう。

採用プロセス全体を見渡すと、面接官として指名される人は意外に多いものです。人事部や**TA（タレントアクイジション）**チームの**リクルーター**（採用担当者）をはじめ、事業部門のマネージャーたち。そして、重要な面接に立ち会う社長や役員など経営陣も、広い意味では面接官として位置づけられます。

まさに集団戦ともいえるこの採用という活動において、「適任者」とは誰を指し、それはどこにいるのでしょうか。

面接官を選ぶタイミングは主に2つあります。

一つは、専門職としてのリクルーターを選ぶタイミングです。TAチームのメンバーを新たに採用したり、従来型の組織であれば、人事部の中で採用を担当する人を決めたりする場面です。

もう一つは、専門職でない面接官を選ぶタイミングです。事業部門の管理職の中で誰が面接を担当するかを決めたり、役員面接の担当者を決めたりする場面です。特に、管理職からの面接官の選定は重要で、採用の成否に大きく影響を与えます。

では、どのような基準で面接官を選ぶべきでしょうか。少し奇妙に聞こえるかもしれませんが、採用スキル云々の前に、まず問いたいのは、その面接官がビジネスパーソンとして「ちゃんとしている」かどうか、です。

「そんなの当たり前だろう」と思われるかもしれませんが、現実には、この基準を満たさない人物が面接官として登場するケースが意外と多いのです。

たとえば、カジュアルな初期段階の面接に、愛想がいい、人当たりがいいというだけの理由で、ビジネス経験の浅い人を「リクルーター」という名の面接官として起用する。そんな場面を見かけることがあります*。

新卒採用において、学生と年齢が近い若手をリクルーターとして駆り出し、候補者をざっとふるいにかけるといった慣習が、その背景にあるのかもしれません。

しかし、それなりのキャリアや役職を持つ候補者が相手の**経験者採用**で、面接の場にビジネス経験の浅い面接官を一人で送り出すのは、的外れなアクションだといわざるをえません。それで実際、未熟な若手が候補者を怒らせたり、不信感を抱かせたりしてしまうケースは多々あります。

もちろん、駆け出しのビジネスパーソンに経験を積ませることは必要です。ただし、若手に経験を積ませることと、採用という本来の目的を達成することとのバランスは求められます。

翻って、これが営業の現場だとしたら、どうでしょう。教育のためとはいえ、未熟な若手を一人で顧客のもとへ送り出すことは、あまりないのではないでしょうか。通常は、先輩や上司が同伴し、フォローやサポートをするものです。

にもかかわらず、採用の現場では、大事な面接の場に未熟な若手を送り込んでしまうケースがあるのはなぜでしょうか。

＊ あくまで筆者の体感に過ぎないが、比較的歴史のある中堅企業におけるキャリア採用面接で、こういった事象が多く見られる。

それは、採用面接でのミスが業績に与えるインパクトが、営業と比較すると見えにくいからではないでしょうか。営業で未熟な若手がミスをすれば、失注といった結果が、すぐに目に見える形で現れますが、採用面接で候補者に失礼があって辞退につながったとしても、よくある話で終わり、業績に対する影響も即座には見えづらい――そんな違いが理由としてあるのかもしれません。

しかし、**採用プロセスにおけるミスの影響は、見えづらいだけで実際には想像よりも大きい**のです。特に、レピュテーションリスクは看過できず、そのダメージは顕著に現れます。

候補者がエージェントから紹介されている場合は、なおさら問題が深刻化しがちです。候補者が面接のクオリティに不満を抱いた場合、その不満はかなりの確率でエージェントに伝わり、結果としてエージェントとの信頼関係が崩れてしまうのです。その結果、エージェントからの候補者の紹介が途絶えることになります。

さらに、成功報酬で成り立つエージェントは、自衛策という面もあるのかクライアントの悪評に敏感です。この手の噂はあっという間に広まります。「あの会社はやばい」という評判が立てば、企業が知らない間に**採用エージェンシー**各社が取引を控え、最終的にはどこからも候補者を紹介されなくなる――いわば、エージェントの「サイレント・クレーマー化」とでも呼べる事態が起こりうるのです。

さて、この面接官と候補者の〝ミスマッチ〟ともいえる問題をさらに深掘りすると、いわゆる「格」の話に行き当たります。

キャリアや役職において、候補者より「格下」の人を面接官としていいのか、面接官は、候補者より「格上」であるべきではないか、という観点です。

たとえば、「なぜ部長級の私が、係長の面接官に評価されるのか」といった、候補者が面接官の肩書に対して持つ違和感。あるいは肩書はさておき、面接でのやりとりから、面接官の人材としてのレベルが低いと感じることから生まれる反発。「格下」面接官を当ててきた企業に対し、強い怒りを覚える候補者もいます。

このような「格」問題は、営業の現場でもまったく生じないわけではないですが、採用の場合、候補者個人のキャリアに対する自負がかかっていることもあり、ずっとシビアだといえるでしょう。

ですから、面接官の選定においては、役職はもちろん、人材としてのレベルにおいても、候補者と面接官の間に、あまり格差が生じないようにすること。これは、よく注意をしていただきたいポイントだと考えます。

そのためにも、面接官に向く資質を備えた人物を、社内の様々な部門、レイヤーから探し、選抜しておくこと。さらに、そのメンバーを「面接官リスト」としてまとめ、あらかじめ用意しておくことが必要です。

2 良い面接官のクオリティ

次に、面接官に向く資質について考えてみましょう。重要な資質が2つあります。それは、

- **観察力**に優れていること
- **言語化能力**が高いこと

です。この2つの条件を満たす人材を、社内からできるだけ早く発掘し、面接官の経験を積ませていくというアプローチをお勧めします。では、どうやって発掘すればいいのでしょうか。いくつかのヒントを以下に示します。

まず、観察力について。面接官に求められる観察力とは、候補者の話し方や表情、しぐさ、応答のスピードなど、言語以外の情報を読み取る能力です。

このような能力が高い人には、会話のテンポが心地よい、という特徴があり、面接官を発掘する重要なサインになります。

会社の中の様々な人たちと話して、会話のテンポが心地よい人に注目してみてください。ここでいう「心地よいテンポ」とは、速さの問題ではなく、会話していて自然で気持ちよく感じられるかどうかです。

会話していて気持ちよく感じられるのは、その人が、こちらの意図や感情を敏感に感じ取り、抜群のタイミングで質問を投げかけたり、話を膨らませたりしているからです。日常的に他人の細やかな変化に気づける、ともいえるでしょう。それは、無意識のうちであっても、相手をよく観察している、ということです。

こういう人は、初対面の候補者ともスムーズにコミュニケーションが取れるものです。

次に、面接官に向く資質として、もう一つ、言語化能力を挙げました。なぜなら、面接での候補者の応答や、候補者を観察して気づいたことなどを客観的かつ分かりやすく言語化し、それを他の関係者と共有することが求められるからです。

このような言語化能力が高い人を見つけるには、会議での発表や説明が上手な人、いわゆるプレゼン上手な人に注目してみるのがよいと思います。プレゼンテーションが得意なのは、多くの場合、複雑な内容を整理し、他者に分かりやすく伝えることに長けているからです。社内で「プレゼンが上手い」と評判の方を探してみるといいでしょう。

より実践的な方法として、観察力と言語化能力の2つを一度で確認できる、一石二鳥な方法があります。

それは、面接に同席してもらい、フィードバックを求めることです。面接官候補として有望と感じる人がいたら、ぜひリアルな採用面接に同席してもらいましょう。そして面接が終わった直後、そのときの候補者に対するコメントを、実際に面接を担当した面接官が聞き取ります。

コメントの内容が、専門的な知識に欠けていたり、質が高くなかったりしてもまずは構いません。前向きに、多くの言葉を紡ごうとするかどうかが大事です。積極的な姿勢が見えればOKだと思います。

そして次に、面接をリードした、担当面接官の質問や応答がどうだったかについても、フィードバックを求めてみてください。

まず、その依頼に対して積極的に応じてくれるかがポイントです。観察力が高い人であれば、面接中、候補者だけでなく、面接官の様子もしっかりと観察しています。その上で、候補者の背景や面接官の意図を踏まえたフィードバックをしてくれるならば、有望です。

また、フィードバックの中身は、その人の言語化能力を測る重要な指標にもなります。候補者の強みや改善すべき点についてコメントする際に、具体的な観察事例を挙げられるかどうかは、注目したいポイントです。

このように、実際の採用面接を活用したセッションを、あたかも「トレーニング」のように仕立てて設ければ、それだけで面接官に適任の人材の発掘ができると思いますので、ぜひ試していただきたいと思います。

一方で、中小企業やスタートアップにおいては、この面接官の起用問題は「発掘」というほど大げさなものにはならないかもしれません。

いくつもの事業部を持つような大企業でもなければ、優秀な人というのは社内で顔が割れているでしょう。ですから、その方々に多忙の中、どれだけの時間を採用面接に割いてもらえるかが問題であって、その説得にどれだけ成功するか。という問題に行き着くのかもしれません。

「とにかくエースを出してください！」

という採用担当者の「お願い」が、自然と聞き入れられ、実行されるようになるためには、トップの号令も必要でしょう。「デキる人を面接官として送り出すのは当たり前」という文化を育み、しっかりと根づかせることが、何よりも重要なことだといえるでしょう。

3 面接官の選抜と評価

とはいえ、優秀なビジネスパーソンであれば面接官として合格、という単純な話でもありません。ビジネスパーソンとして優秀であることは、あくまで必要条件であり、十分条件ではありません。

ある急成長テック企業のTAリーダーから興味深い事例を伺いました。

その企業では、面接官による候補者の評価に大きな個人差が生じることが課題となっていました。ある面接官は常に低いスコアをつけ、別の面接官はいつも高いスコアばかりをつけるという具合です。このような評価の偏りは、採用の最終判断を困難にしていたといいます。

この課題に対し、このテック企業は面接官の評価結果をデータ化する試みを始めたのです。極端に偏りがちな面接官を洗い出し、該当者には改善を促しています。また、改善が見られない人については、面接官の役割から外すことも検討しているとのことです。

また別の例です。

ある日本の中堅スタートアップ企業は、興味深いデータ分析を始めています。面接官ごとの候補者のオファー受諾率を追跡し、特に受諾率の高い面接官の特徴を探る取り組みです。

まだ始まったばかりですが、どうでしょうか。これらの企業では当然のようにそのデータを深く掘り下げていくことで、効果的な面接におけるある種のパターンのようなものが見えてくるだろうと期待しています。

先行する海外のグローバル企業は、面接官のパフォーマンスについて様々な指標を設定し、モニタリングしています。さらに適切な水準を維持するために、面接官を戦略的に入れ替えることも行われています。

たとえば、**グーグル**の場合、面接のフィードバックの速さや質など、面接官を評価するパフォーマンス指標がいくつも設定され、これらデータの収集・分析を通じて、面接の質の維持、向上を図ってきました。また、面接を受けた候補者の意見もヒアリングしていました。

メタ（旧フェイスブック）も、面接官のパフォーマンスを示すデータを詳細に収集・分析し、それを参考に、面接官の入れ替えもしていました。新しい面接官候補に対してトレーニングをがっつりと行い、求められる水準に達したことを確認してから、採用面接に参加させているのです。

このような取り組みを進めていく中で、時には面接官を「リストから外す」という判断が必要になる場面もあるでしょう。その決定は、本人に伝えずに行う場合も、伝える場合もありえます。いずれにせよ、客観的なデータに基づくことで、より納得感のある判断となります。

いくつかのシグナルとなるデータ傾向を知っておくことは役立つでしょう。

先ほどの中堅スタートアップ企業の例のように、他の面接官の評価傾向と一貫して反対の判断を下す面接官や、極端に肯定的または否定的な評価に偏る面接官がいたら、対処するといったことです。

また、時系列での変化にも注視すべきでしょう。たとえば、ある面接官の評価傾向を示す指標（肯定的な評価を下す傾向など）が、ある時点から急に激変した場合、何らかの圧力やストレスが影響している可能性があり、適切な対応が必要でしょう。

注意すべき傾向や変化が見られたら、データを基に面接官と対話し、問題を特定した上で、必要に応じてトレーニングやコーチングを提供することを検討すべきです。これは、組織が求める基準を満たす面接をするサポートになるだけでなく、本来の業務のパフォーマンス改善にもつながる可能性があります。

ここで再度強調しておきたいのが、優れたビジネスパーソンが必ずしも優れた面接官とは限らないという点です。自分の仕事がしっかりできない人に面接官は務まりませんが、仕事ができるからといって、候補者の適性や可能性を正確に見抜けるとは限らないのです。

だからこそ、感覚や経験だけに頼るのではなく、面接官としてのスキルや、面接官として受けたフィードバックを数値化し、時に、その結果を基に改善を図る。このプロセスが、優れた人材を採用し続けるためには欠かせないと思います。

これは簡単なことではありません。そもそも人の能力を測り、評価するなんていうのは、複雑な作業ですから。

だからこそ面接官の育成が何より大きな差を生むのです。セレクションをしっかり行うのはもちろん、さらに育成に力を入れ、組織全体の面接力を引き上げる。その方法について以降で検討していきましょう。

4 シャドーイング

人間というものはせっかちな生き物です。すぐに結果を求め、即効性のありそうな解決策に飛びつきたくなります。

しかし、現実はそう甘くありません。公平で一貫性のある面接を実行する力は、一夜漬けでは習得できません。面接官の判断を歪ませる無意識のバイアスも、長年、身についた悪いクセが面接の場で出てしまうことも、簡単に修正できるものではないでしょう。

面接官向けのトレーニングのツールは、いろいろと出ていますが、動画を見たり、座学の講習を受けたりして身につくほど、面接のスキル獲得は甘くありません。

本当に実力を養うには、もっと実践的、かつ継続的で、深い学びが必要です。**パーソナライズ**された学習の場を設計し、面接官が自分自身のスキルを磨き続けられるような環境を提供したいものです。

では、具体的にはどうするか。面接官トレーニングの進め方として、以下の3つのステップの導入をお勧めします。

【STEP1】シャドーイング・リバースシャドーイング
【STEP2】キャリブレーション
【STEP3】フィードバック

カナダの心理学者アルバート・バンデューラが1970年代に確立した社会的学習理論は、行動モデリング、すなわち、他者の行動を観察し、模倣することが、スキル開発や行

面接官トレーニングの3ステップ

動変容に効果的であることを示しました。学習者が直接、体験することは必須でないとするこの理論は、教育の世界に、広く大きな影響を与えました。[*1]

面接官のトレーニングにおいても、このアプローチは極めて有効です。これを実現するための具体的な手法として、「シャドーイング」と「リバースシャドーイング」を紹介します。

- **シャドーイング**：経験豊富で優秀な面接官（トレーナー）が担当する採用面接に、経験の浅い面接官（トレーニー）が同席し、実際の応答を観察することでスキルを学ぶという手法です。リアルな面接の場に身を置くことで、トレーナーの効果的なインタビュー技術を体感し、模倣するべきことを学びます。
- **リバースシャドーイング**：攻守交代です。シャドーイングを通じて、トレーナーから学んだトレーニーが、今度は実際に採用面接を担当しま

＊1. 社会的学習理論の基礎となる研究として、バンデューラが同年に発表した以下の2つの文献を挙げたい。行動モデリングのメカニズムと同時に、自己効力感の重要性が強調されている。
Albert Bandura.（1977）. *Social Learning Theory.* General Learning Press
Albert Bandura.（1977）. *Self-efficacy.* Psychological Review

す。それをトレーナーが観察し、面接後にトレーニーへフィードバックを提供することで、うまくいかなかった点を洗い出します。[*2]

この手法の組み合わせは非常に強力なメソッドです。特に両者が互いに学び、成長できる仕組みが自然と形成できる点が魅力です。

トレーニーは、生々しい体験を通じて、自分の強みや改善点を明確にし、次のステップに進むための具体的な行動指針を得ることができます。一方で、すでに経験を積んだトレーナーにとっても、観察とフィードバックのプロセスを通じて自身のスキルを再確認し、面接技術に磨きをかける機会となります。

面接官の能力を組織的に伸ばすには、この方法がおそらくベストだと考えています。

シャドーイングとリバースシャドーイングを実践する際に、確認したいポイントとしては、次のようなものがあります。

- **オープンエンドの質問**：面接官が候補者とのやりとりから深い洞察を引き出すために、回答が「はい」か「いいえ」で終わらない質問ができているか。
- **候補者のガイド**：面接の途中で話が脱線し、確認したいトピックを網羅できずに終えることがないよう、焦点を絞り、候補者を効果的にガイドすることができているか。

＊2. フィードバックの前に入る「キャリブレーション」については、次項で詳述する。

- **時間管理**：限られた時間内で、すべての重要な質問やトピックをカバーするための効率的な面接の進行ができているか。
- **具体的な情報・洞察の引き出し**：重要なトピックについて候補者の回答を深掘りし、より具体的な情報や洞察を得るためにさらに問いを重ね、洞察にたどりつけているか。
- **適切な「間」**：候補者が十分な時間をかけて自分の考えを表現できるよう、話しかけるタイミングをコントロールできているか。

もう少し詳しく、シャドーイングやリバースシャドーイングの「ハウツー」について説明してみましょう。

通常の採用面接は「1対1」で実施することが原則です。まとめて効率性を上げようと、さらに面接官を加えて「3対1」にしてしまうなど、過剰にならないようにしてください。面接官が多くなるのは、候補者から見れば威圧的で、好ましくありません。「2対1」がギリギリ許容されるバランスでしょう。

面接をリードしない面接官（シャドーイングであれば、教わるトレーニー側。リバースシャドーイングであれば、指導するトレーナー側）は冒頭の挨拶だけ参加し、その後は基本的に黙って、もう片方の面接官と候補者のやりとりを観察することに徹します。オンライン面接であれば画面をオフにしてもいいかもしれません。

面接を担当しない人は、リードする面接官を観察することに徹する一方で、それを候補者に悟られないようにすることが重要です。視線やボディランゲージは隣の面接官ではなく、常に候補者に向けるよう心がけてください。

面接が終わったら、フィードバックをします。間を空けず、記憶がフレッシュなうちにフィードバックのセッションに入ることがお勧めです。

なお、リバースシャドーイングは、極めて近い将来、AIの活用が進むと予測しています。たとえば、採用面接にAIを同席させ、終わった直後に、面接でのやりとりについて、AIによかった点を挙げてもらい、さらに具体的な言い回しなどの改善点についてもフィードバックを受けるといったことは、十分に可能でしょう。採用面接そのものをAIが代行するというようなラディカルな話とは異なり[*3]、このような、面接官トレーニングとしてのAI活用は倫理的な問題が少なく、導入もしやすいと感じています。

5 キャリブレーションとフィードバック

2人一組の面接で面接官の質を向上させる手法として、シャドーイング・リバースシャ

＊3. 米国では2019年、AIによる人材評価サービスを提供するハイヤービューを、労働者にとって脅威となるとして、人権団体が、連邦取引委員会に調査を求めた事例がある。ワシントン・ポストによると、この時点で導入企業は100社以上に上り、その中にはユニリーバなどの有名企業も含まれていた。

ドーイングをご紹介しました。このトレーニングに、さらにもう一歩進んだ工夫として、ぜひ取り入れていただきたいのが**キャリブレーション**です。

これは料理に例えるなら、「ひと手間」加えることで、同じメニューでも、味のレベルが、素朴な家庭料理から一気にプロ並みに変わるような工夫です。キャリブレーションを行うかどうかで、トレーニングの質と結果に、プロとアマチュアほどの大きな差が出ます。

キャリブレーションとは、一般的には「校正」や「調整」を意味する言葉です。たとえば、機器やシステムが正確に機能するように調整する作業を指しますが、世界の採用面接の現場でもよく使われます。

採用面接におけるキャリブレーションとは、候補者に対する複数の面接官の評価結果を共有し、なぜその評価に至ったのかという理由や評価基準をすり合わせる作業を指します。これが評価の精度を上げていくための抜群のトレーニング効果を発揮するのです。

やり方を具体的にお伝えしましょう。

シャドーイング・リバースシャドーイングでは、同じ面接に2人の面接官が参加することをお伝えしました。これにキャリブレーションを組み合わせるのです。

具体的には、面接が終了し、候補者が部屋を出たタイミングですぐに、候補者に対する評価のすり合わせを行います（キャリブレーション・ミーティング）。面接直後に行うことで、最も効果が高まるため、インタビューのスケジュールはあらかじめ、想定される面接時間より15分ほど長めに時間を確保しておきます。

キャリブレーションにおける議論の軸は以下のようなものです。

「この人の本当の強みってなんだろうね？」
「あの場面での反応をどう見る？」
「リーダーシップ、感じた？」
「うちでの業務の理解度はどう思う？」

まずは、こういった大きめのざっくりした話から意見を交わしたのち、そこから細かく、自社の評価軸（たとえばコンピテンシー）に当てはめながら、基準値を合わせるように進めてゆきます。

「成果志向は高いと見た？　それとも普通？」
「部下マネジメント力は高い？　低い？」

といったところです。

まずは、ざっくりとした「高いか低いか」の評価から始めるのでよいと思いますが、理想をいえば、次第に評価の精度を上げていきたいところです。たとえば、「5段階評価で3かな？　4かな？」といったように、判断のメッシュを徐々に細かくして、基準を細かく合わせにいくことができるようになれば、本格的なキャリブレーションができるようになってきたといえるでしょう。

実に面白いのが、同じ面接の場に同席し、同じやりとりを聞いていても、面接官によって、まったく異なる、時には正反対の解釈が生まれるケースが珍しくないことです。

このような解釈のズレは、むしろ面接力開発のビッグチャンスです。なぜそのような認識の違いが生じたのか、議論を深めることで、候補者を見抜き、見立てる技術を高められるのです。

また、候補者のちょっとした言葉や態度も、面接官の価値観やバイアスによって、まったく異なる捉え方をされることがあります。こうしたズレを見過ごさず、しっかりと議論を重ねることで、面接官の評価基準が統一され、より正確な評価を下すことが可能になります。

さて、リバースシャドーイングの場合、候補者についてのキャリブレーションが終わったら、次は教わる側の面接官（トレーニー）に対する、指導者からのフィードバックの時間を取ります。

「最初に少し、アイスブレイクがあるとよかったですね」

「あの話、ちょっと曖昧な回答だったから、さらに踏み込んで確認した方がよかったと思います」

「あの質問は、どんな意図があったの？　そうか、だったらこういう聞き方がよかったかもね」


こんな形で、教わる側が成長できるような意見を建設的に伝えることです。

そして、このようなセッションを何度か重ねて、トレーニーの面接技術がある程度のレベルまで引き上がってくれれば、あとは面接の場数を増やして経験を積んでもらう期間を取ればよいでしょう。なお、一定のトレーニング期間を終えた後も、折に触れてキャリブレーションとフィードバックを実施することをお勧めします。

ちょっと「試合」に出たら、いったん「練習」に戻って、自分のフォームをチェックする、見つめ直す。まるで野球やゴルフのスイングのように、時折基本に立ち返って修正を重ねていく。そんな感覚に近いのかもしれません。

いつの間にか身についてしまった悪いクセを取り除くことも必要ですし、自分なりの味や得意技が見えてきたら、それを仲間と共有するのもいいでしょう。このように面接官の技能向上というのは、どこかスポーツの技術を磨くのに似ているような気がします。

6 属人性への介入

面接官の育成についてはアカデミアからもビジネスの現場からも、長年多くの議論が行われてきましたが、どれほどトレーニングを重ねても、面接官の属人的な要素を完全に排除することは難しいのが現実です。実際、多くの企業が面接官による評価のバラつきに悩んできました。面接の評価結果が、面接官の個性や主観に左右され、その結果、組織全体での評価基準や採用基準が一貫しなくなることが頻繁に見られるのです。

この属人性にどう対処するかという問題を解決するために登場したのが「**構造化面接**」です。

構造化面接とは、同じポジションの候補者には、同じ質問、同じやり方に統一して面接を実施するという手法です。公平性と一貫性を保つための有効な手段として採用プロセスに組み込まれることが増え、グーグルも導入しています。

構造化面接がどのくらい前から研究されてきたか、さらりと触れておきましょう。その歴史は意外と古く、今から100年ほど前、第一次世界大戦中の米軍のニーズに応えて開発された、性格テストに起源があるとされています。[*1]

その後、心理測定学や工業心理学の発展を受け、1980年代に入ると、構造化面接は

＊1. 米国の心理学者ロバート・S・ウッドワースは、第一次世界大戦中にストレス耐性に強い兵士を探すという米軍のニーズに応えるための「ウッドワース個人データシート」を開発。現在では、自己申告をベースとした最初の性格テストとして広く知られている。
- Woodworth, R. S. (1918). *Woodworth Psychoneurotic Inventory.* APA PsycTests.

ビジネスの世界で、予測妥当性を向上させ、バイアスを軽減させる評価手法として注目を集めるようになりました。[*2] そして1990年代以降は、採用手法として本格的に普及していったのです。[*3]

「人生に迷ったら古典を読め」と言われます。古典は長い時を経て人々の評価に耐えて残ってきたのだから、そこから読み取れるアドバイスに普遍的な価値があることは間違いないというわけです。構造化面接も、古典的な著作のように長い時の評価に耐えて磨かれてきた手法なので、一定の信頼感があるということでしょう。

「構造化面接」というと、小難しい印象を受けるかもしれませんが、「標準化面接」と言い換えた方がイメージしやすいかもしれません。

これは例えるなら、レストランチェーンのマニュアル化のようなものです。どの店舗でも同じ材料を用いて同じ方法で調理し、接客用語なども統一することで、いつどの店に来た顧客にも一定のサービス品質を保証するという狙いが背景にあります。

構造化面接も同じ原理です。たとえ面接官が違っても、すべての候補者に対して同じ質問を投げかけ、同じ基準で評価をすることで、一貫性のある結果を得られるというわけです。

構造化面接が実際、評価結果に一貫性をもたらすことを示す学術的な研究結果は多くあります。たとえば、1988年の研究では、構造化面接では、評価者間信頼性（複数の評

＊2. ビジネス界に影響を与えた研究として、以下を挙げたい。それぞれ、過去の行動を問う面接と、仮定の状況設定に基づく質問の普及を後押ししたと考えられる。
- Tom Janz. (1982). *Initial Comparisons of Patterned Behavior Description Interviews versus Unstructured Interviews.* Journal of Applied Psychology
- Latham, G. P., Saari, L. M., Pursell, E. D., & Campion, M. A. (1980). *The situational interview.* Journal of Applied Psychology

＊3. 構造化面接の進化、普及をさらに後押ししたメタ分析に基づく研究として、以下の文献を挙げたい。
- Schmidt, F. L., & Hunter, J. E. (1998). *The validity and utility of selection methods in personnel psychology: Practical and theoretical implications of 85 years of research findings.* Psychological Bulletin,

価者による評価が一致する程度）が高まり、予測妥当性も向上することが報告されています。[*4]
また、身体障害のある候補者を評価する際、構造化された質問がバイアスを抑え、公平な評価を可能にするという研究もあります。[*5]

では、構造化面接はすべてを解決する魔法の処方箋なのかというと、そうでもないのが悩ましいところです。

構造化面接にも弱点があります。まず柔軟性に欠けるという点です（構造化なのだから、それはそうでしょうと言われそうですが……）。
統一された質問リストに従うため、面接官が候補者の個性や創造性を深く掘り下げる余地が限られ、候補者が自然に自己表現することも難しくなる傾向が、構造化面接にはあります。また、あまりに形式にとらわれすぎると、面接そのものが機械的・硬直的になり、面接官と候補者の間に自然なコミュニケーションが生まれにくくなります。その結果、候補者と信頼関係を構築するハードルは上がります。

これは要するに、「つまらない面接体験」を大量に生んでしまうという危険性をはらむ、ということです。

こういった構造化面接の弱みが特に問題となるのは、どのようなときでしょう。
それは、採用市場の強者と向き合うときです。

＊4. M. Campion, E. D. Pursell, B. Brown. (1988). *Structured Interviewing: Raising the Psychometric Properties of the Employment Interview.* Personnel Psychology

＊5. Ellyn G. Brecher, Jennifer D. Bragger, Eugene J. Kutcher. (2006). *The Structured Interview: Reducing Biases Toward Job Applicants with Physical Disabilities.* Employee Responsibilities and Rights Journal
なお、この研究では、構造化されていない質問では、身体障害者を好意的に評価するバイアスが生じると報告されている。

競合が発生しそうな希少タレントを狙うときや、ハイレイヤーの候補者に対しては、よかれと思って構造化面接を実施することが、見事に逆効果をもたらしてしまうことが多いのです。また、自社の採用市場での競争力が低い場合も同様です。

ビジネス経験の豊富な候補者やリーダーシップポジションを目指す候補者に対して、マニュアル化された質問ばかりを投げかけるのは、舌の肥えた方にファストフードを勧めるようなものです。それでは、せっかくの優秀な候補者が興ざめしてしまいます。

そうはいっても、評価基準の一貫性を担保できる構造化面接の魅力は、捨てがたいものがあります。

この問題に、解決策はないのでしょうか。

たとえば、構造化面接の利点を生かしながらも、候補者に臨機応変に対応する、ということはできるのではないでしょうか。統一された質問リストを用意しながらも、面接官の自由な応答を認め、自然な流れのコミュニケーションを保ちつつ評価を進めるというアプローチです。「見えない構造化面接」と呼んでもいいかもしれません。

相手にこちら側が持つ質問リストの存在を悟らせないくらい、スムーズに対話を運び、うまく間をつなぎながら自然なキャッチボールで、会話を発展、展開させていく。それで終わってみれば、質問リストはすべてカバーできている。そんな面接を目指すのです。

このやり方が難しい場合、構造化面接を一部の面接だけに取り入れる「ハイブリッド・プロセス」を目指すアプローチもあります。

たとえば、転職の意向がまだ固まっていない候補者であれば、初回はまずカジュアルな面談で終え、その後、候補者の意向が固まってきたなら、1セッションだけ、構造化面接を実施します。その後の面接では、構造化面接で低下した面接の体験価値を取り戻すため、より共感性の高いセッションを意識するといいでしょう。

このハイブリッドな面接手法は、自社が採用強者ではない場合はもちろん、能力だけでなく人間性も重視する場合にも有効だと考えられます。


結局のところ、面接の手法に、万能な「打ち出の小槌」は存在しません。様々な手法のメリットとデメリットをしっかりと考慮して、個々のセッションの設計や、面接プロセス全体の設計において、適切なバランスを取ることが肝心なのだと思います。だからこそ、企業は自分たちの特性、そして個々の案件の特性をじっくりと考える必要があります。そして、その都度、最適解を選び取っていくしかないのでしょう。

7 ディテールへのこだわり

面接においては、ライブ感が重要です。候補者と面接官の間に信頼関係を築くことが何より大切であるということは強調してもしすぎることはありません。

少し大げさに聞こえるかもしれませんが、優れた面接を実施するためには、面接官がその場に100%「在る」ことが不可欠だと考えます。

面接官が目の前の候補者に完全に集中すれば、ノンバーバルなシグナル、つまり候補者の微妙な表情や発言の間など、見逃されがちなサインをより多く拾えるようになります。

また、面接官が全力でその場に集中することで、候補者に対して温かく、人間的な体験を提供できますし、それによって会社全体のイメージを向上させる効果も期待できます。

その場に集中している面接官は、候補者と適切なアイコンタクトを保ち、自然なリアクションを示すことができます。それによって、候補者はリラックスし、自分の本来の力を発揮しやすくなります。候補者のベストパフォーマンスを引き出すという意味においても、面接官がその場に「在る」ことは重要なのです。

逆に、面接官がその場に集中していないと、どのようなことが起こるのでしょうか。そのようなケースにおいて、候補者から、面接中に気になったこととしてよく挙げられるのは以下です。

- 面接官が、面接中に脇に置いておいた携帯電話を手に取った。
- 面接官がメモを取るため、ノートパソコンばかりを見ていた。
- 面接官が面接中、メールやチャットをチェックしていた気がする。

私も以前、あるクライアントの面談に同席していたとき、隣の外国人面接官のノートパソコンに、どなたか親密な方からひっきりなしにハートマークつきのメッセージが連投されているのが見えて、気になって仕方なかったのを思い出します。

候補者という存在は、面接官が注意をそらした瞬間を敏感に察知するものです。そう感じた候補者は「自分は興味を持たれていない」と思い、面接のパフォーマンスも会社への興味も低下しやすくなります。これは、オンライン面接でも同様です。

もちろん、やりすぎもよくありません。いくら集中しているとはいえ、あまりにじっと候補者を見つめ続ける面接官も問題です。威圧感を与え、結果として面接の質を下げてしまいます。警察の取り調べではないのですから。

このあたりについて、自分のパフォーマンスをチェックするには、やり方の工夫は必要ですが、面接の様子を動画で撮影してみることもお勧めです。動画を見返すことで、無意識に出ている自分のクセや、発しているシグナルを視覚的に理解でき、効果的です。言葉で指摘されるのではなかなか理解できなかったことが、動画を見たら一発で分かった、ということはよくあります。

ここで一つ、議論すべき課題があります。それは、メモをどう取るかです。

面接中にメモを取ることは、間違いなく役に立ちます。メモがあれば、面接後に候補者の回答や態度を詳細に思い出しやすくなりますし、評価の正確性を担保する助けになります。

一方で、メモを取ることにばかり気を取られてしまうと、その場に100％「在る」ことは、難しくなってしまいます。

特に、近年ではノートパソコンでメモを取ることが多くなり、メモを取る作業に注意が向きすぎて、候補者との関わりをキープすることが難しくなる傾向が強まっています。

ここで一歩引いて、候補者と向き合った面接官が、ノートパソコンをカタカタ叩いている絵を頭で描いてみてください。機械的な「取り調べ作業」のように見えませんか。この構図で、果たして候補者との信頼関係を築くことができるでしょうか。

どうしてもパソコンでメモを取りたいのであれば、キーボードを見ないで済むようにタッチタイピングを極めて、候補者とアイコンタクトをちょくちょく取ったり、要所要所で微笑んだり、うなずいたりしながら、メモを取れるくらいになってからにするべきでしょう。

それが難しいならば、割り切って紙とペンでメモを取るのがお勧めです。メモ用紙というものをあらためて使ってみると、実に自由なことに気づくでしょう。ペンや鉛筆を使った筆記には、ほとんどの人が子どもの頃から慣れ親しんでいて、視線を手元に固定することなく、自然なアイコンタクトや対話を続けながら、記録を残せます。

たとえ、走り書きの汚い字でも、面接後に自分で読み取れさえすれば問題ないので、大丈夫です（ちなみに私の走り書きは、他人が見たらフリーズしてしまいそうな代物ですが、それでもメモとしてきちんと機能しています）。

紙とペンのもう一つの利点は、候補者に対して、よりリラックスした雰囲気を提供できることです。デジタル機器が存在しない空間で会話することで、自然と話に集中できるようになりますし、その印象は確実に候補者に残ります。

少し細かい話ではありましたが、こうしたちょっとした気配りが、面接においては意外に大きな違いを生みます。何にしてもそうですがディテールへのこだわりがもたらす力は侮れません。

8 プロセス設計の方程式

講演会などで中小企業や中堅の老舗企業の方々とお話しする機会があると、よく「中途採用の面接プロセスに正解はあるのでしょうか？　何回面接するのがいいのですか？」と質問を受けます。大企業との経営リソースの違いからか、思った以上にこういった面接プロセスの設計で悩んでいる方が多いという印象を受けます。

結論からいえば、「これが正解」という絶対的な答えはありません。つまり、すべての企業に当てはまる「一つの型」がないということが、唯一の正解だともいえます。ただし、だからといって指針がないわけではありません。自社にとって最適なプロセスを見つけるための設計手法は確かに存在します。

パワーバランス

面接プロセスの設計が難しい理由は、多様な利害関係者の存在や考慮すべき要素が多すぎて混乱しやすい点にあります。各所からバラバラの要望が流入するため、判断がしにくいのです。しかし、一度落ち着いてこれらの情報を整理すれば、適切なプロセスの方向性

プロセス設計を判断するメカニズム

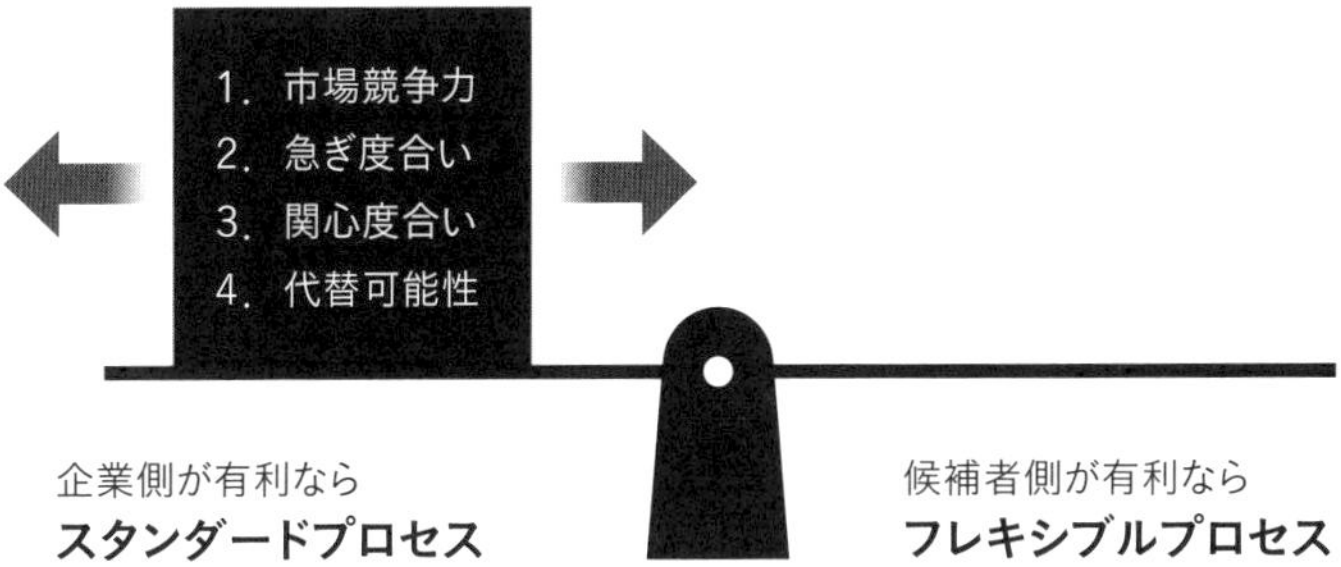

が自然と見えてきます。

たいがい、いろんな人が、いろんなことを言ってくるものですが、結局のところ判断の軸は一つ。

それは、候補者と企業のパワーバランスです。

そして、パワーバランスを決める要素は、あらかた4つに収斂《しゅうれん》されていきます。

その4つとは、

1. 市場における企業の**競争力**（実力・魅力・経済力）
2. 双方の**急ぎ度合い**（固有の事情）
3. 双方の**関心度合い**（興味・相性）
4. 候補者の**代替可能性**（他の候補の有無、希少性）

となります。こういった条件を踏まえて、

そのパワーバランスが、どちら側に有利に傾くかを考えれば判断がつきます。

そのためにも、まずは自社が理想とする面接のプロセス設計を一度決めておき、それを基準としていったんセットしましょう。

その上で、企業側のパワーの方が強いのであれば、その基準通りのプロセス設計（スタンダードプロセス）で進めてよし。とします。

一方で、候補者側のパワーの方が強いと判断するならば、臨機応変にプロセス設計を変更します（フレキシブルプロセス）。

これがまず、一つ目のシンプルながらも重要な指針です。

線をデザインする

次に大切なことは、採用プロセスを個人プレーの連続にしないこと。それぞれのプロセスを担当する面接官同士がしっかり連携した、チームプレーにすることです。

これは、野球の試合で打線のラインナップをどう設計するかに似ています。たとえば、1番打者が塁に出る、2番打者が送りバントでランナーを進め、4番打者が長打でランナーをホームに戻す、といった連携によって得点するような話です。* 選手それぞれが自分の役割を理解し、次の打者を意識したプレーを行うことで、打線全体が連動し、チームの

＊ 近年のプロ野球、特にメジャーリーグでは、本項に書いたような打線の考え方は古いものとなっているようだが、往年をイメージした例え話として理解していただきたい。

力を最大限に発揮できるのです。
採用プロセスの設計でも、個々の面接官が果たすべき役割を明確にすることが重要です。たとえば最初の面接官が候補者の全体像を把握し、次の面接では特定のスキルを深掘りし、最後の面接官がリーダーシップの適性を評価する、というようなラインナップの設計が求められます。このように、個別の面接が線としてつながるようにデザインすることで、相乗効果が生まれ、採用プロセスが全体として効果を上げ、採用の成功につながるのです。

一方で、多くの企業の実態としては、面接官それぞれが独りよがりなバッターであるような状況が散見されます。

たとえば、ランナーや次のバッターの状況を考えず、自分のホームランを狙うだけのプレー。送りバントや犠牲フライなど考えず、結果的に塁上のランナーが取り残されてしまう。こうした連携の欠如は、チーム全体の得点力を大きく損ねます。

採用プロセスの設計においても、同様の状況が見受けられます。面接官がそれぞれ自分一人で候補者を評価しようとしていて、連携が取れず、全体の流れが分断されているようなケースです。

面接プロセスのデザインには、結果として、候補者の「全体像をしっかり評価できる」ことと、もしオファーを出せば受諾してくれるように「しっかり握れる」ことが求められます。具体的なイメージを持っていただくため、次のような事例を用いて、適切な面談プロセスはどのようなものとなるか、考えてみたいと思います。

（欲しい人材）

- 社会人経験10年以上
- 想定年齢は30代半ばから40代前半くらい
- 専門職ではなく、ゼネラリストとしての採用
- ポジションは部長職
- 想定年収は800－1000万円

このような案件の場合は、次のようなプロセス設計が一つのモデルケースとなるでしょう。

【Step1】アトラクト面談

アトラクト面談とは、自社に関心を持ってもらい、惹きつけるための面談です。面接ではないので、評価は行いません。お互いのことをまずは知り合いましょうという段階です。質疑応答が中心ですが、会社側は自社についてしっかり時間を使って説明をします。できるだけ企業サイトやSNSにはない情報を伝えるようにしましょう。

←【Ｓｔｅｐ２】**本面接・第１回**

ここから、候補者を評価するための面接に入ります。初回の面接は本人の能力の深掘りを中心として進めます。比較的、分かりやすいところで、**コンピテンシー**（好業績者に共通する行動特性）などを確かめるといいでしょう。質疑応答の時間もしっかり取ります。

←【Ｓｔｅｐ３】**本面接・第２回**

２回目の面接では、初回の面接官から確かめ切れなかった部分について申し送りを受けて、そこを深掘りします。加えて、初回の面接官が疑念を持った部分を検証することが中心となります。初回面接のフィードバックを受け渡すことが必要なので、原則としては、第１回と第２回の面接は別の日に組むことになります。

←【Ｓｔｅｐ４】**本面接・第３回**

これまでの面接で取りこぼした確認事項や、疑念や懸念を抱いたところを深掘りし、検証するための面接です。ここで見極めの目処をつけます。この段階では能力だけではなく、価値観などに踏み込むことも有益です。面接中に好感触（採用すべきという感触）を得たならば、最終面談に向けて候補者に入社意思を固めてもらうための**エンゲージ**の時間もしっかり取りましょう。

↓

【Step5】社内の意思調整・議論

すべての面接官の評価結果を取りまとめ、会社としてオファーを提示するかの確認を取ります。もし意見が割れそうであれば、関係者を集めて評価会議を開き、議論をするのがよいでしょう。

↓

【Step6】オファー面談・リファレンスチェック

オファー面談とは、その名の通り、入社をオファーするための面談です。**リファレンスチェック**は、候補者について、過去の上司や同僚などにヒアリングする調査です（詳細は第4章で後述します）。この2つは、同時並行で進めます。

オファー面談は、2部に分けて、前半は、自社の役職上位者と話してもらい、にこやかに「握手」をする時間をつくります。少しセレモニー的なものとなっていいと思います。後半は人事部門が、入社に向けた事務的な対応をします。この2つは同じ日にやってしまうことがお勧めです。

ここで、諸条件を明示した「**オファーレター**」のドラフトを提示してもよいでしょう。「ただし、本提示はリファレンスチェックで問題が出ないことを成立の条件とします」などの文言を、念のために入れておけばよいと思います。

並行して進めるリファレンスチェックで、ネガティブな要因がもし出たら、再度面談を組むか、オファーレターを取り消すこともあります。

以上が、本書が主な対象とする、ミドルレイヤー・ハイレイヤーの候補者の採用でよく見られる、面接のプロセス設計のモデルケースでした。

前述したように、これをベースにして、自社と候補者の力関係を見ながら、ケースバイケースでカスタマイズしていけばよいのです。面接の回数を減らしたり増やしたり。同じ日に複数の面接官とのセッションを組んでもいいでしょう。また、どの面接に、誰を面接官として指名するかについても、状況に応じて柔軟に変えていくことが重要です。

真打ち登場のタイミング

「真打ち」は、もともと落語や講談などの伝統芸能の世界で、興行の最後に登場する、最も力量のある演者を指す言葉です。

しかし、採用面接においては、最も力量のある真打ちが最後に登場するとは限りません。たとえば、発展途上のスタートアップなど、採用市場で強者ではない企業においては、会社の役職上位者（意思決定権の大きい立場の人）に、採用プロセスのできるだけ早い段階で登場してもらうことをお勧めしています。

これは、候補者に「自分は重要視されている」と感じてもらうためのシンプルな戦略です。ポジションの高い人物がいきなり登場することで、候補者の企業に対する期待感や信頼度が一気に高まるのは自然なことです。

会社のトップ層には多くの場合、強烈なインパクトや独特の魅力がある人物がいます。そうした人物に早い段階で引き合わせることで、候補者の気持ちをしっかりと惹きつけられることが期待できます。

早い段階で、面接官が「これは良い人材だ」と確信できた場合には、アクセルを踏んで最終判断を急ぐことも一つの選択肢でしょう。

当然、その際には採用ミスのリスクを慎重に考慮する必要があります。しかし、意思決定者が早い段階で出ていくことで、迅速な判断が可能になり、「あとちょっとのところで採り逃した！」というリスクを減らすことにもつながります。

9 ベンチマークの獲得

これまでお伝えしてきた取り組みが進み、ＴＡ（タレントアクイジション）システムが高度化してきたとしましょう。

このような地点に御社が達したとき、さらに面接官の成長を目指すにはどうすればよいのでしょうか。その先には、一体どんな世界が待っているのでしょうか。

ここから先は、質の獲得が重要なテーマとなります。面接の量をこなすことは間違いなく大切です。面接官の技能向上は、スポーツの技術を磨くことと似ていると申し上げましたが、ここから先、面接力をさらに高めてゆくには、面接の一つひとつに意図を込め、さらに深みのある内容へと進化させることが求められるのです。

目指すべきは、ベンチマークを手に入れることです。

採用におけるベンチマークとは、一言でいえば「市場の基準」となるでしょうか。マーケットに今、存在する人材の能力、**経験・知識・スキル**などについて、現実的な目安となる基準を手にすることを指します。

たとえば野球において、バッターは多くの打席に立つことで、投手の球種やコースのクセ、ストライクゾーンなどの感覚が研ぎ澄まされていきます。その中で、たとえば、自分が対峙する投手の中で、「球のキレがいい」とは、どの程度の鋭さや変化の大きさを指すのかといった「基準」が形成され、それが様々な判断を下す際の参照点、すなわち「ベンチマーク」となります。

同様に、面接官も何人もの候補者と接することで、「市場の基準」を感覚的に理解できるようになれば、それがベンチマークを手に入れた状態というわけです。

このベンチマークの存在は、面接官が、様々な判断を素早く正確に下すことを可能にしてくれます。つまり、ベンチマークを基準に、各候補者を比較・評価すれば、「イケてるかどうか」の判断は瞬時に的確にできるようになるのです。

もちろん、ベンチマークは、候補者の働く業界や職種、年齢などによって変わってきます。しかし、「採用のプロ」と呼ばれる人々は案件ごとに、頭の中にしっかりとしたベンチマークを持ち、面談や面接を通じて候補者の市場における位置づけを即座に割り出すことができます。「この人は○○業界の××職として、トップ25％」「あの人は、真ん中の50％あたりか」といった具合に、候補者の相対的な位置づけを明確にしていくのです。


しかし、このレベルに到達するには、面接の数をこなすだけでは足りません。大量の経験をやみくもに積んでいくだけでは、この眼力は獲得できないまま時間が過ぎていきます。では、どのようにしてこの力を身につけていけばいいのでしょうか。

実は、ベンチマークを効率的に手に入れるためのメソッドがあります。それは、特定の「**人材セグメント**」に絞り、その属性の人たちと集中的に会うことです。短期集中で特定の人材セグメントをガンガン掘り下げ、その範囲の中で徹底的に面接・面談を繰り返すのです。

具体的には、まず、狙う人材セグメントを以下の3つの切り口から設定してみてください。

1. 業種
2. 職種
3. 年収ゾーン

例を挙げるなら、「銀行業」で、「営業」関連の職種に従事する、「年収が600万〜800万円」の人材、といった感じです。

これをしばらく集中して会う「人材セグメント」として定義するのです。

ここで考えていただきたいのは、「業種」をどの程度の範囲でセットすることが、ベンチマークとして有意な結果をもたらしそうか、という点です。

たとえば同じ銀行業であっても、消費者向けの貸付業務と、中小企業、大企業向けの融資業務では、業務内容も求められるスキルセットもまったく変わってくるでしょう。また、メガバンクと地銀では、業界内の立ち位置の違いにより、業務などの性質も変わってくるでしょう。

範囲が広すぎれば共通点を見出すのが難しくなり、逆に狭すぎても十分にサンプルが集まりません。

この点に留意しつつ切り取った一定の人材セグメントにおいて、少なくとも5人以上と話をしてみると、そのセグメントの風景が、ぼんやりと見えてくるようになってきます。
さらに続けて、10人ほど（合計15人以上）に会ってみると、自分の中で人材の優劣の基準軸が生まれてきます。このぐらいが平均値だという感覚がつかめ、標準偏差カーブをイメージしたときに、誰が上位で、誰が下位なのか、あるいは誰が真ん中なのかが見えてくるようになるのです。

どのセグメントから始めても構いません。「まずはベンチマークを持つというのは、こういうことか」という感覚をつかむことです。**一度成功体験を得ると、それ以降は人材を絶対値だけでなく、相対値でも把握するという感覚を自然と身につけられる**ようになります。

そこまでたどり着いたらしめたものです。続けて他のセグメントをいくつか掘り下げていくことで、ベンチマークの把握が次第に速くなっていきます。そしてやがて「セグメントに閉じないベンチマーク」を得るという、最終形態へと進化できるでしょう。最初は一つひとつの穴を掘っていたはずなのに、ふと気がつけば目の前に広大な大空が広がっていた。そんな感覚を得ることになるはずです。

イチロー氏はかつて、練習に取り組む姿勢について、「小さなことを積み重ねることが、とんでもないところへ行くただ一つの道だと思っています」[*]と語っていました。

＊ 2004年にメジャーリーグの年間安打記録を破った際の記者会見での発言。

彼は基本的な練習であっても、一回一回に全力を注ぎ、徹底的に質を追求してきました。その姿勢こそが、彼を世界的な選手に育てた原動力です。

面接スキルの向上にも同じことがいえます。プロフェッショナルな面接官としてのレベルを上げていくには、どこまでも終わりのない長い道のりが待っています。

量をこなすだけでなく、一つ一つの面接を真剣に捉え、その質を磨き続ける。そうした小さな努力の積み重ねが、さらに大きな面接官としての成長へとつながるのです。

第4節

エンゲージ・システム

日本企業の採用力の弱さは、「アトラクト」と「エンゲージ」に如実に表れる。候補者のエンゲージを高めるのは、「フロー感」「チャレンジ感」「ドラマ感」「オートノミー感」「フラット感」という5つの体験価値。苦し紛れの報酬アップや、強引な「口説き」は、逆効果となりかねない。

1 5つのエンゲージ

本節では、戦略的にタレントを**アトラクト**し、候補者を**エンゲージ**する方法を解説します。「アトラクト」と「エンゲージ」は、ともに採用の現場でよく使われ、その意味合いには似たところもありますが、厳密には別のコンセプトです。「アトラクト」は、候補者を魅了し、惹きつける「引力」といったニュアンスで使われるのに対し、「エンゲージ」は、より知的で持続的な「相互的なつながり」というニュアンスを含みます。2つの歯車が噛み合うような、より意識的で持続的な関係性を示しているのが「エンゲージ」といえるかもしれません。この違いはどちらが良い悪いということではなく、双方ともに採用においては重要なコンセプトとなりますので、言葉を使い分けながらご説明をしていきます。

採用において候補者をエンゲージすることの重要性は著しく、そしてそれは増してゆく一方です。

エンゲージが現在、採用活動において特に重要視される理由の一つは、「**パッシブな候補者**」の存在です。極めて優秀であるものの、転職の意向のないパッシブな候補者をいかに捕まえ、獲得できるかは、**採用革命**後の人材獲得戦略における最重要課題であり、実現できれば、組織全体に劇的な効果をもたらします。

国内企業の多くの採用ではいまだ、「募集をかけて応募してくる人を候補者として面接する」という受動的なスタイルが一般的です。**ダイレクトリクルーティング**やエージェント経由の採用でも、ほとんどの候補者が転職希望者であることは変わりません。

一方で、海外では、転職に消極的な人を重要なターゲットとし、積極的にアプローチすることは常識で[*]、それは人材獲得の競争力を高めるための基本戦略として据えられているほどです。

また、日本国内でもスタートアップは昨今、パッシブな候補者へのアプローチに多大な力を注ぎはじめています。


「日系企業はおしなべて、候補者のエンゲージが下手すぎる」

少し昔の話になりますが、私は日本の大企業の**CHRO**（最高人事責任者）を集めた勉強会を定期的に開催していたことがあります。少人数制のエクスクルーシブな会です。その場で、外資系大手の要職を歴任した後、とある国内消費財大手の人事トップを務めていた方が、ふとこう語りました。周囲のCHRO陣も深くうなずき、会場の空気が一瞬で引き締まったのを覚えています。


淡々と進む採用面接と、ぶっきらぼうなオファー。躊躇する候補者を見るや突然、激しい〝口説き〟が始まる——そんなツンデレ男子みたいな動きを見せる日本企業が多いのはなぜでしょうか。

この問題には様々な背景があります。日本人は感情表現が苦手だ、控えめを美徳とする。

＊ 2024年の調査によると、米国の労働者の約52％は現在積極的に転職活動をしていない。しかし、その中の54％が、リクルーターからのアプローチがあれば新しい職務への応募を検討すると回答している。このデータは、転職活動をしていない人でも、条件次第で転職を前向きに考える可能性が高いことを示している。
- U.S.Vocational Qualifications and Talent Management Center (2024). *Keeping Pace with the Perceptions of Modern Workers ; 2024 Employ Job Seeker Nation Report*

といった文化的な要因もあるかもしれませんし、そもそも日本企業がエンゲージの必要性を意識していないという指摘もあるでしょう。

しかし、**最大の問題は、エンゲージを「点」で捉えており、「線」として設計できていない点にある**と思います。

つまり、候補者の評価と同様、エンゲージにおいても、個々の面接官の個人技に頼ってしまい、全体としての戦略や一貫性が欠けているということです。面接官が互いに連携して、戦略的に候補者をエンゲージするアプローチが求められているのです。

そもそも転職を考えていない候補者の心を動かすには、強力なアトラクトが必要であることは、言うまでもありません。ここで企業が発揮すべき力を、「**エンゲージ・パワー**」と呼びます。これは、戦略的に候補者を惹きつけ、心からつながろうとする力です。

このエンゲージ・パワーは、第1節の**TA（タレントアクイジション）**システムと並んで、世界標準と日本企業のレベルのギャップが特に大きな分野であり、ぜひとも力を入れて追いつきたいところだと感じています。

エンゲージ・パワーを高める鍵は何か。これを高次元で存分に発揮し、候補者のアトラクトとエンゲージを実践するには、どのようなアクションが求められるのか。ここから詳しく掘り下げていきましょう。

エンゲージメントを高める5つの体験価値の設計

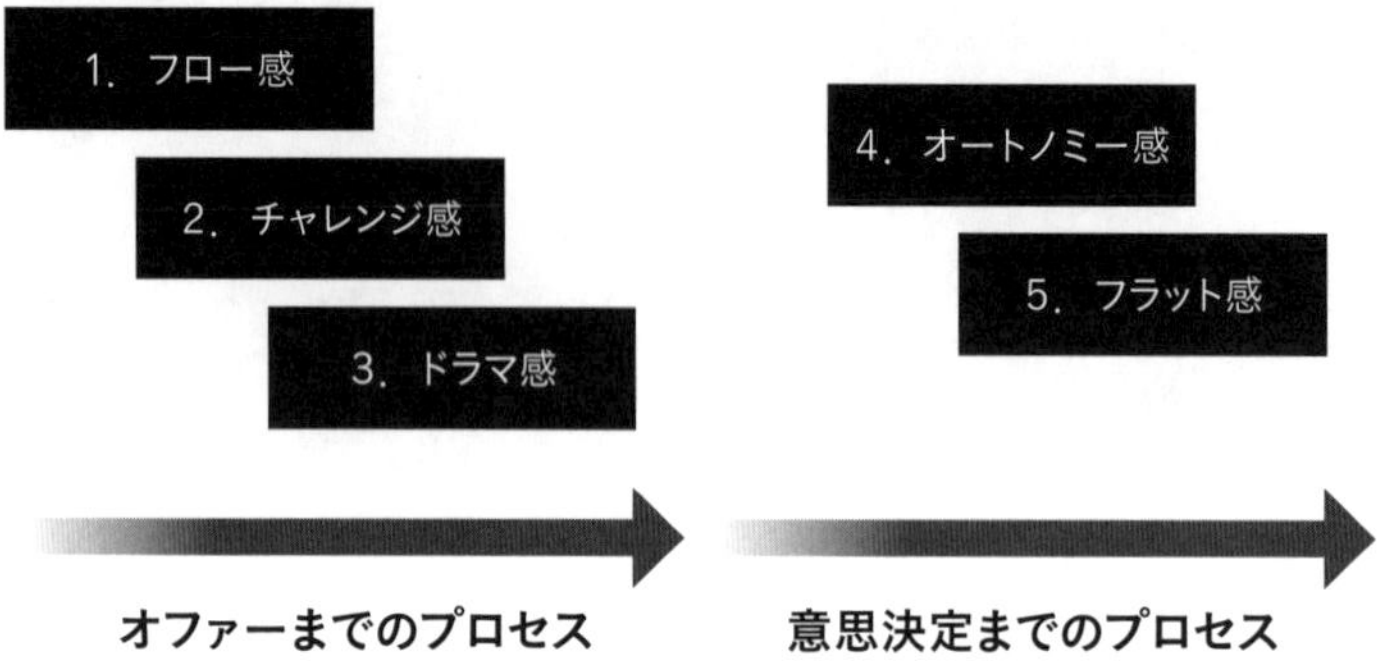

候補者のエンゲージは、次の5つの「**体験価値**」を生み出すことで最大化されると考えられます。

1. フロー感
2. チャレンジ感
3. ドラマ感
4. オートノミー感
5. フラット感

したがって、採用プロセスが進むにつれて、この「5つの体験価値」に基づく「**エンゲージ感覚**」が高まってゆくかどうかが鍵となります。そこを目標に、採用プロセス全体を通して「候補者の体験」を設計するのです。

その方法を、これから順番にご説明していきたいと思います。

2 体験設計1：フロー感

人間は物事がスムーズに、テンポよく進む状況にポジティブな印象を抱くものです。候補者は、企業からのファーストコンタクトを皮切りに、採用プロセスの進み方を通じて、様々な感想を抱きます。その印象がポジティブであれば、候補者の**エンゲージメント**は自然と高まるのです。

心理学の世界に「**フロー体験**」という言葉があります。これは、他のことを忘れるほど何かに夢中になり、没入する感覚を指しますが、物事がスムーズかつテンポよく進む状況には、余計な雑音が入らず、やるべきことに集中できるという意味において、フロー体験に近い心地よさがあります。

採用プロセスにおいても、候補者から見て、必要なステップが無駄なく用意され、それらが次々と、あたかも自分の期待に応えるかのような形で進んでいくのは、気持ちいいものです。やがて候補者は「このプロセスは自分のためにデザインされている」とさえ感じるようになります。このような「フロー感」は、候補者のエンゲージメントを高める上で有効です。

日本的な表現を借りれば、「ご縁」を感じる、ということでもあるかもしれません。テンポよく進むプロセスは、効率的である以上に、「歓迎されている」「自分の価値が認められている」というサインとして、捉えられます。このようなポジティブなサインが積み重なることで、候補者は「これは良い話なのでは」「ご縁なのでは」と確信を深め、最終的な意思決定が、企業に対して好意的な方向へ傾きやすくなります。

また、細かい話になりますが、面接が終わった直後の連絡。これが迅速に行われるかどうかも、候補者にとって重要なサインです。何も連絡がないと、候補者は「自分は忘れられているのではないか」とか「重要な存在ではないのかもしれない」と思ってしまいます。面接の直後に連絡を入れることで、「あなたは、私たちにとって大切な存在です」というメッセージが伝わるでしょう。

次の面接を設定した場合、そのフォローアップも欠かせません。たとえば、面接前日に「心からお待ちしています」といったリマインドのメールを送るだけで、候補者のモチベーションを上げることができます。その際、文面も一工夫できるとなおいいでしょう。ただの確認ではなく、候補者への興味が伝わる前向きなメッセージを送ることで、フロー感が高まります。

一方、企業側のちょっとした事情で、やむなく流れが止まってしまうこともあります。たとえば面接官のスケジュールが合わず、次の面接の予定がちょっと先になってしまったり、候補者を次の面接に進めるべきか迷い、一時的にホールドしたいと考えたりするようなケースです。

そのようなときにも、プロセス全体を管理する採用担当者が機転を利かせることで流れをキープすることが可能です。たとえば、「現状、弊社についてどう感じていますか？軽くお話ししませんか？」といった気軽な対話の機会を設けるだけで、候補者としては、放っておかれたという感覚を抱きにくくなります。次のプロセスが確定するまでの「間を持たせる」という一工夫によって、候補者のフロー感とエンゲージメントを維持することができるでしょう。

3
体験設計2：チャレンジ感

もしかしたら直感とは逆かもしれませんが、2つ目の体験設計のポイントは、あえて面接の強度を上げることです*。これは、面接そのものを単なる選考の場にとどめず、候補者を惹きつける体験に変えることを狙ったものです。

＊ 圧迫面接をするという意味ではない。ここでいう「強度」とは、考えることが求められ、心地よい疲れを感じるような強度という意味である。

企業が優秀なバックグラウンドを持つ候補者と出会った際、「もういいだろう」と判断して、評価面接の強度を軽くしてしまうことがあります。しかし、これは大きな誤りです。面接の回数を極端に減らし、すぐにオファーを出すことも同じタイプのミスです。

候補者に「まだ自分のことをよく知らないのに、いきなりオファーされても……」という戸惑いと疑念が生じてしまい、心理的に距離を置かれる原因となりがちです。

このようなケースは意外によくあり、多くの採用現場で候補者に「チャレンジ感を与えない」というミスが繰り返されています。

企業側が面接の強度を落としてしまう背景には、「確かめる必要がない」「だから、もういい」という以外にも、優秀な人ほど忙しいため「時間を取っては申し訳ない」「途中で逃げられたら困る」といった心理が働くことがあるのかもしれません。しかし、その判断は逆効果となりがちです。

実際のところ、**エグゼクティブ・サーチ**の世界での経験では、尊敬に値する優れた候補者ほど、しっかりと評価面接を受けることを求めている姿が印象に残っています。

優秀な人材ほど、有限である人生の時間を大切にし、キャリアのミスフィットで時間を無駄にしたくないと考えるものです。だからこそ、なおざりな評価で安易に判断されることを嫌い、真剣に向き合う面接を求めるのです。

ぜひ考えていただきたいのは、仕事に困っていない優秀な候補者が、「すぐにでも入れる会社」で本当に働きたいと思うかどうか、という点です。こういった引く手あまたの候補者ほど、自分の価値を真剣に吟味してもらい、その上で評価され、求められることを期待している、というのは、考えてみれば自然なことではないでしょうか。

強度の低い、イージーで表面的な面談ばかりでは、「この企業は本当に自分を理解しようとしているのか？」と候補者に疑念を抱かせてしまいます。深掘りされた質問や挑戦的な問いが続くような、「やりがいがある」という意味でエキサイティングな面接がなければ、かえってエンゲージメントが下がってしまうのです。

心理学的にも、適度な挑戦を伴う体験は「達成感」をもたらすとされています。このチャレンジ感を面接に組み込むことで、候補者は企業に対して信頼感を深め、また自身のスキルや価値観が企業文化とマッチしていると確認することもできます。

ですので、優秀な候補者であればあるほど、あえて強度の高い面接を実施しましょう。脳に汗をかくような体験を提供し、それをクリアした際の達成感を得てもらうことで、候補者のエンゲージメントを高めることができるのです。

4 体験設計3：ドラマ感

さて、いよいよ意中の候補者に採用オファーを出すときがきたとしましょう。

候補者にとっては、採用プロセスの最終コーナー。ある種のクライマックスともいえる体験となります。候補者のエンゲージメントを最大化するためには、このオファー体験にひと手間を加えることも重要です。単なる条件提示にとどまらず、「この企業は自分を大切にしてくれている」と、候補者が実感できる瞬間をデザインする。この「ドラマ感」は、入社後のモチベーションにつながるだけでなく、オファーの受諾を左右する決定的な要素にもなります。

採用のオファーにはもちろん、報酬といった条件の提示も含まれますが、エンゲージメントを高めるためには、感情に訴えかける要素が必要です。採用とは、人と人との関係性の始まりなのですから。

とあるバイアウト・ファンドでのエピソードです。

近々買収予定の企業に新しい社長として迎える人材を探していました。このファンドを率いるパートナーが、最終候補の最終面接の場所として選んだのは、東京・大手町のパレスホテルのラウンジでした。

2人で15分ほど、ラウンジでお茶を飲みながら話した後、パートナーは、おもむろに候補者を散歩に誘い、2人は皇居のお濠沿いを一緒に散歩します。お濠沿いを一周してラウンジに戻ってきたときには、候補者はオファーを受け入れる決意を固めていました。

後日、その候補者に伺ったところによると、散歩に出る前の時点では、このオファーを受けるかどうか、気持ちは五分五分だったそうです。


こうした「記憶に残るオファー・ストーリー」を耳にすることが、エグゼクティブ・サーチの世界ではたびたびありました。報酬などの条件がすべてではなく、その場の雰囲気やシチュエーション、ある種の「ご縁」の感覚が、候補者の心を大きく動かすことは多くあります。

皇居のお濠沿いを散歩する2人の姿を思い浮かべると、まるで映画のワンシーンのようです(少し大げさに聞こえるかもしれませんが)。こうしたしつらえが候補者の最終的な決断に影響を与えるケースは、少なくありません。

感情を伴う記憶は長期的に残る傾向があることは認知心理学の研究で実証され*、意思決定に大きな影響を及ぼすと考えられます。

「採用条件を提示する」だけでなく、たとえば、「その候補者個人の体験や価値観に寄り添ったメッセージを添える」ことで、そこに感情が生まれます。その結果、オファーは候

* ERP(事象関連電位)を測定した脳波検査などからも、感情的な記憶がニュートラルな記憶よりも時間の経過に対して強い耐性を持つとされる。
- Mathias Weymar, Andreas Löw, Alfons O Hamm. (2011). *Emotional memories are resilient to time: evidence from the parietal ERP old/new effect.* Hum Brain Mapp. 2011 Apr

補者の記憶に強く残るものとなるのです。

オファーに工夫を凝らす企業の一例として、営業職支援のクラウドサービスを手掛ける**ナレッジワーク**があります。

リンクアンドモチベーションを経て、このスタートアップを立ち上げた社長の麻野耕司氏の採用手法には目を見張るものがあります。

彼は、候補者にオファーを出すとき、特別なプレゼン資料を作成します。その中にはもちろん具体的な条件も含まれていますが、メインとなるのは「あなたがうちの会社に来るべき理由」です。内容は、まるでラブレターのような「エモさ」に満ちていて、候補者の感情に訴えかけてきます。

かつて栗山英樹監督率いる北海道日本ハムファイターズが、大谷翔平選手を勧誘する際に用意した伝説のプレゼン資料「夢への道しるべ」に似ているといえば、分かりやすいかもしれません。

こうした感情に訴えるアプローチが功を奏しているのでしょうか、ナレッジワークは現在、トップクラスの人材が集まる「人材のバキューム装置」のような存在になっています。

どちらの例でも共通しているのは、すごく特別なことをしているわけではないということです。コストもほとんどかからず、ほんのひと手間で十分なことで違いを生んでいます。

このように、オファーの演出は、単なる付加価値ではなく、候補者の最終決断を左右する戦略的要素として位置づけるべきです。その設計には、

1. 候補者個人の価値観や背景への深い理解
2. 伝えたいメッセージの明確化
3. 適切なシチュエーションの選択
4. タイミングの見極め

が重要です。**形式的な条件提示から一歩踏み出し、候補者の人生の転換点にふさわしい特別な瞬間を創出することで、採用成功の確率は大きく高まる**のです。

5 体験設計4：オートノミー感

採用プロセスにおいて、企業やエージェント側の意向が強く出すぎると、候補者は「自

分の意思が尊重されていないのではないか」と感じ、不安を覚えることがあります。これは、心理学でいうところの「オートノミー（自律性）」の欠如であり、自己決定の感覚が脅かされているものと理解できます。

人間は何事も、自分の意思で決定し、選択していると感じることに満足や安心を覚えるものです。

学校で、「この課題をやりなさい」と命じられるより、「この中から好きなテーマを選んで調べましょう」と選択権を与えられた方が、やる気になりやすいことと、似た話です。会社でも、上司から「これをやりなさい」と指示されるより、「A案とB案のどちらにするかは、あなたに任せる」と言われた方が、意欲は増します。

いずれも選択権があることで、「自己決定感」が高まるからです。

サッカーの話ですが、かつて指揮を執った歴代のクラブで、ことごとく頂点を取った、ジョゼ・モウリーニョ監督の逸話があります。[*1]

とある試合のハーフタイム、かろうじて先制点を決めた直後のことでした。相手がワントップをツートップに切り替え、ディフェンダー2人のモウリーニョのチームにプレッシャーをかけてきました。この難しい局面で、[*2] モウリーニョは選手たちにこんなふうに語りかけます。

「ディフェンダーをもう1人増やして、2対3で守ることはできる」

＊1. 以下の文献にあるエピソードを、若干の脚色を加えて対話形式で再現した。
― ルイス・ローレンス、ジョゼ・モウリーニョ、フットメディア（西竹徹）訳（2006）『ジョゼ・モウリーニョ』講談社

＊2. 現代サッカーでは、強い相手が攻めてきた局面を数的同数で挑む戦術は、非常にリスクが高いとされている。その理由は、技術やスピード、判断力で優れる選手が多い相手チームに対し、同数で対応するのは難しく、個の力の格差によって突破される可能性が高いからだ。また、数的優位をつくらないことで、守備の連携が崩れやすく、相手にスペースを与えてしまうリスクも大きくなる。そのため、特に強敵に対しては、守りで数的優位を確保することが、一般論としては重要とされている。

「または、2対2のまま勝負し、1人を前に使って、点を取るために攻撃的になることも選べる」

「俺たちはこのままでいいのか、本気で勝ちたいのか？」

そこで、守る2人の選手の目を見て、こう尋ねます。

「お前は、どうしたい？　ツーオンスリー（2対3）か、ツーオンツー（2対2）か！」

心に火がつけられたその2人は躊躇なく、静かにこう答えます。

「もちろん、ツーのままでいく」


これがモウリーニョでなく、月並みな監督だったら、きっとこんな感じでしょう。

「はいー、後半もツーバックでいくよー。しっかり準備してー」

このエピソードが表現する、完璧なオートノミー感をつくり出す名将の技。そのポイントをまとめると、以下のようになります。

1. 選択の自由

モウリーニョは「どうしたい？」と選手に問います。自分の行動や決断が他者から強制されているのではなく、自ら選んでいると感じることが、オートノミー感の源泉です。

2. 内発的な動機づけ

モウリーニョは「勝ちたいか？」と問いかけることで、選手の内面に本来ある、純粋な欲求をかきたてています。行動の理由が外部からの報酬や圧力ではなく、自分の価値観に基づいていることが、オートノミー感を高めます。

3. 尊重される感覚

モウリーニョは、答えをセンターバックの選手たちに委ねています。その姿を他の選手たちも見守っていたでしょう。自分の意見や選択がチームから尊重され、認められていると感じること。この瞬間、オートノミー感は最高潮に達したと考えられます。

これを採用に置き換えるなら、候補者に選択を委ねる姿勢が、いかに重要か。その選択を、内発的な動機づけで下すよう促し、その結論を尊重しましょう、ということです。

たとえば、先ほどのナレッジワークの麻野氏に倣って、最終オファー面談に、候補者の将来のキャリアの可能性を示すプレゼン資料を用意したとしましょう。その際、次のように伝えることで候補者の自己決定感を高めることができます。

「今の会社に残るという選択も素晴らしい判断かもしれません」
「一方で、もし当社を選んでいただければ、ここに示したメリットをお約束できます」
「最終的には、あなた次第です」
「私たちはただ、あなたが、あなたの人生にとってベストな判断をされることを願っています」

このように候補者に選択の主導権を譲ることは、一見すると消極的に映るかもしれません。しかし、これこそが真の強さを持つアプローチなのです。なぜなら、自らの意思で選択したという実感は、その後の強固なコミットメントを生み出すからです。「押される」のではなく「選ぶ」という体験。それは入社後の高いモチベーションや長期的な定着、さらには企業への深い信頼につながっていきます。

このオートノミーを重視した採用は、次に続く「フラット感の設計」とともに、企業側の根本的なマインドセット変革を求めます。それは、まさに新時代の人材獲得における必須の要件なのです。

6 体験設計5：フラット感

オファーを出した後、決断に迷っている候補者がいたとします。あなたは、採用担当者として、その人と話す機会を得ました。どう語りかけるでしょうか？

このとき、企業側はしばしば「オファーを受諾させる」という自分たちのビジネス上の目的に集中しがちです。しかし、このアプローチは、候補者に不信感を抱かせるリスクがあります。

オファーをもらって迷う候補者と向き合うときこそ、やはりエンゲージが重要になります。

ここで大事なのは、**「一人の人間」として、また「相談するに値する相手」として、候補者の信頼を得る**。ということ。そのためにいったん、自分たちのビジネス上のアジェンダやインセンティブは脇に置き、あたかも候補者の友人にでもなったような気持ちで、候補者について考えてみてはどうでしょう。

ポイントは、「フラット感」にあふれた対応です。これを「帽子を脱いで話す」と表現することもあります。

「ちょっと、『会社の人間』という帽子を脱いで、個人としてお話ししていいですか」

そう前置きをして、採用面接官としての立場や役割を一時的に忘れ、候補者に寄り添ったニュートラルな立場に切り替えて、一個人として心から思ったことを候補者に話してみるのです。

嘘偽りなく、「会社の帽子」を脱いで話すことが鍵となります。候補者が抱えている不安や葛藤に誠実に耳を傾け、純粋に共感を伝え、「あなたにとって何が最善なのか」を、フラットな立場から問いかけるのです。このようなアプローチは、候補者に対し、面接官はもちろん、面接官の所属する企業が自分を大切に扱っているという印象を与え、信頼感を高めます。

フラットなコミュニケーションを取るときに効果的なキーワードとしてもう一つ、「フィット＝相性」があります。

たとえば、「個人的な感想ですが、（あなたと弊社は）とても相性がいいと感じました」と、面接の最後に伝えられたら、候補者はどう感じるでしょうか。きっと心に響くはずです。「個人的な感想ですが」「個人的に思うんですが」といった前置きも大事で、「（会社の人間という）帽子を脱いで」と同様、フラットな自然体での感想を伝えるシグナルとなります。

その上で、「私はあなたとフィットを感じました」と言葉にして伝えられたら、どうでしょう。誰でもグッとくるのではないでしょうか。

7 実行の鍵はマンマーク

以上、5つのエンゲージ感覚を高めるための方法について述べてきました。

メソッドやテクニックを多く紹介してきましたが、結局のところ、エンゲージにおいて最も重要なのはヒューマニティーです。

転職はその人の人生を左右する重大な意思決定であり、家族をはじめ様々な関係者の期待や懸念、利害といった要素が背後で絡んでいます。このようなデリケートな局面で候補者に本音を明かしてもらえるかどうかは極めて重要です。その信頼を獲得できるかどうかは、こちらがどれだけヒューマニティーを示せるかにかかっています。

人の言葉が本当に効果を発揮するのは、心から真摯に語りかけたとき――面接官の純粋な想いをそのまま伝えられた瞬間こそが、最もインパクトのあるエンゲージとなるのです。

しかし、ここでやはり気になるのが、そこまでのことができる面接官がどれだけいるか、どうやってこのクオリティを管理するか。だと思います。

実戦的な一つの方法として、「**マンマーク制**」というアプローチがあります。

これは、候補者一人ひとりに専任の担当者を割り当て、その候補者の採用プロセス全体を一人がサポートするやり方です。イメージとしては、候補者のスタートからフィニッシュまで伴走する人。企業とのやりとりのすべてを一貫してサポートするのです。

このアプローチのメリットは、担当者にオーナーシップが生まれることです。「この候補者」の満足度を上げることが担当者の目標となるので、「5つのエンゲージ感覚」の向上につながるのはもちろん、候補者が「自分はワン・オブ・ゼムに過ぎない」と感じにくくなります。

もちろん、一人でたくさんの候補者を担当することは大変ですが、それでもマンマーク制であれば目は届きやすく、各候補者が「自分は特別だ」と感じられるような工夫は可能です。

ただし、「マンマーク制」を、すべての候補者に適用する必要はありません。マネージャー層やハイレイヤー層の優秀な人材に限定して導入するだけでも、非常に効果的です。もちろん、それすら予算や人的リソースの制約があって難しいというケースもあるでしょう。

しかし、考えてみてください。マネジメント層ともなれば、優秀な人材が採用できれば、企業価値を数億円単位で変えるほどのインパクトを持つ可能性があります。そう考えれば、一人の従業員の勤務時間から月に数時間ほど、有望な候補者のマンマーク活動に充てることは、十分に元が取れる投資ではないでしょうか。

仮に、その候補者と高級ホテルのレストランで10万円の食事をしても、それで得られるリターンが大きければ、問題ではないはずです。

優秀な人材を獲得することの価値を、ぜひ費用対効果の観点から考えてみてください。そのとてつもないインパクトの大きさを思えば、採用プロセスにひと手間、ふた手間かけること、候補者の繊細な心理を慮って丁寧に採用プロセスを進めることには、大きな価値があるとお分かりいただけるでしょう。そのひと手間が、企業の未来を大きく左右するのです。

8 マネー勝負はアリか

エンゲージを目的にしたアクションが、逆にマイナスの効果を生むケースもあります。その代表例の一つが、「**条件アップ**」という罠です。

オファーを出す前後で企業が最も悩むのは、候補者から金銭的な要求があるケースです。特にインドや東南アジアなど、経済成長が著しい地域では、こうした交渉が頻繁に行われています。

日本では、お国柄も影響しているのか、候補者が自ら金銭的な交渉を持ちかけるケースは比較的少ないようです。しかし、パワーバランスが候補者側に傾き、エージェントが介入している場合は、その限りではありません。

たとえば、「年収1200万円プラスボーナスで採用したい」と提示した際に、エージェントから「他社はもう少し高い額を提示しているようです。1500万円まで上げられませんか？」と持ちかけられることがあります。

このような場合、どうしても欲しい人材だから、その300万円の条件アップをのむべきか、それとも会社の報酬スタンダードに従って断るべきか、難しい選択を迫られることになります。

このようなケースに対する正解は一つではありません。ただし、「報酬に例外を認める」ことは、後々ネガティブな結果を招く可能性が高い点に注意が必要です。

一度決定した額が、面接を通して候補者を評価し、その評価結果を自社の人事制度や報酬規程と照合した結果導き出されたものなのであれば、基本的にはその提示条件を貫くべきだと考えます。無理に報酬を上積みして社内の規程から外れたり、バランスを歪めたりすることは、長期的に見て良い結果を生みません。

その理由は2つあります。

1つ目のリスクは、「条件アップをのんでもらった」という情報が社内で広まる可能性です。これは、モラルハザードの問題につながります。

経営陣や管理職の多くは、報酬のようなプライバシー情報が社内で共有されることはないだろうと考えがちです。しかし、実際には具体的な金額まで出回らなかったとしても、「条件交渉したら報酬が上がった」という話は広まりやすいものです。特に、一般スタッフレベルの間で報酬情報が広がる速さは、時として驚くべきものがあります。

こうした噂が広まると、社内のコラボレーションが阻害されるだけでなく、企業文化を棄損するリスクも生じてしまいます。

2つ目のリスクは、例外的に高い報酬で採用された人材が、自分を過剰に評価し、入社後にトラブルを引き起こす可能性です。

高額な報酬でオファーを受けた人材は、入社後も「例外扱い」が続くことを期待しがちです。その中に、自分の年収が今後も例外的に上がっていくことが含まれることもあります。一方、企業側は、入社時こそ特例で高い報酬を提示しても、その後の昇給については社内規程に従おうとするため、期待に応えられないケースが多くなります。このギャップが、不満を生む原因となります。

さらに、高額な報酬によって「自分は特別だ」という認識が強まると、過剰な自己評価によって、仕事に対する真摯な姿勢が損なわれたり、不遜な態度が表れたりすることもあります。その結果、組織内の調和が崩れ、本人の早期退職につながるケースも少なくありません。

高額な報酬を自分の実力の証しだと考え、そこに強くこだわる人は確かにいます。しかし、それが本人にとって、企業にとって、本当に有益なのか、複眼的かつ長めの時間軸で見極める必要があるのです。

とはいえ、現実的に競合他社との提示額の差がどうしても埋まらない場合もあるでしょう。それでも、どうしても採用したい候補者が現れたとき、どのように対処すべきか悩む場面がやってくることは避けられません。

そのようなケースでは、「**サイン・オン・ボーナス**」の活用を検討することをお勧めします。

サイン・オン・ボーナスは、通常の報酬とは別に入社時に支払われるもので、「入社一時金」「入社祝い金」などと呼ばれることもあります。

サイン・オン・ボーナスを活用すれば、たとえば、自社が年収1200万円のオファーを出しているのに対して、競合他社が年収1500万円を提示している場合、その差額の300万円を一時的なボーナスとして支払い、初年度は競合と同水準にすることが可能です。

この方法で、候補者に「トータルとして1年目の待遇は競合と同じだ」と納得してもらうことができます。その上で、「2年目以降は、ご自身の実力で基本給を1500万円に引き上げるよう努力してください」と伝えるのがいいでしょう。これにより、エンゲージメントを保ちつつ、企業の報酬体系の一貫性を維持し、なおかつ候補者に入社後の目標を提示することができます。

いずれにしても、意識としては候補者を報酬で「釣ろう」としないことです。そもそも、人を「釣る」という発想自体が歪んでいますし、候補者は「獲物」ではありません。薔薇の香りで魅了（アトラクト）したつもりが、美しい蝶を炎で燃やし尽くすような、残念な結果になりかねません。

9 勘違いのエンゲージ

エンゲージのために、よかれと思ってやっているのに、逆にマイナスの効果を生んでしまう落とし穴として、もう一つよくあるのは、「アピール」してしまうことです。

「**アトラクト面談**」を設定しよう。という話も、最近はスタートアップなどの採用現場では、よく耳にするようになってきました。そもそもアトラクトやエンゲージなど、何も考えていない企業が多くあることを考えれば、素晴らしいとも思えますが、そこにも落とし穴はあるのです。

「アトラクト面談」は、何としても入社してほしい候補者に対し、クロージングの局面において設定されるのが一般的です。

しかし、この「アトラクトしよう」というかけ声が曲者です。ここで、多くの企業が犯してしまう致命的なミスは、アトラクトを「アピール」と混同してしまうことです。

「しっかりアトラクトしてきました！」と自信満々に帰ってきた面接官に、その面談の内容を具体的に聞いてみたら、「会社のアピール」と「強引な口説き」ばかりをマシンガンのように浴びせていた。といった具合です。これでは、アトラクトの意味を根本的に誤解しているのではないかと疑わざるをえません。

「アトラクト」に対応する日本語が「魅了する」であるのに対して「アピール」は「懇願する」ことを指します。

この違いを考察するなら、「アトラクト＝魅了する」という行為は、あたかも磁力を発するかのような、自然に人が引き寄せられる牽引力の発揮であるのに対し、「アピール＝懇願する」という行為は、相手に自分の意向を伝える説得的なコミュニケーションで、ある種の押しつけがましさを伴います。

結果として、マシンガンのようなアピールトークには、候補者に「この会社は本当に自分のことを見ているのだろうか?」と疑念を抱かせるリスクがあります。

アピールそのものは悪いことではありません。しかし、過剰な自己アピールが好まれないということは、誰もがよく知るところでしょう。自信過剰にも見えるほど強引なアピールの裏には、得てして自信のなさが見え隠れするものです。

特に、採用市場において弱者であることを自覚する企業ほど、自社の魅力や優位性を熱く語ってしまうのが悲しいところです。

よかれと思って頑張った結果、候補者がしらけてしまうという、「下手なナンパ」と似た状況に陥ってしまいがちなのです。そして、最悪の場合、怪しい新興宗教に勧誘されたような印象を与えてしまうことすらあります(例え話ではなく、そういう感想を実際に候補者から聞いたことがあります)。これではアトラクトどころではありません。

論破の虚しさ

もう一つよく見られるミスとして、アトラクトを「説得」と誤解してしまうケースがあります。

たとえば、候補者が2社からオファーを受けて迷っている、あるいは、今いる会社を辞める決心がつかない、家族の反対に直面して転職に踏み切れない——といった状況にあるとしましょう。

こうした場合、企業側が「アトラクトしよう」と意気込むあまり、候補者を「論破しよう」としてしまうことがあります。

たとえば、「迷っているとおっしゃいますが、提示している報酬はうちの方が上ですし、○○の条件も、××の条件も、うちの方が合致していますよね」などと、ロジカルなファクト比較で説得しようとするケース。あるいは、「ご家族の反対といいますが、結局、あなたの人生ではないですか。あなたのキャリアを決めるのは、あなた自身じゃないのですか？」といった、ある種の正論を持ち出すケース。

いずれも「理屈」が通っていないわけではありませんが、だからといって、候補者の内面にある思いやプライベートな事情をばっさり切り捨ててしまうのは、いかにも乱暴な発言です。一見、合理的な主張であっても、候補者からすれば「そもそも、あなたに問題解決を求めていない」「他人にとやかく言われる筋合いではない」という話です。

こうした「論破」の姿勢は、かえって候補者との関係性を損ねるリスクがあります。アトラクトとはロジカル一辺倒の説得ではなく、候補者の気持ちに寄り添い、共感を通じて信頼を得ることが本質です。

老子は「無為自然」を説きましたが、採用では「説得しようと思った時点ですでに負けている」のです。企業の役割は、候補者が自分の心で考えて納得し、選ぶ決断ができる環境を、プロセスを通じてつくることなのです。

他社比較への対応

加えて、さらに絶対に避けるべきなのは、他社の批判です。

候補者が「もう一社、A社も検討しています」と打ち明けたときに、「うちの会社の方がいいですよ」とアピールするのはまだしも、「A社はやめた方がいい」「あの会社の戦略は間違っている」と他社を否定するのは、候補者に大きな不信感を与えます。

候補者にしてみれば、自分なりに「よい」と感じている企業を否定されるのは、決して気持ちのいいものではありません。

また、候補者が他社を検討していることを正直に話してくれたのは、一定の信頼を寄せているからこそでしょう。その誠実な姿勢に対して批判で返すことは、関係性に冷水を浴びせるような行為です。

理想的な対処法は、他社という選択肢を肯定しながら、考える材料を提供し、候補者に判断を委ねることです。

「A社、素敵な会社ですよね。ただ、こういった視点もあるかもしれませんので、一度確認されてみてはいかがですか？」と、さらりと留意点を示唆する。それ以上の深い言及は避け、「でも、A社も良い会社ですからね」と軽く触れる程度にとどめる。といった方が、むしろ信頼感を深めることができるでしょう。「選ぶのはあなたです」という言外のメッセージが、相手を尊重する姿勢を伝えることになります。

お願いはアリか

アトラクトにおいて、稀に起こるミスの一つに、自社の窮状をそのまま伝えてしまうケースがあります。よほどのキャラの面接官だったり、突き抜けた企業カルチャーが背景にあったりすれば別ですが、「困っています」というアピールは、ほとんどの場合、逆効果になります。

たとえば、ある企業が採用の責任者を募集しているとします。そのポジションが空席のせいで、人手不足が著しく、現場が回らない状況に陥っているとしましょう。ここで、「あなたが入ってくれないと、もう現場が回らなくて困ってしまうんです」と伝えることが、果たしてアトラクトになるでしょうか？

「困っている私たちを助けてください」というメッセージが、候補者の責任感を刺激する、という思惑なのかもしれません。しかし、実際にそう言われた候補者は、「そんなに困っているのか」と驚くと同時に、「なぜ、これまで誰もこのポジションを引き受けなかったのだろう？」と疑念を抱いたり、「何か、隠れた深い問題があるのでは？」と不安を募らせたりする可能性の方がずっと高いでしょう。

こういう場合、焦点をポジティブな未来に向け、ポジティブ変換するべきです。たとえば、次のように伝えるといいでしょう。

「あなたが採用責任者になってくれたら、現場の動きが加速し、我が社は今までにない成長のステージに上がることができます。これは、あなたにとっても大きな挑戦であり、リーダーシップを発揮する絶好の機会になると思います」

重要なのは、「困っている」といったネガティブな表現を避け、「あなたが加わることで実現できる明るい未来」を語ることです。プロブレムに焦点を当てるのではなく、「あなたにとってのポジティブなオポチュニティー」として伝えることで、候補者は、その課題に関わることへの意義や、やりがいを感じやすくなります。

なお、先ほどのようなケース（現場も回らないほど困っているケース）では、オファーを提示する際、企業側は候補者からの回答が一刻も早く欲しくなるものです。回答期限について、どう考えるべきでしょう。期限を設定するべきでしょうか。

候補者の心理からすると、期限を切って回答を促されることは、「困っているんだな」という以上に、「Ｎｏと答える選択もあるんだな」という印象を与えてしまいますので、オファー提示のタイミングではあまりお勧めしません。

そもそも、採用プロセスを通じてエンゲージをしっかり実行できていれば、オファーを出した時点ですでに「握れて」いるはずです。**オファーレター**を出したなら、回答期限には触れず、ただ状況をフォローして見守りさえすればよいと考えます。

最後に触れておきたいのは、ここまで述べてきた「アトラクトのミス」「勘違いのエンゲージ」をやりがちな人は誰か。ということについてです。

悲しいお知らせかもしれませんが、これらをやってしまいがちなのは、あまり採用に慣れていない事業部門の面接官などではなく、むしろ採用のプロフェッショナルであるべきTA（タレントアクイジション）チームのメンバーだったりします。

専門組織であるTAチームは多くの場合、**KPI**（重要業績評価指標）を設定され、採用においてイニシアチブを取ることを求められます。それが、優秀な人材獲得を加速させる半面、成果を急いでしまうというTAシステムの裏側に発生しがちな「影」の部分ともいえるでしょう。

「ここまできて、この候補者を逃すわけにはいかない」「採用目標が達成できず、評価が下がる」といったプレッシャーもあれば、事業部門の責任者から「早く人を入れてくれないと業務が回らないよ」と急かされることもあります。

そうした圧力の中で、たとえば、最終段階まできた候補者が「迷っています」と打ち明けたとき、TAチームの採用担当者は焦ってしまいがちなのです。

その結果として、皮肉にも強引な口説きに入ってしまい、せっかく築いてきた候補者との信頼関係を壊してしまうのです。

焦ったときこそ、立ち止まって考えましょう。エンゲージの本質は候補者との心のつながりを深めること。そしてその核心はヒューマニティー、人としての誠実さにあります。

10 上級者の秘術

エンゲージについて、ここで「上級技術」と呼ぶべきものを取り上げることがいいのかどうか、正直、悩ましいところです。

読み手の解釈によっては真意が伝わらず、誤解を生むリスクがあるのも否めません。また、一般的な採用プロセスでは必ずしも必要とされないテクニックかもしれません。

それでも、あくまでご参考程度にということでご容赦いただき、この「上級技術」を書き留めておきたいと思います。採用におけるエンゲージメントの深みをちらっとのぞく機会として、お役立ていただければ幸いです。

私自身、エグゼクティブ・サーチの世界で長年仕事をしてきた中で、多くの先輩方から学びを得るとともに、自らもいくつかの転職を経験しながら、この知見を磨いてきました。

以下にお伝えする内容は、特にトップタレントやエグゼクティブ層をターゲットとする際に、その真価を発揮するものです。
大きく分けて、2つあります。

1つ目の技術、それは「押す」と「引く」のコントロールです。
採用プロセスをエンゲージの観点で整理すると、概ね3つのステージに分かれます。

1. 出会いから面接
2. 本格的な面接
3. オファー

まず1番目のステージは、候補者との出会いからカジュアルな面談を経て、面接の意向を引き出すまでです。ここでは軽い「プッシュ＝押す」モードが有効でしょう。つまり、積極的に「押せ押せ」でアプローチするタイミングです。「うちの会社に来ませんか」「ぜひ一緒にやりましょう」といった具合に、少し強めの言葉で誘い、候補者を波に乗せることが理想です。

誘いに乗ってもらえたなら、2番目のステージ、つまり本格的な面接の段階に入ります。このタイミングでは、少し「プル＝引く」モードに切り替えることが推奨されます。あくまで心持ち程度ですが、ここで「引き」の姿勢を見せることは肝要です。

なぜなら、最初の出会いからずっと「一緒にやりましょう！」というプッシュ一辺倒が続くと、候補者の中に一瞬、熱が引き、冷静さが戻る瞬間が訪れるものだからです。その前に一度、こちらから少し距離を置き、「互いに冷静になった瞬間」を演出する方が、長い目で見て効果的でしょう。ただし、完全に興味を失ったとは思われたくないので、そこの塩梅には注意が必要です。

面接に応じてくれたからといって、勢いに乗るあまり、「プッシュ」モードを続けていると、候補者は「このままで本当にいいのかな？」と思いはじめたり、「この人たち、調子がよすぎるんじゃないか」と懸念を抱いたりすることがあります。特に、他にも選択肢を持っている優秀な人材ほど、その傾向があります。

そして3番目のステージ、オファーを出す段階では、「押す」と「引く」のミックスが重要になります。

経験上、オファーを出す前後では「押せ押せ」モードの企業が多いのですが、直感に反して、「プッシュ」が強すぎるとうまくいかなくなりがちです。候補者がふと冷静になり、その瞬間、気持ちが離れてしまうことが多いのです。

特に優れた候補者ほど、急に「いかん、いかん、流されていないか」「もう一度よく考えなければ」とブレーキを踏んでしまうように感じます。

こうした事態に陥らないためには、究極の「プッシュ行為」であるともいえるオファー提示の直後に、しっかりとモードチェンジをすることが、上級技術だといえます。「押す」から「引く」へ、巧みに切り替えるのです。

押し続けたい気持ちを抑えつつ、企業側の方から「ちょっと立ち止まってみましょうか。あなたにとって、この仕事を引き受けることが本当にベストな選択なのか、しばらくじっくり考えてみてください」と、候補者へ申し出るようなアプローチも、試してみると意外に効果的です。

候補者が他社との間で迷っているときも、「うちの方がいい」と押し通すのは上策ではありません。

「迷われるくらいですから、きっとその会社も素晴らしい会社なのでしょう。もしそちらを選ばれるなら、残念ですが理解します。大事なことは、あなたにとって最良の選択であることです」

と、少し「引き」のトーンで、候補者の判断を尊重する姿勢を示せるといいでしょう。「いったん突き放す」とまでは言いません。少しテンポを変えるようなイメージを持っていただくのがコツかもしれません。候補者が内心、「おや？」と思うくらいが、ちょうどいいでしょう。

優秀な候補者ほど、押し引きのバランスから相手の人間性を推し測るもので、良い塩梅でできれば、信頼の獲得につながり、最終的にオファーを承諾する可能性が高まります。例えるなら、良いＤＪが緩急をつけた選曲で会場を手玉に取って、最後にドッカーンといくような、あの感じが演出できればしめたものです。

２つ目の上級技術。それは、「ユー・アンド・アイ（Ｙｏｕ ＆ Ｉ）話法」の技術。と、私は呼んでいます。それは、「あなたと、私で」というトークを繰り出すことです。前提として、フラットに話せる関係となっていることが必要です。前述したように、「会社の人間」という帽子を脱ぎ、個人としての本音を誠実に語ることで、候補者の心に響く言葉を伝えられる関係性に変化します。一人の人間として心から話す。何を伝えるにせよ、それが、相手の心に届く伝え方の基本です。

このモードチェンジができた上で、さらにインパクトのある一手を求めるならば、最終的にたどり着くのはこの「Ｙｏｕ ＆ Ｉ」話法です。意図的に、「Ｗｅ＝私たちで」と複数形にまとめるのではなく、「Ｙｏｕ ＆ Ｉ＝あなたと、私で」という単数形の主語を２つ並べて話すことがポイントです。このシンプルな主語の使い方が、呼びかける相手の心理に与える影響は大きなものです。

理想的には、この技術を使うのは、会社の創業者か社長がいいでしょう。そのことで、「Ｙｏｕ ＆ Ｉ」の先に続く言葉の重みは一層増します。

「あなたと、私で、こんな未来をつくりましょう」
「あなたと、私で、このプロジェクトを成功させましょう」
「あなたと、私で、この目標を達成しましょう」

創業者や社長でなくとも、候補者の目に「ラスボス」と映るキャラなら任せていいと思います。「Ｙｏｕ ＆ Ｉ」で未来を語ること。それは、究極の口説き文句。言われた側の心は、思わずギュッとつかまれます。それは一方的な説得ではなく、他の誰とでもなく、この人とともにこの先に続く道を歩みたいという約束です。その約束の瞬間、２人の間に強いエンゲージメントが生まれるのです。

自分語りで恐縮ですが、私自身、この「Ｙｏｕ ＆ Ｉ」の言葉に心を揺さぶられた経験があります。

それはＺＯＺＯ社長（当時）の前澤友作さんから、新規事業のリーダーとしてお誘いをいただいていたときの話です。

その年の暮れ、私はハワイ島に来ていました。前澤さんからの招待でした。彼の会社への転職の話が持ち上がってから数カ月がたっていましたが、私の中では結論が出ないままでした。

「よければ年末年始、遊びに来ませんか」。そんな言葉に、私は簡単に背を向けることはできませんでした。

数日間、私たちは時をともにしました。笑い、語り合い、その合間にも、私の頭の中では迷いが渦を巻いていました。

最後の日の夕食の前でした。私たちはプライベート・ビーチへ出かけます。そこにはパラソルの下にテーブルが一つ。ヴィンテージの記されたモンラッシェのボトルが、夕陽に照らされて輝いていました。

会話は自然に流れ、やがて静けさへと溶けていきます。そのとき、前澤さんは静かな声で語りました。

「僕と、あなたで、一緒に新しい世界をつくりましょう」

「入社してくれ」という押しつけではなく、もっと大きな夢を、未来を一緒に見ようという誘い。これが「Ｙｏｕ ＆ Ｉ」話法の力です。

どこかしら、私の中に眠っていたものを呼び起こすような響きが、そこにはあったように思います。

コラム

文化的なかみ合わせの悪さ

そもそも、なぜエンゲージという話を、ここまで強調しなければならないのかについては、少し思うところがあります。

海外と比較すると、日本ではエンゲージという概念が欠けている企業が驚くほど多いことに衝撃を受けます。

これはまるで、怪奇現象のようです。心の底から良い人材が欲しいと願っているにもかかわらず、あまりにも多くの企業が、候補者に対して自社を魅力的に伝えることを怠っています。

典型例は、エンゲージの必要性を薄々どこかで感じつつも、「誰か別の人が、別の機会にやってくれるだろう」「最後に社長が出てくれれば、うちの会社の魅力は伝わるだろう」と他人任せにしてしまうケースです。

しかし、最終面接まで残った候補者だけに会社の魅力を伝えればよいというのは甘すぎます。

この結果、何が起きているかというと、最終的に入社したとしても、十分にアトラクトされて入った人が少ないことと、不採用になった大量の人材たちが実にひどい体験をしていることです。


このエンゲージの下手っぷりは、私の経験上、特に日本の伝統的な大企業や中小企業に多く見られる現象*で、海外ではあまり見られません。まるで、日本企業に染みついた「風土病」のようでもあり、しかも長年にわたって蔓延しています。

なぜ、こんなことが我が国で起こるのでしょうか?


現場の肌感覚として述べるならば、終身雇用や年功序列の考え方、あるいは儒教的な価値観——たとえば、師弟関係を重んじ、目上の人に対してへりくだる文化の存在が、エンゲージというコンセプトと実にかみ合わせが悪いことが遠因ではないかと思います。

日本人は、会社を家族のように捉えることを好む傾向があります。「うちの会社」と言うときの「うちの」という表現には、共同所有感と、擬似家族感、さらには、内と外を区分するニュアンスが含まれているのです。ちなみに、英語表現では「a/the company」とされることが多く、そこには所有や所属のコンテクストはありません。

これには、会社という存在が、あたかも家父長制度における「イエ」のように大きく、

＊ 採用プロセスのエンゲージメントを定量的に計測した調査は発見できなかったが、入社後の「従業員エンゲージメント」は毎年、調査会社ギャラップにより公表されており、例年日本は世界最低レベルである。2024年版によれば「日本では、仕事に対してエンゲージメントを持っている従業員はわずか6%」。これは香港(中華人民共和国特別行政区)(6%)、エジプト(6%)とともに世界で最も低い水準であるという。

強く、何より尊重されるべきものであり、個人はその影に隠れてイエの存続を支える小さな存在だ。といった深層心理が働いているように思うのです。こんな深層心理が、企業が個人に歩み寄る必要性を忘れさせているのかもしれません。

そしてこの、「会社とは大きなものであり、個人とはちっぽけなものである」というコンテクストによってなのか、日本では採用時に「雇ってあげる」という意識が根深く残っています。その結果として、

「どうしてうちの会社を志望しているの?」

「うちで働く気はどれくらいあるの?」

こういった質問が、面接の回を重ねるたびに毎度繰り返される。という、お馴染みの風景が繰り広げられていることは、象徴的です。

会社という存在の捉え方、それに伴なう意識の「壁」を取り除くことで初めて、エンゲージというテーマがすっと体に入ってくるのではないでしょうか。

第5節 ホリスティック・システム

部分的な改革では、会社の採用力を抜本的に引き上げることはできない。世界標準へのキャッチアップには、組織全体を包括するアプローチが求められ、あるべき姿は、かつてのサプライチェーン・マネジメント（ＳＣＭ）革命と重なる。ＴＡチームの組織図上の配置や、結果責任の所在などが論点となる。

1 ホリスティック・システムとは

本節では、視点を広く高く。会社全体へと引き上げます。

これまで述べてきた個別の取り組みを、いかに統合的、有機的に展開していくか。そのための戦略についてお伝えしていきます。

世界標準の採用を実装し、**採用革命**にキャッチアップするためには、従来の採用モデルから脱却し、新たなシステムとプロセス、技術、そして人材を導入することが必要です。さらに、組織全体を変革し、人材獲得を起点とする新しい経営の考え方を浸透させることが不可欠です。それは、ただ単に**ダイレクトリクルーティング**を導入する、というだけにとどまらない、全社的な変革運動となります。そして、その実現に向けた鍵となるのが、**ホリスティック・システム**です。

「**ホリスティック**（Holistic）」という言葉は、あまり日本の日常では聞かれないかもしれませんが、海外のビジネスの現場ではよく使われるものです。

「Holistic」の語源は、ギリシャ語の「holos」にあり、これは「全体性」を意味します。ホリスティック・アプローチとは、部分的な変革にとどめないという意思表明であり、その変革が組織全体を包括的に統合すること（ホリスティック・インテグレーション）を目指すものです。つまり、全体像を意識しながら進める変革を意味すると捉えてください。

この言葉の持つ広がりと奥行きのイメージを持って、採用革命を進めていくことが要諦となるのです。

このような変革を推進するにあたって参考になると思うのが、今から遡ること30年近く前の「**サプライチェーン・マネジメント（SCM）革命**」です。

サプライチェーン・マネジメントの本格的な採用が日本で始まったのは、1990年代中頃。ちなみに私はこのタイミングで、駆け出しの経営コンサルタントとしてキャリアをスタートしました。記念すべき初めてのプロジェクトは、まさにサプライチェーン・マネジメント改革をテーマとしたものでした。

当時の風景をお伝えすると、書店に「SCM」の解説書が少しずつ並びはじめていたものの、一般のビジネスパーソンにはまだその言葉があまり浸透していませんでした。サプライチェーン・マネジメントはしばしば「ロジスティクス（物流）」と混同されがちで、その違いを説明するだけでも一苦労したのをよく覚えています。

今でこそ、サプライチェーン・マネジメントへの理解は深まり、原材料・部品の調達（川上）から最終消費者への提供（川下）まで、そのすべてのプロセスを包括するホリスティックな概念だということが広く認識されるようになりました。物流機能はその中の重要なコンポーネントではあるものの、あくまで全体の一部に過ぎないということも含めて、理解が進んでいます。

しかし、当時はまだこの概念が十分に浸透しておらず、特に現場の物流関係者に理解していただくには、多くの労力が必要でした。経営コンサルタントが、どこかいかがわしい職業と思われることが少なくない時代でもありました。物流業界で長いキャリアを持つ方々にとっては、この若造がカタカナ言葉を多用して説明する「なんとかチェーン」とやらが、自分たちの存在を軽視し、脅かす何かに感じられたのかもしれません。

採用革命とサプライチェーン・マネジメント革命。この2つは、異なる領域の話に見えて、背後に大きく共通するものがあります。それは、**企業は一つのオーケストラのように調和を奏でるべき。**という思想です。

サプライチェーン・マネジメントは、調達、製造、販売といった社内の異なる部門が一体となってメロディを紡ぐことを目指しました。同様に、採用革命も人事だけでは完成しません。事業部門、経営陣、さらには外部の**リクルーター**(採用担当者)やパートナー企業まで、ホリスティックな連携を実現し、調和を図ることが理想となります。

ここから派生するもう一つの共通項が、「**全体最適化**」というビジョンです。サプライチェーン・マネジメント革命が「川上から川下までの最適化」を目指したように、採用革命もすべてのプロセスを一つの流れと捉え、「採用活動全体の最適化」を目指すものです。

この全体最適化が、企業の収益性や未来の成長に劇的なインパクトを与えるのです。

2 通貫する設計図

採用革命は、個々のチームや個々人がそれぞれの持ち場で頑張るだけでは決して成功しない。という事例を、これまで散々見てきました。

採用に限らず、組織の中にいる個人が全体を見通す視点を持つことの重要性は、かけ声としてはよく語られます。

しかし、総論賛成、各論反対とはよくいったもので、自分の評価に直結しないことには誰しもモチベーションが湧きにくく、実際にその視点を持ち続けることは容易ではありません。その結果、企業のサイズが大きくなればなるほど、組織全体を俯瞰して見られる人材が減少するという現実に直面します。

採用においては、その傾向がさらに顕著です。なぜなら、採用は多くの場合、各部門の人材不足という「身近な困りごと」から発生します。自部門の即戦力となる人材を求めるため、部門ごとに異なるニーズや優先順位が発生しやすいからです。

しかし、このような部分最適でボトムアップ的な動きを放置した場合、具体的にはどのような問題が起きうるのでしょうか。あるスタートアップの事例が、その典型的な問題を浮き彫りにします。

この会社では、中期計画に基づき「営業本部の今期の補充は15人」と設定していました。しかし問題が発生します。営業本部には3つのチームが存在し、それぞれに異なるニーズを抱えていたのです。

最前線で顧客対応に追われるチームから「人が全然足りない」と声が上がるかと思えば、新規開拓チームは「5人では到底、厳しい」と渋い顔を見せ、そして既存顧客担当も「あと3人、なんとか検討できないでしょうか」という具合に、次々と切実な要請が採用担当者のもとに寄せられました。

この採用担当者は責任感の強い方でした。現場の悲痛な声に応えようと、各チームからの要請に対応します。営業本部長は状況を理解していたものの、人員確保は採用担当者に一任し、多忙な日々を過ごしていきます。

そして最終的な採用数は、なんと22人。計画の15人を大幅に超過してしまったのです。

なぜ、このような事態に至ったのでしょうか。それは、この責任感の強い採用担当者が、各チームの要請に個別対応した結果、全体の採用数を管理し切れなくなってしまったからです。これを知ったCFO（最高財務責任者）が採用チームの責任者を厳しく叱責する事態にまでなりましたが、この問題の責任は採用チームばかりにあるわけではない、ということは、お分かりいただけるかと思います。まさに、部分最適が全体最適を大きく損なった典型例といえるでしょう。

この手のことはよく起こるもので、会社が大きくなり、組織が複雑になればなるほど、事態はますますややこしくなります。ホリスティック・アプローチが必要だと、本節でしつこく申し上げる理由はここにあります。

一方、世界標準の採用がなされている現場では、こういった課題は克服されています。

海外のトップ企業であれ、日本の先進企業であれ、優秀な人材を継続的に獲得できている企業に共通しているのは、「採用は戦略に従うべし」という原則が、具体的な仕組みとして組織に組み込まれ、浸透していることです。

採用計画は本来、企業の未来のあるべき姿から一本の川が流れるように落とし込まれるべきです。具体的には、

1. **経営戦略**による方向性の明確化があり
2. その戦略から**中期経営計画**への落とし込みがなされ
3. その計画を支える**採用戦略**が策定される
4. そして、それに基づいた**採用計画**が決められ、実行される

このように、経営戦略から採用実行まで一気通貫した設計図を持つことで、現場の個々の判断が組織全体の目標と自然に整合するようになるのです。

問題は、中期経営計画から採用計画への落とし込みです。採用には、前述のように、その時々の現場の状況に流されやすいという性質があります。だからこそ、未来を切り拓く強い経営の意志を採用計画に反映させるという、断固たる決意が必要になります。

しかし、日本では、断固たる決意どころか、採用計画に経営計画を反映させることの重要性すら十分に認識されていないケースが多くあります。その結果、仮に採用計画があっても、現場からのニーズに都度対応するボトムアップ・アプローチに陥り、採用に戦略性が欠如するという残念な状況になりがちです。

これは私が今、スタートアップの成長を支援する中でも、日々、痛感するところです。採用に関するご相談は、ほとんどの場合、「このポジションにいい人がいない」といったミクロな話から始まります。しかし、詳しく話を伺っていくと、「そのポジションを埋めるだけで、問題が解決するのか？」とか「優先して人を探すべきポジションは、他にあるのではないか？」といった上流の議論に発展することが大半です。

たとえば、中期経営計画では「グローバル展開の強化」を掲げたものの、その方針が採用計画に十分に反映されていなかった、というケースがありました。

このスタートアップでは、創業社長がグローバル化の方針を打ち出し、強く声かけしたにもかかわらず、既存事業のリーダーたちは自分たちの目標を達成するため、国内の即戦力人材を求めていました。

その現場からのプレッシャーもあり、採用チームが、中期経営計画と社長のビジョンに反して、国内業務に強い人材獲得ばかりを優先する状況が続いてしまっていたのです。

これは戦略と採用の不一致の具体的な事例であり、長期的な機会損失にもつながっていました。


これらの事例は、企業活動においてホリスティックな連携がいかに欠如しやすいかを示します。そうして全体像が見失われた結果、部分最適な採用がいとも簡単に進んでしまう現実も浮き彫りにしています。

ほとんどの場合、「採用は戦略に従うべき」という原則は、皆、よく理解しているのです。しかし、問題は、たいがい実行（エグゼキューション）のレベルで発生します。現場は一生懸命タスクをこなしているものの、どうしても目の前のことに必死になりがちです。誰も悪気はないのです。

だからこそ、現場の動きとトップの意思を接続する仕組みが必要であり、「採用とは、経営そのものである」と、声を大にして申し上げたいと思います。

3 時間軸のズレを制する

採用がホリスティックでないことによる無駄や不整合の発生を、どう乗り超えていけばよいのか。いくつかの仕組みの工夫で乗り超えられます。ここから少しずつ、対応策について ひもといていきたいと思います。

採用計画に中期経営計画を反映させること、さらには経営戦略を反映させることが、重要であると同時に難しい。ということを指摘しました。しかし、なぜそれが難しいのか、どうしたらよいのかを考えていく必要があります。

まず、この話を進める前提として、「採用は戦略に従う」という先ほど述べた大原則の構造をしっかり確認しておきましょう。

1. 経営戦略

企業の未来像を描き、長期的な方向性を定める。

2. 中期経営計画

経営戦略を、数値などで具体化した目標に落とし込み、達成するためのプランを策定する。

3. 採用戦略

経営戦略と中期経営計画の実現に向けた、採用の方向性を定める。

4. 採用計画

採用戦略に基づき中期経営計画を実現するため、新たに必要となる人材像と人数を特定し、採用における明確な目標と、その達成に向けたプランを策定する。

特に採用においては、経営陣が中心となって作成する中期経営計画と、現場が実行する採用計画の間には、得てして乖離が生じがちです（前項でご紹介した「グローバル化頓挫」の事例を思い出してください）。

実はもう一つ、中期経営計画と採用計画を乖離させてしまう、大きな要因があります。それが、時間軸の問題です。具体的には、採用におけるタイムラグを見込めるかということになります。

採用という経営イシューにおけるタイム・マネジメントには、なかなか奥深いものがあります。それは一つに、人材というものの特質が、買ってすぐ動き出すテレビではなく、

改革のための計画の統合

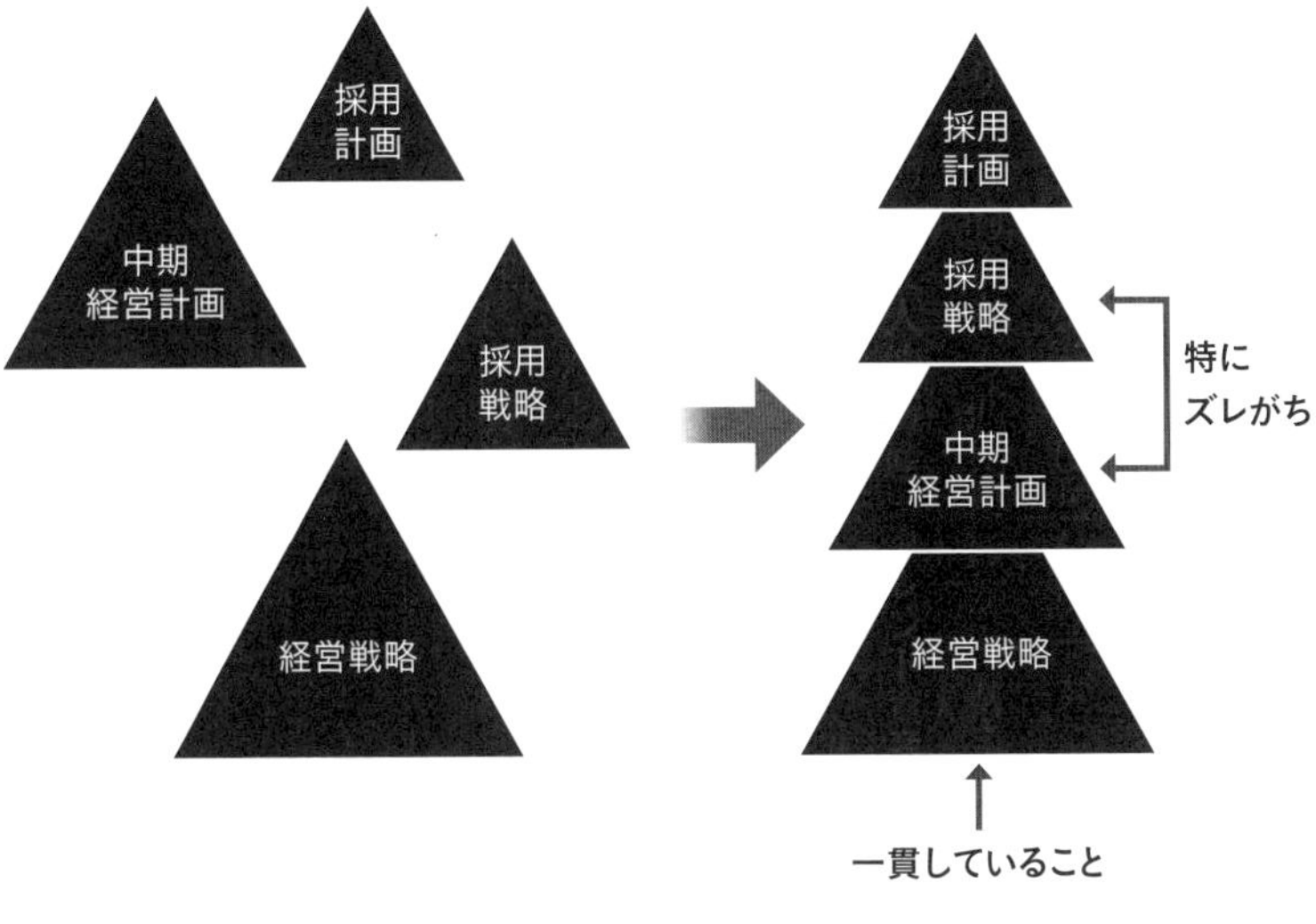

むしろ昔のパソコンにどこか似ていて、かなりの初期設定が必要だからです。

採用活動のスタートから候補者が実際に入社するまでには、一定の時間がかかります。若手社員やスタッフ層の場合であれば、募集から採用まで2カ月程度、その後の戦力化までの期間を含めても3〜4カ月で一定の成果を出せるようになることも多くあるでしょう。

しかし、マネジメント層やエグゼクティブ層の採用となると状況は大きく異なります。募集から内定まで最短3カ月、長くなると6カ月です。そこから実際の入社までに、また長くて6カ月。ここまでで1年かかることがありうるのです。

さらに組織への適応に6カ月、本格的な戦力化まで含めるとさらに6カ月——。こうなると、合計で募集のスタートから戦力化までゆうに1年以上、場合によっては2年近くの時間軸で考える必要があるのです。この事実を受け入れ、腹をくくり、タイム・マネジメントというゲームを制する必要があります。

この問題の具体的な解決策としては、バッファーを見込んで、早めに採用アクションを開始することしかなく、その意味でも上流計画とのすり合わせが鍵となります。

このような採用活動に特有の時間軸の長さを考慮すると、採用計画を単年度の事業計画に基づいて作成することには本質的に無理があります。ここに、採用計画を中期経営計画と明確にリンクさせるべき理由があるのです。

時間軸のズレは避けられない現実です。しかし、将来の経営課題を先読みし、それを前提とした中長期的な採用計画を戦略的に立てるならば、時間軸のズレを克服すると同時に、むしろ競争優位性を築くことができるのではないでしょうか。

4 TA組織の置きどころ

採用を企業活動全体の中で捉え、経営戦略とホリスティックに統合することの必要性と解決策について、ここまで述べてきました。この統合を実現するには、適切な実行体制が不可欠です。

ここで重要となるのが、**TA（タレントアクイジション）**チームにまつわる**組織デザイン**です。

具体的には、TAチームを企業組織の中にどう位置づけるかが、極めて重要な戦略的論点となります。特に、前項で述べた時間軸の課題を克服し、戦略的な採用を実現するためにも、慎重な検討が必要となります。

採用革命を経て、世界標準の採用を実装するには、優秀な人材獲得に特化したＴＡチームが必要であることは、しつこく説明してきました。

この、ＴＡチームをどこに位置づけるかという問題は、組織図上の配置だけにとどまらない、戦略的意味を持ちます。なぜなら、ＴＡチームの位置づけは、以下の課題への解となるからです。

- 経営戦略とＴＡチームの連携の強化
- ＴＡチームと、その他の各部門との効果的な協働の実現
- 採用における意思決定とその実行の迅速化

そこで本項では、ＴＡチームの組織的な位置づけについて検討していきます。具体的には、以下の3つの類型について、それぞれのメリット・デメリットを検証していきましょう。

1. CEO・COO直轄型

2. 事業部管轄型

3. 人事部管轄型

TAチームの組織的位置づけの例

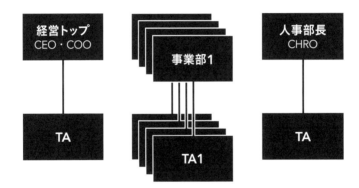

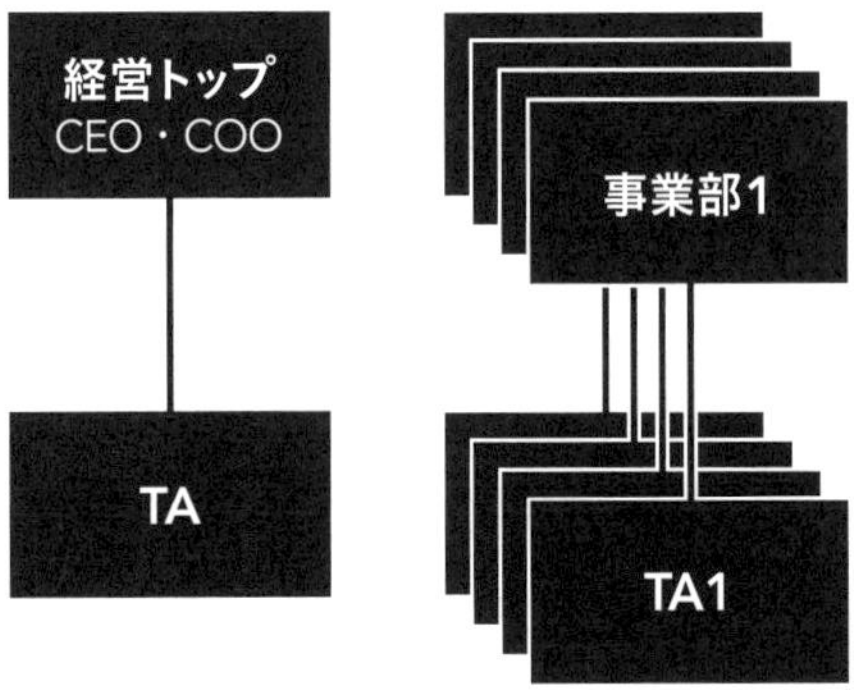

1. CEO・COO直轄型

欧米、特に米国のグローバル企業では、TAチームはCEO（最高経営責任者）やCOO（最高執行責任者）の直下に置かれるケースが多く見られます。たとえば、**ネットフリックス**や**セールスフォース**では、COOの直下にTAチームが配置されていました。[*1]

COOは全社のオペレーション（事業執行）を担う責任者ですから、そこにTAチームを紐づけるのは、採用をホリスティックに捉えていることの分かりやすい例であり、この配置が、ホリスティックな改革の推進に最も適していることは自明でしょう。

具体的なメリットとしては、TAチームによる採用活動が、企業の最も高いレベルの意思決定と密接に結びつき、優先されること。そして、TAチームが企業全体の採用ニーズを、経営戦略や中期経営計画と絡めた広い視点で見通せるようになることです。また、新たな採用戦略の迅速な意思決定と実行を可能にするという点も魅力です。

しかし、デメリットもあります。このモデルではTAチームと人事部門の間に断絶が生まれやすく、採用した人材の定着と戦力化をフォローする「**オンボーディング**」や、採用と育成の連携に支障をきたすリスクがあります。様々なトラブル解決のプロである人事部との連携が薄くなることで、守りの部分に懸念が出ることもありうるでしょう。

また、COOには得てしてマイクロな**KPI**（重要業績評価指標）管理が得意な人が多いことから、その直下に置かれた場合、TAチームのリーダーが短期的な数値目標にプレッ

＊1. 私がエゴンゼンダーに勤めていた頃のことなので、かれこれ10年ほど前に確認した話となる。現在の体制については変化があったようだ。

シャーを感じ、オペレーショナル志向に振れて長期的な戦略が犠牲になるという可能性もあります。

2. 事業部管轄型

これは大規模な**コングロマリット**（複合企業）に多い配置で、代表例としては、**プロクター・アンド・ギャンブル（P&G）**が挙げられます。*2 P＆Gもそうですが、大規模なコングロマリットでは、組織全体が「事業部（ビジネスユニット）」と「地域（リージョナル）」、「機能（ファンクション）」といった、複数の切り口のかけ算によって、複雑に分かれるのが一般的です。

多くの場合、一番大きな分類は、事業部（「カンパニー」「事業本部」などとも呼ばれます）であり、事業部ごとにマーケティングや人事、ファイナンスといった「機能（ファンクション）」別の組織が置かれ、そこにＴＡチームも配置されます。

つまり、個々の事業部に所属する人員を採用するのは、あくまで、その事業部の人たちです。これは、採用権限を事業側が保持することを意味します。

ＴＡチームのリーダーにアサインされるのは、事業部のマネージャー職以上の人材であり、その下に同じ事業部の若手がつきます。人事や採用での経験以上に、該当する事業領域での経験を重視して、ＴＡチームが編成されるのが特徴です。

メリットは、個々の事業部のニーズに特化した採用が可能になることです。ＴＡチーム

＊2. P＆Gでアジア地域の経営陣の一角を担っていた方へのヒアリングより。

のメンバーが、該当する事業領域で求められる**経験・知識・スキル**などに精通しているため、より効果的な候補者の選定が可能になります。現場のマネージャーと密な協力関係を築けるのも利点です。日本での導入を考えた場合、たとえば総合商社などは比較的、この配置が向くように思います。

ただし、デメリットも無視できません。複数のTAチームが存在することによって、企業全体での取り組みに重複が生じたり、標準化が不十分になったりするリスクがあります。さらに、人的リソースの共有が難しくなり、一貫した**エンプロイヤーブランド**の維持が困難になることも考えられます。

P&Gほどの規模ともなると、事業部はもちろん、展開するエリア・国別にもTAチームが存在し、それぞれが独自に採用を進めてゆくため、まさに分散による非効率が懸念されるところです。

このデメリットに対しP&Gでは、全社的に人事（HR）を統括するチームが、個別の採用プロジェクトをリードし、フォローすることで解消を図っているようです。

3．人事部管轄型

TAチームを人事部門の中に位置づける形です。

これは伝統的な採用をしてきた企業にとっては、自然で馴染みやすい配置でしょう。T

Ａチームによる人材獲得を、既存の従業員の育成や**エンゲージメント**など、人事部門の機能全般と連携させることを重視するスタイル、とも捉えられます。

近年の例として、**日立製作所**が２０２０年に「タレントアクイジション部」を設立し、注目を集めています。*3

このニュースを耳にしたとき、日立製作所くらい規模が大きく歴史のある企業がＴＡチームを新設するのであれば、ＴＡを人事部門の中に配置するのも有力な選択肢となりうることが理解できました。

なぜなら、この形の配置には、ＴＡチームの役割が、内外からコンセプト的に理解されやすいというメリットがあります。その結果、余計な説明に労力を割く必要がなくなるとすれば、伝統的な大企業で改革を進める上で大きな後押しとなります。

また、オンボーディングやトレーニング、**リテンション**（定着）など、他の人事プログラムと採用を統合した総合的な**タレントマネジメント**を実現しやすいという利点もあります。さらに、採用プロセスの標準化を促進し、法令や社内規則の遵守を徹底しやすい側面もあるでしょう。

また、ＴＡチームの立ち上げ初期には、ＴＡチームのリーダーにビジネスリーダーとしての経験が浅く、関係各所との調整に不慣れな人物を任命せざるをえない場合もあります。そうしたケースでは、あえてこの形を取り、人事部がＴＡチームの活動を全面的に支援するのも、現実的な解決策になりうるのではないでしょうか。

＊3. 日経BP(2024)「ジョブ型人財マネジメントで未来を切り拓く　日立製作所がキャリア採用を強化する背景とは」日経ビジネス電子版

一方で、これまでに述べてきたように、TAチームと伝統的な人事部門では、メンバーに求められる資質が大きく異なることがあります。この点が、人事部管轄型のデメリットにつながります。

TA活動は、むしろ営業に近いとも述べました。もし仮に営業部を人事部の直轄下に置いたら、どのようなことが起きうるでしょうか。営業の実務経験が乏しい人事部長が、過度にリスク回避的になり、社内承認のステップが増え、営業に不可欠な機動性や柔軟性が損なわれる、というリスクも考えられるでしょう。

また、このモデルは急成長中の企業には、あまりお勧めできません。成長期にある企業では、新規採用が加速度的に増え、しかも重要な意味を持ちます。そうであるにもかかわらず、TAチームを人事部門の中に置けば、伝統的な人事が持つリスクコントロール志向によって、本来あるべき攻めのパワーが制限されるというマイナス面が相対的に強く出やすく、勢いを阻害することになりかねないからです。

最適解は何か

それでは、一体どの組織デザインモデルを選ぶのがいいのか。**TAチームの組織上の位置づけは、企業の成長段階や組織形態によって、その最適解が異なってくる。**と考えていただければよいのではないかと考えます。

急成長期にある企業には、ＣＥＯ・ＣＯＯ直轄型が適しているでしょう。この段階では、迅速な人材確保が企業の成長を左右する重要な要素となるからです。経営トップの直下にＴＡチームを置くことで、戦略的な意思決定と採用活動を直接連動させれば、スピーディーな採用が可能になります。また、急成長期に特有の頻繁な組織変更や新規事業の立ち上げにも、柔軟に対応できるという利点もあります。

一方、事業基盤が確立し安定期に入った企業では、人事部管轄型が効果的です。この段階では、人材の獲得に負けず劣らず、採用した人材の定着や育成、さらには効果的な配置を可能にする体制の構築が重要な課題となってきます。人事部の中にＴＡチームを置くことで、採用活動と他の人材施策を有機的に連携させ、より総合的な人材マネジメントが実現できるようになるでしょう。

そして、日本企業に多く見られる複合企業（コングロマリット）の場合、事業部管轄型も現実的なオプションとなりえます。多様な事業を抱える企業では、各事業に特有の専門性や採用市場における特性に応じた採用戦略が必要となるためです。事業部ごとにＴＡチームを置くことで、その事業領域に特化した採用活動が可能になります。

ただし、全社的な採用基準の統一や、エンプロイヤーブランドの一貫性の維持には、別途、全社横断的な人事機能を持つ部門からの調整が必要となるでしょう。

重要なことは、これらの選択は固定的なものではないということです。企業の成長段階に応じて、最適な形態は変化していきます。

たとえば、スタートアップ期にCEO直轄で始めたTAチームを、企業の成長に合わせて人事部門と統合していくといった移行を検討することも有効となるでしょう。

ここまでTAチームの配置について検討してきましたが、日本のTAシステムはまだ黎明期にあり、「これが勝ち筋だ」とはっきりと言える段階には至っていないということは、率直に申し上げるべきでしょう。

特に日本企業には、欧米企業とはかなり異なる独特の組織風土があるため、TAチームという〝外来種〟をどのように取り込んで、それを進化させるかについては、各社が組織の〝生体反応〟をうかがいながら試行錯誤を進めていくのが現実解になると考えます。

その結果、これまでに挙げた3形態を超えた、独自の「日本モデル」とも呼べる勝ち筋が見出される可能性は、まだまだ十分にあるように思うのです。

5 ガバナンスからの採用革命

もう一つ、さらにレベルを上げた視座として、TA（タレントアクイジション）システムの導入と運用に、取締役会を巻き込むという考え方があります。これも考察に値する重要なアイデアです。

企業の最高意思決定機関である取締役会が採用についてリーダーシップを取ることほど、ホリスティックなアプローチはないのではないでしょうか。このアイデアは、採用革命をさらに加速させる可能性を秘めています。

取締役会を巻き込むことの重要性は、近年の経営環境の変化からも裏づけられます。特に、**人的資本経営**への注目の高まりは、大きな後押しとなります。TAシステムとは、優れた人材の獲得を目指すものであり、人的資本の拡充にほかなりません。

日本でも、コーポレートガバナンスの中で**人的資産（タレント資産）**についての議論が注目されはじめています。人材は最も重要な経営資源の一つであり、人材の獲得は、その育成・活用と並んで、ガバナンスの中核的な監督対象となるべきものです。特に、経営戦略の実現に必要な人材の獲得は、その成否が企業価値に直結する重要事項です。

しかし、実際に取締役会でこのテーマをきちんと取り上げている企業は、まだまだ少ないのが現状です。今いる人材の活用と生産性に関心が偏りがちで、人材獲得についての議論がなされているのは、一部の急成長スタートアップくらいかもしれません。しかし、ここにこそオポチュニティー（機会）があると捉えてはいかがでしょうか。

人的資本経営の推進において、多くの日本企業がまだ手探りの状態にある中で、経済産業省が2022年に発表した「**人材版伊藤レポート2・0**[*]」は、具体的な方向性を示す重要な指針となっています。

特に注目すべきは、このレポートが「**動的な人材ポートフォリオ**」の重要性を強調している点です。企業は、現時点でいる人材と、経営戦略から逆算して必要となる人材とのギャップを把握し、具体的な人材獲得や育成を進めるべし。と提言されています。

この提言は、まさに取締役会がTAシステムに関与する必要性を裏づけるものといえます。なぜなら、「動的な人材ポートフォリオ」が求める戦略的な人材獲得の実現とは、まさにTAシステムの存在意義であるからです。

タレント拡充のガバナンス

取締役会は株主の利益を代表する機関です。タレント資産は企業業績に直結しますから、その現状と変化を、株主にとって重要な情報であると認識して、報告し、開示することは自然な流れです。さらに、その姿勢が株価の向上につながるのであれば、取り組まない手はありません。

理想的には、採用の進捗状況を含むタレント資産の変動を一元的に管理する体制を構築することです。近年の取締役会では、様々な経営指標を分かりやすくビジュアル化した

＊ 経済産業省（2022）「人的資本経営の実現に向けた検討会報告書 ～人材版伊藤レポート2.0～」

「**経営ダッシュボード**」が提示されるようになっています。ここでの報告事項にタレント資産の指標を加えることで、ホリスティックな採用の変革が進むと同時に、採用におけるデータ活用も加速するはずです。

具体的な指標としては、たとえば、以下のようなものが考えられます。

- 戦略的重要ポジションの充足率と採用計画の進捗状況
- 事業部門別の採用目標達成率
- 採用した人材の定着率と早期戦力化の状況
- 競合他社との採用競争力の比較（オファー承諾率、不採用理由の分析など）

こうしたデータに基づいた取締役会での議論は、タレント資産の戦略的な拡充に大いに役立つことでしょう。

一方、ここで問われるべき本質的な課題は、社外取締役も含めた取締役会の構成員の中に、「動的なタレント資産」という観点をしっかりと持ち、外部からの人材獲得について市場のリアリティを踏まえて議論できる人材が存在しているかどうか、です。

サステナビリティ関連の話と似ていますが、今後は社外取締役を招聘する際に、このタレント資産という論点について知見を持つ人物を求める企業が増えてゆくことが期待されます。

なお、海外でしばしば行われているように、取締役会のメンバーが人的資本経営の先進企業を訪問、見学し、そこでの学びを取り入れるといった活動も増えていくと思われます。こうした外部との交流や情報交換も踏まえ、取締役会で新しい人材獲得の手法と、その活用について議論を重ね、深めることは、株主価値を最大化する行為でもあります。

6 採用データの体系化と活用

前項で、取締役会に提示する経営ダッシュボードにタレント資産の指標を加えることを提案しました。では、そのために必要なデータをどのように収集、分析し、活用していけばよいのでしょうか。

ダイレクトリクルーティングが普及する中で、採用分野におけるデータ活用・データ分析の重要性はますます高まっています。それに伴い、各種ツールの進化と精緻化も進んでおり、それらは今後の採用戦略を考える上で無視できません。

基礎的なデータ収集と可視化

採用におけるデータ活用の最初のステップは、ヘッドカウント、つまり「何人を採用しなければならないのか」という基本的な数値の把握です。営業部門でよくあるように「今月の目標は12人。今日までで8人。あと4人で目標達成です！」といった形で、基本的なデータを共有することから始まります。

次にできることは、採用プロセスを何段階かに分けて、数字を出す「**ファネル分析**」です。たとえば、「応募者の人数」と、そこから「一次面接に進んだ人数」、「最終面接まで進んだ人数」、そして「最終的にオファーを受諾した人数」をカウントした上で、「歩留まり」を出す、など。採用プロセスの進捗状況を明確に把握し、各段階での状況を割合で確認するのです。

これらの基礎的なデータ収集には、**ATS**（応募者追跡システム）を活用するのが効果的です。具体的な商品名を挙げるなら「**HRMOS**（ハーモス）**採用**」「**HERP Hire**（ハープ・ハイアー）」などが**経験者採用**におけるATSの代表例です。

さらに**API**（複数のソフトウエアなどを連携させるツール：Application Programming Interface）でデータを抽出・加工し、使い勝手のいいデータベースを構築。**ビジネス・インテリジェンス（BI）ツール**でデータをビジュアル化したり、「**Slack**（スラック）」にデータを出力したりすることで、効率的なモニタリングが可能になります。これらは比較的低コストで、専門的なエンジニアリングリソースを必要とせずに実現できますので、やらない手はないでしょう。

効率性の測定と改善

さらに一歩進めて、データ活用を高度化してゆくとすれば、どのような世界があるのでしょうか。

次のステップは投資効率の向上です。ここでの重要なKPIは、時間と費用の2つです。以下に、それぞれについて計測・分析・特定すべきポイントを例示します。

- **Time to hire**（採用までにかかる時間）
- 候補者を採用するまでの全プロセスにかかる時間
- プロセスの各段階における所要時間の分析
- ボトルネックの特定
- **Cost to hire**（採用にかかる費用）
- エージェントにかかる費用
- TA（タレントアクイジション）チームの人件費（工数）

- 採用関連ツールのコスト

時間と費用を管理しながら、エージェント経由の採用と、社内メンバーによるインハウスの採用の割合や、それぞれの効率性などを継続的にチェックします。

これにより、無駄な経費を最小限に抑え、全体の投資利益率（ROI）を向上させるための、具体的なアクションを打つことが可能になります。

一般的には、まずこの段階まで到達することを目標にするとよいでしょう。

予測分析と戦略的活用

もし、さらに踏み込むなら、やるべきは「予測」の強化です。

ここでの予測とは、採用人数を予測するといった単純なことではなく、タレントマネジメントに踏み込んだ予測です。たとえば、採用した人材がどれだけ定着するかの予測や、どのタイミングで退職するかの予測などです。これらは、企業の人材戦略をより緻密で効果的なものにしていきます。

たとえば、**グーグル**では、従業員アンケートの結果から離職率が高くなる兆候を細かく分析しています*。たとえば、「入社2年以内に昇進していない人は離職する傾向が高い」といったデータに基づき、該当者を早期に特定してフォローすることで、実際に離職率の

＊ グーグルでは「グーグルガイスト」と呼ばれる社内調査が毎年実施され、100項目ほどの質問の中に「社員が退職しそうかどうかを予測する5つの質問」があり、これらに対する好意的回答の割合が低いチームには介入がなされていたことが、人事担当上級副社長を務めたラズロ・ボックの著書で紹介されている。

低下につなげたという話を聞いたことがあります。

また、一般的な例では、採用のオファーを出してから2週間以内に返事がない場合、内定承諾に至る可能性は低くなるとされています。こうしたデータに基づき、オファー後2週間を「クリティカルな期間」として候補者をフォローするなど、具体的な施策に結びつけることができます。

要するに、「どのような数字が出たら、どうなりやすい」という相関関係を見出し、それを実際に現場へ落とし込んで活用すること。これにより、無駄を減らし、ロスを未然に防ぐことが可能になるというわけです。

グローバル企業では、採用から退職までの一連の人事活動において、こうした予測業務が当たり前のように行われています。アナリティクスを駆使し、先を見据えた人材活用を実現しているのです。

7 責任の設計：結果は誰が？

言うまでもなく、組織運営において、責任の所在を明確にすることは大切です。企業活動における、あらゆる計画と同様、採用計画にも、遅れや未達成がつきものです。その責任は、誰が、あるいはどの部門が持つべきでしょうか。

TA（タレントアクイジション）システムを導入し、TAチームをつくる際、最も重要な論点の一つが、この責任の所在です。まず「責任」について整理してみましょう。採用における責任には、大きく分けてプロセス責任と結果責任の2つがあります。

プロセス責任：候補者を集め、面接をセットするといった、採用実務の一つひとつを着実に遂行する、業務品質の担保を意味します。

結果責任：採用計画を達成する責任。言い換えれば、所定の期日までに、所定の人数を採用する責任です。

この責任分担を誤ると、どのような問題が生じるのでしょうか。実際の事例から考えてみましょう。

実名は避けますが、過去にはいくつかの外資系採用先進企業で、TAチームが採用の結果責任を負った結果、問題が生じた事例があります。その後、採用の結果責任を事業部が担う形に変更されました（いずれの事例も、事業部の下にTAチームを置く組織デザインの企業でした）。一体、何が起こったのでしょうか。

私が関係者から伺った話を基に時系列で整理してみます。

最初に発生したのは、TAチームが社内の事業部から「外注先」のように扱われはじめる状況です。事業部は「ちょっといい人を探しておいてよ」と軽いノリでTAチームに採用を依頼し、うまく進まないと「ちょっと、あの案件、どうなっているの？　人が全然、足りないんだけど」などとプレッシャーをかける。このような構図が散見されるようになりました。この状況では、TAチームに戦略性を発揮する余地はほとんどなく、単なる採用実務の「請負人」として扱われているようなものです。

次に起きたのは、過剰な責任を負わされたTAチームによる危機回避行動です。その典型的な自己防衛策が「アリバイづくり」です。採用目標の数字を達成することが自己目的化し、ポジションを埋めることだけに集中するようになります。その結果、「なんとか着地だけはさせましょう」という声かけがチーム内に蔓延する状況が生まれました。

やがて、KPI達成が最優先とされることの副作用が、採用活動に出はじめました。頭数が重視された結果、人材の質の評価が二の次になってしまったのです。リファレンスチェックで問題点が指摘された候補者についても、「人数を確保する」という目的を優先するあまり、見過ごして採用した事例もあったと聞きます。

このように、TAチームに結果責任を持たせた結果、TAチームが責任回避に走る。という、本末転倒な状況が生まれてしまったというわけです。

この教訓を、どのように捉えるべきでしょうか。

採用におけるプロセス責任は全面的にTAチームが負うべきであるものの、結果責任は事業部とTAチームが共有して負うべきだと考えます。

また、入社した人材の質（パフォーマンス品質）、及びリテンション（定着）については、TAチームに責任を負わせない。というアプローチでいくことを、基本的にはお勧めします。

組織的な行動デザイン

では、この責任分担を成功させるには、具体的にどのような仕組みが必要なのでしょうか。**サイバーエージェント**の事例は、この課題に対する一つの解を示しています。

同社は**リクルート**と並んで、飛び抜けて採用力の高い企業として広く知られています。彼ら彼女たちの採用にかける熱量は、「さすがにやりすぎではないか」と、思わず引いてしまうほどです。ミッションステートメントに掲げる「一緒に働きたい人を集める」という信念が、まるで執念のように全員に浸透しています。

しかし、この文化は自然に生まれたものではありません。意図的にデザインされ、仕組みの中に埋め込まれ、綿密に管理されたものです。具体的には、経営陣から社員まで、評価項目に「採用」をはじめとする「組織貢献」を重要な要素として明確に設定していることが挙げられます。*

たとえば、ブログ事業部の部長にとって、採用活動に時間を割くことが、事業を成長させることと同じように評価されるという仕組みです。

この評価システムにより、「採用が大事」は精神論で終わらず、個人の昇進やボーナスに直結するものとして、管理職が本気で取り組まざるをえない課題となります。その結果、採用面接はもちろん、候補者との面談を兼ねた食事会などに時間を割くことも当然となり、社内の他のメンバーもその重要性を自然と理解するようになります。

事業側にしっかりと採用結果の責任を持ってもらうこと。そのために、全管理職の評価

＊ サイバーエージェントでは、全社員を対象とした「成果ミッション評価制度」を導入しており、社員は半年ごとに「成果目標」（所属する部署の売り上げなどの数値目標）と「ミッション目標」（人材育成、他部署への協力、採用活動などの組織貢献目標）を設定し、これらを総合的に評価して半期評価を決定する仕組みとなっている。なお、ミッション目標の中に採用に関わる目標があると、そのこと自体が加点評価されるという工夫もなされている。

項目に採用能力を組み込むこと。

このモデルは、再現性が高いものです。

他社と比べ、サイバーエージェントが採用に燃えている理由を「そういうカルチャーだから」と説明するのは、決して間違いではありません。しかし、そのカルチャーを意図的に生み出す仕組みと背景がしっかり存在しているという点を、ぜひ参考にしていただきたいと思います。

第4章

世界標準の技術

技の章

前章は「土台の章」でした。新時代の採用モデルを企業にインストールするためのシステムについて述べ、いかにして組織としてこの大転職時代に適応するべきかという視点で議論を展開しました。

要するに、「うちの会社、最近全然いい人が採れないんですけど、何をしたらいいんでしょう?」という問いに対して、「まずは会社の体制から変えましょう」という提案をさせていただいたつもりです。

続くこの第4章は、「技の章」です。先ほどの「何をしたらいいんでしょう?」という質問に対して、今度は「採用に関わる人たちのスキルを上げていきましょう」という具体的な方法をお伝えします。いくら体制を整えても、それを動かす人たちのスキルが以前のままだと、その体制は機能しないので。

そうです。この章では、会社単位から個人単位の視点へとアングルを変え、システムの話から具体的なノウハウの話へとシフトしていきます。そして、企業が備えるべき世界標準のアクションアイテムについて掘り下げていこうと思います。

なお、この章を読んでいただきたいのは、採用に直接関係する部署にいる方々だけではありません。「いい人を採る」という目標を達成するためには、候補者と面接する事業部のメンバーや、経営層の方々もまた、このスキルを理解し、磨く必要があります。空前の採用難の時代において、**採用技術は今や組織で働く人すべてに求められる必須のスキル**となりつつあるのです。

それでは、採用というアクティビティーをあらためて整理してみましょう。採用には、大きく分けて次の3つのステージがあり、それぞれに特有の技術が存在します。

1. **ソーシング（探索）**：適切な人材を見つける技術
2. **アセスメント（評価）**：見つけた人材を見抜き、適性を見立てる技術*
3. **ジャッジ（裁定）**：最終的な判断を下す技術

このうち、日本企業が世界標準に比べて特に後れを取っており、早急にキャッチアップが求められるのは、1つ目の「**ソーシング**（探索）」と3つ目の「**ジャッジ**（裁定）」です。本章では、この両者にフォーカスを当て、具体的な実務ノウハウを解説していきます。

一方で、2つ目の「**アセスメント**（評価）」については、日本がむしろアドバンテージを

＊ アセスメントにあたっては、前著『人を選ぶ技術』でご紹介したように、候補者を「人物の構造」で見ることが大切。詳細は第5章に譲るが、大きく4つの層に分かれ、身につけやすく変わりやすいものから順番に、「経験・知識・スキル」、「コンピテンシー（好業績者に共通する行動特性）」、「ポテンシャル（将来の伸びしろ）」、「ソース・オブ・エナジー（成長の源泉となるエネルギー、使命感と劣等感）」としている。

持つ領域であると私は考えています。その理由とノウハウについては、次章（第5章）で詳しく述べますが、鍵となるのは「**ポテンシャル評価**」です。

なお、このアセスメントの技術についてご関心をお持ちの方は、私の前著『人を選ぶ技術』を参考にしていただければ、さらに全体的な解像度が高まることでしょう。

それでは初めに、本章と次章で解説する、「採用の3つのステージ」をざっと概観しておきましょう。

まず、候補者を集めるところから始まります。これまで述べてきたように、候補者を集める「ソーシング」は、採用革命の中で最も大きなイノベーションが起きた領域です。本章の第1節では、このステージにおけるノウハウについて、かなりテクニカルな部分も含め、具体的に公開しています。

第1章や第2章で述べたコンセプトに関心を持たれた方には、このセクションを読んでいただくことで、活動のイメージが一層鮮明になるとともに、実際に行動に移す際のハードルが下がるはずです。

特に、これまで自社で**ダイレクトリクルーティング**や**TA（タレントアクイジション）**活動を本格的に行ってこなかった企業の方々にとって、この「ソーシング」のセクションの内容は、必須科目となるでしょう。これらの戦術を理解し実践することで、きっと成果を上げることが可能になるはずです。

「ソーシング」で候補者を集めた後は、各候補者の**経験・知識・スキル、コンピテンシー**（好業績者に共通する行動特性）、さらには**ポテンシャル**を「アセスメント」します。

そして最後に、採用の可否を「ジャッジ」する段階へと進みます。

採用の可否を決めるこのプロセスは、企業にとって重い意思決定を伴うものであり、深い洞察力と戦略的な思考が求められます。本章の第2節、「ジャッジ」のセクションでは、特に経営陣や上層部の意思決定層の方々に向けて、裁定の技術を解説していきます。

第1節

ソーシングの技術

採用市場から適切な人材を探し出す「ソーシング」は、採用革命で大きなイノベーションが起きた領域。ダイレクトリクルーティングにより、具体的な人材ニーズが顕在化する前に、候補者をストックする「タレントプール」の構築が可能になった。多岐にわたる深遠なノウハウがすでに蓄積されている。

1 要件定義は建築設計

まずは、**ソーシング**における最重要ポイントともいえる「**要件定義**」について考えてみましょう。
採用を進める際、経営陣や事業部から「あれが欲しい」「これも必要だ」と、理想の人材像が次々と飛び出してくることは、よく見られる光景です。だいたい採用の現場を知らない人たちほど、好き放題にリクエストを言ってくるものです。その勢いに押される形で、求められた要望をそのまま受け入れて動き出したものの、結果的にうまくいかなかった。そんな経験を持つ**リクルーター**（採用担当者）も少なくないのではないでしょうか。

これは、オーダーメイドの注文住宅を建てる際の状況によく似ています。オーダーを受ける**TAリクルーター**の姿を、この建築家の姿に重ねながら次の話を読んでみていただければと思います。

夢いっぱいのクライアント（施主）を前に、建築家は施主のリクエストをヒアリングします。「これもやりたい」「あれも欲しい」と、ピュアな希望が大量に寄せられます。一生に一度の夢の家を建てるのですから、当然です。その要望にできるだけ応えてあげたいと思うのも、自然な感情でしょう。しかし、現実はそう簡単にはいきません。

たとえば、たくさんの要望に応えると、その土地の建築条件では不可能な設計になったり、予算が足りなかったりと、早い段階で現実の壁にぶつかることも珍しくありません。

だからといって、要望を無視して現実的な設計だけを提示するのは、「思っていたのと違う」「やり直してほしい」と後でクライアントに言われるリスクを生むことになります。勝手に進めるわけにもいかないのです。

住宅設計の現場では、このような問題が日常的に起こります。ほとんどの施主は建築のプロではありません。土地の条件や建物の構造、施工上の制約などについては何も知らず、思いつくままに希望を伝えてきます。建築家としては、面倒でも一つひとつ説明しながら、現実的な選択肢を示し、納得感を持って意思決定してもらうためにコミュニケーションを重ねるしかありません。オーダーメイドの注文住宅を設計する建築家の仕事とは、まさにこうしたやりとりの連続なのです。

このような、無知で無邪気なクライアントから、夢いっぱいのリクエストが大量に寄せられるという状況は、採用の現場と、驚くほど似ているといえるでしょう。

人材の広大な海の中から、リクエストに合う候補者を適切な人数まで絞り込む。さらに、その候補者たちがこちらの提示する仕事や報酬に興味を持つ可能性を読み取る。そして、うまくいかなかったときには、柔軟かつ創造的に問題を解決していく。採用の現場を回すリクルーターは、このような、高度な調整能力が求められる場面を数多く経験します。

こうしたプロセスの中で、関係者がおのおの思い思いに主張するリクエストを整理し、具体的に言語化することは、リクルーターにとって欠かせないスキルです。時には「それは難しい」と伝える勇気を持つことも求められます。

ただし、先ほどの建築家のように、単に断るのではなく実現可能な代替案を提示し、納得を得ながら進めていくことが必要です。これこそが、リクルーターの真価が問われる場面といえるでしょう。

この一連の作業を「候補者像の要件定義」と呼びます。

お分かりいただけたように、**TA（タレントアクイジション）**チームのリクルーターには、ソーシングにおいて、優れた建築家となることが求められます。

優れた建築家が、クライアントの要望を現実的なラインにうまく落とし込むように、タレント獲得を担うTAチームのリーダーにもまた、経営陣や事業サイドからのオーダーを、採用市場の現実と照らし合わせながら実行可能なプランに「仕立てあげる」技術が必要となるのです。

それでは次に、効果的な要件定義とは、どのようなものかをご説明します。

建築設計のアナロジーに戻しますと、それは「よくできた設計図」のようなものです。建築家が自ら建設工事を手掛けることはほとんどありません。現場で手を動かすのは、パートナーとなる工務店やハウスメーカーの人たちです。その方たちに、自分が設計した住宅がどういうものであるかを設計図で示し、伝える必要があります。

設計図は、それを見た現場の人たちが、その意図を瞬時に、的確に理解でき、行動に移

写真＝PIXTA

せるようなレベルの明確さにまで落とし込まれていることが理想です。

ところが、実際にはこの設計図に曖昧さが残っていることで、現場が混乱したり、ミスが発生したり、場合によっては瑕疵工事となり、クレームや訴訟に発展したりするようなケースが見られるとのことです。

やはりこれも、採用の世界の話と、まったく同じです。

ここで現場で手を動かす方たちに当たるのは、ソーシング業務を実行する、TAチームの中のスタッフたちや外部の**採用エージェント**です。この方々に対して求める人材像を伝えるために作成する「要件定義書」がクリアに書けているかどうかで結果が大きく変わることは、もうご理解いただけたと思います。そして、採用市場という「現場」のリアルを知らない人が書いた要件定義書が、いかにデンジャラスかということも。

よく見かける残念な例が、「マスト」と「ウォント」が混在したままの要件定義書です。どこからどこまでが「なきゃだめ（マスト）」で、どこからが「あるといいね（ウォント）」なのかが不明確で、これらすべてを必須としてしまうと、「そんな人いないでしょ……」と途方に暮れてしまうような「**モンスター定義書**」が生まれてしまいます。

こういう事態に対応するには、オーダーを出す側の経営陣や事業サイドの採用市場に対する解像度が低いことについては、しょうがないものとして織り込むしかありません。それを嘆くのは、施主に対して、建築業界の常識を知らないと建築家が嘆くことと同じ不毛さです。

そこは大人になって、TAチームのリクルーターには、わがままな上層部のオーダーも、これは自分たちの出番であり、価値の出しどころだ、と前向きに捉えて、マーケットを理解する〝翻訳者〟として頑張ってほしいと思います。

2 機能する定義書

それではこの要件定義をどう進めるか、具体的な「技」の例を挙げながらご説明します。

たとえば、躍進著しいスタートアップの社長から、やや無茶ぶり気味のオーダーがあったとします。こんな感じです。

「うちをビッグに上場させてくれて、ビジネスがよく分かっていて、一緒に経営してくれそうな、グイグイいけるCFO（最高財務責任者）を探してもらえるかな！*」

こんな調子の「モンスター定義」を聞いたとき、リクルーターとしてはどうするべきでしょうか。

にっこり笑いながら、以下のように要件を丁寧に翻訳してみるのです。分解してお伝えしていきましょう。

1. 「うちの会社をビッグに上場させてくれて」

→「IPO（新規株式公開）経験を持つこと。上場プロセスに関する具体的な知識とスキルがあり、監査法人や証券会社との連携ができる人物」という理解でいいでしょうか？

* 最近はこういうストリートなノリを持つ経営者は減ったかもしれない。

2.「ビジネスがよく分かっていて」

↓「当社の事業領域に対する基本的な理解と、スタートアップならではのスピード感と柔軟性を持っていること。過去に同様の業界での財務経験や、経営視点での事業分析スキルがあるとなおよい」という感じですか？

3.「一緒に経営してくれそうな」

↓「経営者と密にコミュニケーションを取り、経営チームの一員として戦略的な意思決定に貢献できるパートナーシップを築ける人物」と表現させてもらっていいでしょうか？

4.「グイグイいけるCFO」

↓「リスクを取る姿勢があり、変化の多い環境でも前向きにチャレンジできるアグレッシブな性格。スタートアップ特有のダイナミズムを理解し、必要に応じて自ら手を動かす実行力を持つ」という意味ですかね。

このようにして、社長の要望を具体的な能力や経験に落とし込むことで、要件定義書はただの無茶ぶりのような「理想のＣＦＯ」探しから、「具体的に、このようなスキルと経験を持ったＣＦＯ」探しへと変わります。

ただし、このままではまだ不十分です。単に言語化するだけでは、「良い設計図」にはなりません。真の翻訳者としての腕の見せどころはここからです。

要件を整理する。優先順位をつける。さらに、定義書から外すものを見極める。という作業が必要となります。先ほどのようなCFOの例であれば、たとえば、以下のように定義書に落とし込んでいきます。

- **必須要件**
  - 5人の財務経理部を管理できるチーム運営能力
  - 多様な資金調達方法（資本調達、銀行借入、社債発行など）の知見
- **望ましい要件**
  - IPO経験
  ※優秀な人であれば初めてでも遂行できる業務と判断し、優先度は高くない要望とする
  - 未上場企業での勤務経験
  ※あれば望ましいが、必須にしてしまうと優秀な候補者が減ると判断
  - この業界への興味関心
  ※競合他社や顧客と向き合う業務ではないため、業界経験者に限定しない。興味関心へとレベル感を下げ、必須条件からも外す
- **要件定義書から外す要件**
  - 経営陣の一員としてマネジメントを担った経験と、コーポレートガバナンスの知見
  ※この要件を要件定義書に入れると、候補者の人数が絞り込まれすぎると判断。そう

いった立場の経験や知見がなくてもその素養があればよしとして外すいかがでしょうか。ここまで本質に焦点を当て、現実的なレベルにまとめ、誤解を招かない表現がなされた姿まで持っていければ、設計図として機能するのではないでしょうか。これはあくまで一例でしたが、オーダーを出す〝施主〟と対話を重ねながら、要件の仕分け作業を進めていきましょう。ということがお伝えしたかったポイントです。

もし、社内のリクルーターが、経営陣や事業サイドのオーダーをうまく翻訳できない場合、どうするべきでしょうか。

そのような場合には、外部の採用エージェントの力を借りることが一つの手段となります。特に経験豊富なベテランエージェントに相談し、**〝壁打ち〟**としての対話を重ねることで、解決の糸口が見えることが少なくありません。

プロフェッショナルなエージェントは、候補者を紹介してもらうためだけの存在ではありません。このように要件定義で悩んだときなどに、現状を打ち明け、対話する〝壁打ち〟に付き合ってもらうのも、お勧めです。話を聞いたエージェントの反応から、採用市場の現状やトレンドも見え、自分には無茶ぶりのように思えた上層部のオーダーが、外部のプロの目から客観的に見て、どの程度、実現可能性があるものと映るかを検証できる貴重な機会となります。

さて、この項の最後のポイントとして、もう一つお伝えしたいことがあります。それは、要件定義書は、一度つくってそれで終わり。とは限らない、ということです。ソーシングをいざ始めると、思ったほど候補者が集まらないという採用市場の現実に直面することがよくあります。候補者集めが難航すれば、要件定義そのものを見直すことを余儀なくされます。

要件を再定義し、再度試し、それでも結果が芳しくなく、再び修正を加える——難しいポジションの採用においては、こうしたプロセスを何度も繰り返すことはザラにあると覚悟しておきましょう。

メンタリティとしては〝バージョン1〟で完了するものだと思わず、むしろ〝バージョン2〟、〝バージョン3〟、〝バージョン4〟……と改訂していくのが常識だよね。という前提を置いて進めた方がよいでしょう。

ちなみに、グロービス・キャピタル・パートナーズの仕事でも、私たちの投資先である企業の方から「いい人いませんか?」という相談を受けることがあります。探している人材のオーダーを聞いて「あー、それは難しそうだ。なかなか見つからないだろうな」と思ったときにも、その時点で最初から押し返すことは、ほとんどやりません。

心がけているのは、その方が望む人物像をいきなり否定せず、まずは探してみること。いったん言われた通り試してみることです。試した結果を投資先企業にフィードバックして共有し、採用市場のリアリティを反映させながら、徐々に要件定義の修正を重ねていくようにしています。

急がば回れというのでしょうか。このやり方が、結果的には、良い採用の決断に至る一番の近道になることが多いように思います。試行錯誤をした上で採用を決めたことで、企業側には「いろいろやったが、これが考えられるベストな選択だった」という満足感を持っていただけるようです。それが「(採用した)この人とやっていこう」という覚悟にもつながり、結果としてビジネスにとって一番良い流れを生むと感じています。

3 スカウトメールという芸術

候補者を集める「ソーシング」は、**採用革命**における最大のイノベーション領域だと書きました。具体的には、企業から候補者に声をかける**ダイレクトリクルーティング**活動の始まりであり、また、これを実行に移すための各種採用プラットフォームの登場です。

振り返ると、**ビズリーチ**が2016年、テレビ広告を打ちはじめた頃から、日本でもダイレクトリクルーティングという行為が市民権を獲得するようになったと思います。同社のおかげでスカウトする企業側も、スカウトされる側も、心理的な抵抗感は随分減少しました。

特に20代、30代の優秀層は、名前も知らない企業から**スカウトメール**が届くことを、すでに日常的な出来事として捉えているようです。誘ってきた企業のリクルーターと会うことにも比較的抵抗がなく、保守的な勤務先のおじさんたちから「最近の若者は！」みたいな圧があったとしても、ふわりと受け流し、しっかりと将来を見据えながら情報収集に励んでいるようです。

企業がこれらのプラットフォームを使ってダイレクトリクルーティングを実行する際の具体的なアクションは、「スカウトメール」をつくり、送ることです。この「スカウトメール」を効果的に作成するための「技」について、ここから考察していきたいと思います。

スカウトメール作成は、TA（タレントアクイジション）業務の基本中の基本、「いろはの『い』」ともいえるものです。

端的に言えば「スカウトメッセージを送る」というだけのシンプルな業務なのですが、ベテランにとっても常に試行錯誤が伴います。そこにはなかなか深遠な世界が広がっているのです。

TAのエキスパートに、ただのメッセでしょ？　とのたまうのは、フライフィッシング好きの方に、ただの魚釣りだろ？　と、つぶやいてみるようなものです。こっぴどく30分は講釈をいただくことを覚悟しなければなりません。

候補者心理を細かく推測し、検証を重ねた末に紡がれる、わずか数百文字のスカウトメール。その制作プロセスは、もはや芸術活動と言いたくなるほど、深遠なものへと進化しうるのです。

スカウトメール。それはある種の心理戦です。

どのような内容であれば、候補者から反応が得られるのか、どんなタイトルや文面なら興味を引けるのか。試行錯誤しながら探っていく必要があります。

以下に、それぞれのポイントについて解説します。

1．事前準備：ペルソナ設定

まずは前項で述べた、要件定義の続きの作業となります。要件定義を基にして、どのような候補者がコアターゲットとなるか、そのペルソナ（人物像）について妄想を膨らませることからスタートします。

ペルソナ設定はダイレクトリクルーティングの要です。できるだけ具体的に、ターゲットの人物像を妄想してみましょう。「あの人みたいな」という知り合いの顔と名前が思い浮かぶくらいであればなおよいです。

次のような切り口から考えるといいでしょう。

- **企業やポジション**：ＡＡＡ社やＢＢＢ社のＸＸＸポジションにいる人
- **年齢層**：おおよその年齢層を設定（例：35歳〜40歳くらい）
- **現在のモチベーションとキャリア志向**：今はＸＸＸのような業務にやりがいを感じているが、もっとＹＹＹな環境に移り、ＺＺＺのような経験ができるポジションに挑戦したいと思っている

このような具合です。

2. 書いて、冷静に眺める

事前準備のペルソナ設定を終えたら、メッセージの内容を書きはじめます。

書くときに気をつけたいのは、自社視点の一方的なアピール大会にならないようにすることです。「うち、めちゃいい会社です。ほら、あれも、これも。いいでしょ！」というメッセージを書くのは素人の初歩的なミスです。これでもかとアゲアゲで迫ってくることが、果たして「はじめまして」の相手にとっていいことなのか、相手がどう思うか、冷静に考えてみましょう。

ここで自分自身を設定したペルソナへと置き換えて、文章を眺めてみることです。まる

で俳優になったかのように、自分とは反対側にいるメッセージを受け取る立場になりかわって冷静に読んでみましょう。

3. 訴求ポイントを絞り込む

次のポイントは、強調するべき点に集中することです。ターゲットに送るメッセージの中で、何にフォーカスするか。メッセージの強度を高める作業が、返信率に跳ね返ってくるのです。

まず、「会社」の訴求ポイントについて。次のような切り口から、自社についてどう端的に伝えるのが効果的かを考えます。

- **独自の強みの深掘り：**強みの中でも、他社では言えない、自社だから言える強みは何かを追求しましょう
- **競合との差別化：**競合他社の**ジョブディスクリプション**（職務記述書）や採用広報の資料をチェックし、差別化できるポイントを探りましょう
- **現場からの声：**直近で入社した社員にインタビューしてみましょう。意外と見逃していた訴求ポイントが見えてくるはずです

次に、「ポジション」の訴求ポイントです。ターゲットのペルソナを意識しながら、候

補者にとって、このポジションの何が魅力的に映ると考えられるか、整理していきます。たとえば、次のような方向性が考えられます。

- **ポジションの面白さ**：打診するポジションそのものの、社内での重要性、独自のやりがいなど
- **ポジションの広がり**：そのポジションに就いた先にあるキャリアの可能性です。たとえばスタートは、新規顧客を開拓する営業であったとしても、その先に人材育成に携わるイネーブルメント業務や、顧客とのリレーションを深めるカスタマーサクセス（CS）業務などに転じてゆくキャリアパスもありますよ、などといった具体的な例を示せるなら、強い魅力になりえます

こういった整理を通じて、メッセージの強度を高めてゆくのです。

4. 全部を言わない。削る

最後のコツは、全部を説明しすぎないことです。イケてる人材は皆さん、忙しい方ばかりです。そのような人たちは毎日、大量のメールやメッセージをさばいているという事実に向き合うべきでしょう。

チラ見せくらいがちょうどよく、「なになに、もうちょっと知りたいんだけど」と思わ

せることができたら勝ちだと思います。

私が最近、シリーズBの調達を終えた、とある絶好調スタートアップ企業のスカウトメールを見せていただいたとき、次の内容について削除を提案しました。

削除したポイント

- 事業の社会貢献性
※最初のメッセージでアピールするほどには、受け手からすると優先順位は高くない
- グローバル化
※ターゲットがグローバルな業務に興味を持っていない可能性もあり、その場合は逆効果になるかもしれない
- 社風・チームの雰囲気
※会ったことがない人相手では本意が伝わりにくく、表層的なところで誤解を招きやすいため

格闘技に例えるなら、あらゆる打撃を数多く繰り出すのではなく、機を見て、ここだ。というタイミングで、最小限の手数を繰り出し、相手を倒すようなものです。無駄を省き、相手の興味を引くための一撃を狙うことが、返信率につながると肝に銘じたいところです。

スカウトメールの文字数は、ケースバイケースですが、全体で７００文字以内の短いメッセージにすると反応がいいとされています。

優秀なビジネスパーソンほど、長いメッセージを嫌う。という法則があるかのように考えてください。ターゲットの想定年収が高くなるほど、反比例してスカウトメールは短くしてゆくべきです。

このあたりの塩梅は、ラグジュアリーブランドのＶＩＰ向けマーケティングと似ています。果たしてトップメゾンがＶＩＰに向けて、長々としたご案内状を送るでしょうか。

ちなみに、超大物をスカウトするようなケースとなると、いきなり案件を案内するスカウトメールはめったに送りません。まず読んでくれません。

そのレベルの方に対しては、初対面でのポジション提案は失礼にさえなりえます。そういったお願いをする前に、しっかり「宿題」をこなしておく必要があるのです。

まずは、なんとかして誰かに紹介してもらうなどして一度、お目にかかる機会をうかがうべきです。その後、メッセンジャーでつながっておいたり、お礼メールをやりとりしたりしておいて、ゆるくつながっておくのです。そして、ここぞというタイミングで昔のお礼メールに被せる形で、

「ご無沙汰しております。ところで、面白い仕事の案件が入りました。

多分興味を持っていただけるような気がします。お話しできませんか」

これくらいの、2行で終わるような、簡素かつミステリアスなメッセージを送るのです。これが超大物に当たる際のコツです。

このように、スカウトメールを1本送るのにも、しっかりとした準備と戦略的なアプローチが必要だ。ということがお分かりいただけたと思います。スカウトメールに反応がなければ、ダイレクトリクルーティングは始まらず、TA業務のファーストステップであるソーシングが、初手からつまずいてしまいます。スカウトメールという「芸術活動」を侮ることなく、その奥深い技術を習得し、磨いていきましょう。

4 スカウト業務の極め方

スカウトメールを書いたら、次に考えるべきは、それをどう送るかです。このプロセスにも、実に奥深い側面があり、多くの人間らしい感情が絡んできます。

企業側が、転職活動をしているかどうかも分からない候補者に対し、「うちの会社に興味ありませんか」とメッセージを送る行為は、表面的には単純でプリミティブなものです。

しかし、その裏には、それなりの勇気が求められます。

特に、相手との関係性がまったくない状態で、しかも匿名ではなく、自分の名前と会社の看板を背負ってアプローチするのですから、心理的な負荷が少なからずかかります。見知らぬ相手に声をかけることは、気軽に見えて、実は心理的な壁を超えねばならない行為なのです。

例えるなら、新人の美容師さんが街に出て練習のためのカットモデルを探すときの感覚に似ています。声をかけても（無料でいいのに！）無視されることが多く、そのたびにつらい思いをするという話を耳にすることがあります。その経験に共感できるリクルーターは多いのではないでしょうか。スカウトメールを送るという行為にも、それと同じように、見えない相手との間での「人間らしい葛藤」があるのです。

この「スカウトメールを送る」という業務スキルを向上させてゆくためのノウハウを、順番にご説明していきましょう。

1．プラットフォームを選ぶ

まず、どのプラットフォームを選ぶかです。

ダイレクトリクルーティングは、**リンクトイン**やビズリーチといったプラットフォームの上でなされ、スカウトメールもプラットフォームを使って送ります。

対象とするポジションなどによって、相性のいいプラットフォームは異なります。スカウトメールの返信率や社内での運用負荷なども考慮しながら、複数のサービスを使い分けつつ、進めてゆくことが多くなるかと思います。

これまで頻繁に触れてきたリンクトインとビズリーチ以外にも、様々なプラットフォームがあります。以下に代表的なサービスの現時点での特徴を挙げます。

- **ビズリーチ**：日本におけるダイレクトリクルーティングの王道ツール。マネジメント採用のミドルレイヤーからハイレイヤーに強い。登録者の業種・職種は様々で、40代前後の管理職系が多く、第二新卒系や若手エンジニア層はあまり多くない。
- **Wantedly**：登録ユーザー数、登録企業数はリンクトイン、ビズリーチと並ぶ規模*。若手や新卒へのアプローチに強く、カジュアル。採用広報ツールとしても使いやすいが、ハイレイヤー層とは親和性が低め。
- **LAPRAS**：エンジニアのエキスパート採用やプロダクトマネージャーの採用に特化。IT系エンジニアであればレイヤーを問わず可能性がある。
- **Green**：IT・ウェブ業界中心に幅広い層にリーチできる。若手から中堅クラスの採用に向く。
- **YOUTRUST**：20代優秀層、エンジニアや営業職の採用に強い。個人のつながりをベースにしたSNSだが、企業からの発信やダイレクトリクルーティングも可能。

＊ Wantedlyは、2024年、日本国内の登録ユーザー数400万人、登録企業数4万社を突破。リンクトインも2024年、日本国内の登録メンバーが400万人を突破し、ビズリーチは2025年1月末現在、登録者数282万人以上（スカウト可能会員）、導入企業数3万4700社以上。

2. スカウトメールの効果測定

スカウトメールの文面については前項で解説しましたが、送ったら終わりではなく、その効果を測定し、改善策を打つことが理想です。この改善作業にデジタル・マーケティング（デジマ）の考え方を適用するということが、トップクラスの結果を出す会社が必ずやっていることです。もし御社にデジマの専門家がいるならば、ぜひ助言を仰ぎましょう。

まさにデジマの世界では常識とされていることですが、**A／Bテスト**の実施をお勧めします。メッセージの最適化に役立ちます。

ダイレクトメールには、大きく2つの要素があり、「見出し」と「本文」に分けられます。テストする際には、そのどちらか1つについて2パターンをつくり、もう1つの要素は一定に保ちます。2パターンを試したら、返信率が高かった文面を残し、他の要素を変えてまたテストする、という作業を繰り返すことで、候補者に刺さる文面にブラッシュアップしていきます。

このテストはある程度のボリュームを必要とするので、リーチできる人数が稼げそうなタイミングでトライしてみるのがよいと思います。

A／Bテストを重ねて、メッセージの文面がある程度まとまってきたら、次はデータ追跡と分析です。

- ポジションごとのスカウトメールの送信数と返信数をデイリーで記録し、返信率を出す（異なるプラットフォームを使用した場合は分けて記録する）
- 返信率の目安は、ミドルレイヤー・ハイレイヤーで約10％。ターゲットとするポジションなどに合わせて目標値を設定し、計測値が目標値に届かなかった場合、ペルソナに合う文面を再考する
- スカウトメールの送信数は1ポジションにつき週15通以上とする（これくらいは送らないと、実際の反応を検証することが難しいため）

こういった調査・分析を細かく実施することで、改善のヒントが見つけられるようになるでしょう。

もし、運用開始から2週間後までに、返信率が目標値に満たない場合は、使用するプラットフォームのカスタマーサクセス担当に相談し、タイトルや本文の訴求ポイントについて相談してみることもお勧めです。

3. パーソナライズ

送る際にメッセージを一人ひとりに合わせ、ちょっとした**パーソナライズ**をすることも、ぜひ取り入れていただきたい要素です。そのためのちょっとした「仕組み」を業務に埋め込めれば違いを生み出すことができるでしょう。

まず誰にでも送っていそうな、テンプレートそのままっぽいメッセージは、手抜きがバレやすいことを認識しましょう。

特に、転職の意向のない**パッシブな候補者**にアプローチするときほど、メッセージのパーソナライズは違いを生みます。

具体的には、相手のバックグラウンドや興味について、クイックにリサーチする手間を事前に取ることです。SNSの投稿やプロフィールなどを通して、相手の興味関心やキャリア変遷などを認識し、スカウトメールでさりげなく触れることが効果的です。

やりすぎると気持ち悪がられることもありますが、ちょっとした共通点や、共通の知人に言及することで、相手の関心を引くことができます。「あなたに特別な関心を持っている」ということが伝われば、この人にとって自分は「多くのリストの中の一人」ではないと感じてもらえるものです。

特に近年は、刺されればラッキーとばかりに、テンプレートそのままっぽいメッセージを雑に送りつけてくる人たちが多いので、丁寧に準備された文面は、より際立つともいえます。

また、相手の業界や役職に合わせてメッセージのトーンを調整することも大切です。フォーマルにすべき場合もあれば、少しカジュアルなアプローチが効果的な場合もあります。状況に応じて適切なバランスを取ることで、コミュニケーションがよりスムーズで、好感の持てるものとなるでしょう。

4. トラブル防止

さて、ソーシングについての最後は「べからず集」のような話です。

スカウトメールを送る際に最もよく見られる落とし穴は、いわゆる「**誤爆**」と呼ばれるケアレスミスでしょう。

代表的なのは、「佐藤様へ」が「鈴木様へ」となってしまっているようなケースです。メッセージをコピペする際に、冒頭や文中に入れておいた名前を変えるのを忘れてしまい、前の人の名前のまま送ってしまうことによる誤爆です。

これに対するソリューションとしては、別の人に送ったものをコピペするのではなく、「**マザーテンプレート**」を用意することです。

（マザーテンプレート例）

「突然のメッセージで失礼します。●●様の、●●におかれての●●に関するご経験に興味を持ちまして、ご連絡させていただきました」

パーソナライズした変更が必要な部分を「●●という黒丸にしておき、コピペの際にはそのマザーテンプレートだけを使うようにすることです。この黒丸使いが視覚的に一番見落としづらいと思います。

手間に感じるかもしれませんが、送ったばかりのメッセージではなく、別のウィンドウで開けておいた黒丸入りのマザーテンプレートに毎回戻り、それをコピー、修正して送る習慣をつけるのです。

この業務プロセスを徹底することで、かなりの確率で誤爆は減るのではないでしょうか。

少し違う話になりますが、TA（タレントアクイジション）チームの人数が増えてきた際に起こりがちなトラブルとして、「**集団誤爆**」があります。

これは、同じ会社のTAチームに所属する複数のメンバーが、同じ候補者に対して、同じ案件のメッセージを送ってしまう状況で、よく問題となります。

さきほどの「誤爆」（区別するため「一人誤爆」と呼んでもいいでしょう）は、送った担当者のブランド毀損の面が強いのですが、こちらの「集団誤爆」は企業イメージを毀損しやすいので、より気をつけたいところです。

これに対する有効な対策は、TA業務向けに開発された「**TAテック**」を活用することです。

たとえば、リンクトインであれば、上級プランにしっかり課金し、管理機能を使うことで、この問題を防ぐことができます。複数のプラットフォームを利用している場合、工数はかかりますが、「HRMOS（ハーモス）採用」のような**ATS**（応募者追跡システム）を導入し、スカウトメールの送信前に、過去のコンタクト履歴を確認するフローを組み込むことが有効です。
この分野では日々新しいソリューションが登場していますので、その時々で最新のツールを調べ、御社にとってベストなものを選んで導入することが大切でしょう。

最後に、一番メンタルがやられがちなミスについても触れておきましょう。

それは、「**二度目の初対面誤爆**」です。

たとえば、以前お会いした方に「はじめまして」と送ってしまったり、過去に面接まで進んで「お見送り」と判断した候補者に、再び「はじめまして、うちに興味ありませんか」と送信してしまったりするケースです。これは本当に気まずい状況を招きます。

この種類の誤爆を防ぐには、過去の送信履歴をしっかり見返すか、自動でアラートが出る仕組みを導入する必要があります。実効性のある対策なくして、問題の解決は難しいでしょう。

とはいえ、システムだけですべてが解決するわけではありません。ガンガン送りたくなる気持ちをぐっと抑えて、ひと手間、ふた手間を惜しまず、丁寧にメッセージを送ることも重要です。

そもそもダイレクトリクルーティングは、費用対効果が高い手法です。そこで多少の時間効率が下がることを気にするのは、ナンセンスといえるでしょう。

ダイレクトメッセージの極め方についてこれまで書いてきましたが、結局のところ、採用活動は「人と人が出会う場」であるという基本に立ち返ることに尽きます。ベルトコンベアに乗せるような機械的な作業として扱ってはいけません。時にはミスを経験しながらも、自分なりの誠実さで正確を期し、ミスの出ないやり方を見つけていくしかないのです。

電車の運行のように「信号オッケー」と指差し確認をするのも一案でしょう。あるいは、平安時代の恋文ではないですが、送信ボタンを押すときに相手の顔を思い浮かべて、気持ちを込めるのもよいかもしれません。冗談のようにも聞こえますが、こうした「思いを込める」行動が、自ずとミスを防ぐ冷静さを生むのです。

思いを込めた丁寧なやりとりは、単なる「作業」ではなく、素晴らしい人材との出会いという「物語」の始まりです。その物語が心地よいものであるよう、日々の小さな工夫を積み重ねていくことが、リクルーターとしての成功につながるでしょう。

5 川からプールへ

フローとストックという言葉があります。

川の流れをフローとするならば、ストックとは貯水池のようなものです。川も、雨が降らなければ枯れてしまうことはありません。安定した水源を確保するためには貯水池が必要です。

企業の採用活動においては、いざ人員が足りなくなってから求人を始めるのはフローに頼るということです。変化が激しくなっている現代において、特に専門性を持った人材や業界経験を持つリーダー人材を多く求める企業などでは、それだけでは、いざという時に人材が不足してしまうことになりかねません。

たとえ急成長するスタートアップほどには採用ニーズがない企業においても、今後人材の流動性が高まり、ますます**タレント・ウォー**が本格化してゆくと想定するならば、長期的にリーチできる候補者のストックを蓄えておくことの必要性が高まってきています。ストックを持つ必要のない企業など、今日においてはほとんどないのではないでしょうか。

ダイレクトリクルーティングの登場による革新とは、企業が候補者に直接、声をかけるようになったことだけではありません。

TA（タレントアクイジション）システムを導入した企業は、個別の案件ベースではない動き方ができるようになります。恒常的に自社が追いかけるべき人材を貯め、候補者のストックをリストとして持つという「**タレントプール構築**」活動ができるようになったのです。

これは、今すぐに採用する必要がなくても、イケてる候補者たちと多く会って関係を構築しておき、それをデータとして管理することを意味しています。

自社のニーズと候補者のキャリアプランが一致したタイミングで、バシッと採用に移れるよう、準備を整えておく。このような「プール」があることによって、ここぞというタイミングで素早くターゲット人材にリーチできるようになり、候補者の供給を途切れさせないことが可能となるのです。

トップクラスの人材は、外から見て分かるような転職活動、言葉を換えれば、自らが動く転職活動をすることはなく、水面下での獲得に向けたつばぜりあいが行われています。だからこそ早い段階からパッシブな候補者とつながっておき、転職の意向が生まれたタイミングを素早くキャッチするということが効果的なのです。また、それ以上に先方から「すごく前から声をかけてくれていた」と思ってもらえることは大きなプラスとなります。

特に、多くの企業が欲しがるようなマネジメント人材となると、早い段階でポールポジションを取っておくことは意味を持ちます。

意外かもしれませんが、仕事ができる人ほど、ご縁のような古臭いとも思えるかもしれない感覚を大切にするように感じます。最初に声をかけてくれたというだけで、勝手に縁を感じて、好感を抱くという方は多いものです。

フローに頼る採用は、ゲームに例えるならば、アクションゲームのようなものです。欠員が生じたポジションに対して、いち早く反応してスカウトメールを打ち込む。反応の速さが生命線のようなゲームです。

しかし、そのような目の前の勝ち負けに一喜一憂している状態では、ＴＡチームの活動としてはまだ序の口です。

高度化されたＴＡチームの活動は、まるでロールプレイングゲームをプレーしているような様相を呈します。

近々のニーズに対応するのはもちろん、将来的なニーズを見据え、候補者とのつながりをつくり、長期的に育てていく。それは、さながら勇者を育む冒険の物語のようです。

タレントプールづくりのアクション

続いて、**タレントプール**をつくるための取り組みの例を、ステップに分けて、ご紹介します。まずは現実的にやりやすいことから始めて、ステップを踏んで進めていければよいので、参考にしてみてください。

1．パイロットプロジェクトとしてゆるりと始める

まずはＴＡチーム主導の試験的なプロジェクト（パイロットプロジェクト）として、有志

が集まり、仕事、プライベートを問わず、これまで会ったことがある人の中で、「きっとこの人は成功しそう」「いつか一緒に仕事をしてみたい」と思える人をリストアップする時間を取ってください。

できあがったリストは、最初はシンプルに、スプレッドシート（表計算ソフト）で管理することをお勧めします。リストアップができたら、その方々に、メールやチャットなど軽い形でコンタクトを取ります。

ここからスタートして、日々、新たに出会う人の中で、候補者に入れたい人を加えてゆくのです。来てほしかったのに他社に行ってしまった候補者なども、ぜひここに入れてしまいましょう。

2．ほどよいところでのフォローアップ

この「簡易版データベース」を定期的に見直し、リストの人材たちと定期的にコンタクトを取る習慣をつけます。6カ月に一度くらいが目安でしょうか。カジュアルなメッセージを送ったり、何か雑談をしたりと、いやらしくない形で、まめにタッチポイントをつくることがよいと思います。

「最近はどのようにお過ごしですか？」など、あらたまった言葉遣いで近況を尋ねるようなメールを送るのも丁寧でよいかもしれませんが、少し重く感じる方もいらっしゃると思います。「お元気ですか！」などとフレンドリーなやりとりを重ね、ゆるやかで温かい関

係を維持しましょう。

自社で新たなプロジェクトが始まったり、相手の方に人事異動があったりなど変化が出てきたら、それらについて軽く触れ、「今度、またお話しできれば嬉しいです」といった柔らかな誘いを入れてみてもいいでしょう。タイミングが合えば、カジュアルな面談に発展させることもできるかもしれません。

このようなパイロットプロジェクト的なアクションであれば、さほど時間や労力はいりませんので、どこの会社でも始められるのではないでしょうか。

6 ハイクラス・プール

では、さらに踏み込んで、積極的にパイプラインをつくり、活性化してゆくための活動としてはどのようなものがあるでしょうか。「ミドルクラス」と「ハイクラス」に分けて、ご紹介します。

ミドルクラス向けのアクション

1. 定期的なイベントの開催

つながりを持ちたい候補者に合わせたセミナーやワークショップを定期的に開催します。たとえば、エンジニア系のマネージャーのパイプラインを構築したいのであれば、「XXテクノロジーの未来」といった形で勉強会やハッカソンを主催し、その分野で活躍する人材と接点をつくります。定期的に開催すれば、候補者のリストを増やすだけでなく、候補者の間で認知度を上げることにもつながります。

2. 情報提供

採用を意識した情報発信も有効です。

たとえば、メルマガやブログ、SNSなどを活用し、業界動向や自社が注力するプロジェクトの進捗などを共有します。

エンジニアのエキスパート向けであれば、注目の最新技術を深掘りしたり、マネジメント層向けには市場トレンドを分析したりするなど、ターゲット層に響くコンテンツを定期的に提供することで、候補者の「いつか一緒に働きたい」という気持ちを育てられます。これにより、いざ採用のタイミングがきたときのアプローチがスムーズになります。

なお、自社が持つ独自のカルチャーやビジョンを愚直に発信し続けることも手法としてはアリですが、やりすぎは排他性（内輪ノリの押しつけ）を感じさせかねないのでバランス感覚は必要です。

3. リファラル候補者との交流

既存の従業員に紹介してもらった「リファラル候補者」と、中長期的な将来の採用を見据えて交流します。ここで相性のよさを相互に感じた候補者とは定期的にカジュアルなランチ会などを開催し、互いの関係性を深めていきます。

採用のタイミングがまだ先であっても、リファラルでつながりを持った候補者を自社のファンとしてキープすることは、時には紹介の紹介を呼ぶ、数珠つなぎ的な出会いにつながることもあり、意味がある活動となるでしょう。

このあたりの、ゆるいつながりから採用に育てる手法は、採用意欲旺盛ながら人材が不足しているスタートアップ界隈《かいわい》で発達していきましたが、近年はそれが、大企業へも広がっています。

ハイクラス向けのアクション

続いて、ハイクラス向けについて考えるにあたって、先に落とし穴について触れておきます。まずもって多くの不慣れなチームがやってしまいがちなことは、前述のミドルクラス向けのアクションを、ハイクラス向けに仕掛けてしまうことです。

正直、ハイクラスになればなるほど多忙で自尊心も高くなりがちなため、ミドルクラス向けのような、ある程度の人数にまとめて対応するグループ向けのアプローチでは、ほとんど効果がないどころか、「私を誰だと思っているのかね」と憤慨させてしまうことすらあることは、ぜひ知っておいていただければと思います。では、順番にお伝えしましょう。

1. 食事をする

伝統的な手法すぎてつまらないと思われるでしょうが、とにかくハイレイヤーとの関係づくりでは、「1対1」の会食に効果があります。例外もありますが、「複数対1」の会食（ハイレイヤー人材1人に対し、企業側が複数人の会食）は、なぜかだいたいうまくいきません。採用目的であれば、1対1にこだわってください。

最初はカジュアルなランチがいいでしょう。リラックスしたランチで関係が深まったら、軽いディナーでより深い話ができる環境をつくります。繰り返し接触を重ねて信頼関係を築ければ、具体的な話に発展する可能性が高まります。

2. ラウンドテーブル

ハイクラス人材だけを集め、少人数で意見交換するネットワーキングを兼ねた会食を開催することも効果があります。

ポイントは同じ業種内の会合ではなく、異業種の人材ばかりを集めることです。狙いは採用なのですが、決してその意図を出さないことが大切で、あくまで目的は意見交換とネットワーキング、なんらかの勉強会の体を取ることがお勧めです。勘のいい人は、こちら側の意図に気づいてしまうかもしれませんが、ハイレイヤーの会合であれば阿吽《あうん》の呼吸で大人な対応をしていただけますので、あまり問題はありません。

会のデザインとしては、ゲストは5人程度、ホストは2人が理想的で、個室を押さえましょう。自社からも社長または役員クラスの参加を手配し、出席者全員の質とバランスにこだわることが重要です。発言量に差が出すぎないように、ホストが気を配り、自然で心地よいネットワーキングの場を提供することに注力するよう心がけます。

この活動は、良い出会いをつくってくれたと参加者に感謝されますし、会社のブランディングという意味でも効果があります。また、副次的にはホスト役にとっても学びが得られ、視座を上げられるという効果も期待できます。

これらの活動を通じてあれこれと試行錯誤をしていけば、きっと最初につくった「簡易版データベース」は質量ともに充実していくでしょう。

続いて、このデータベースを会社としてはどう管理するべきか。という点についても触れておきます。

もし、データを会社としての資産にすることを目指すのであれば、候補者の管理に特化したシステムの導入などが頭に浮かぶでしょう。しかし正直なところ、毎年よほどの人数をキャリア採用する企業でない限り、システムのメンテナンスなどのコストを考えるとコスパはよくないように思います。

さらに、たとえ仕事の関係でスタートした関係だとしても、人間関係というものはどうしても関係性が個人に紐づいてしまうという特性があります。

だとしたら、最初から割り切って会社として統合管理することは諦め、個々人のアセットとして委ねてしまうことも、現実解としてアリかもしれません。

とはいえ、候補者のデータベースをTA（タレントアクイジション）チームが共有することにはもちろんメリットもあります。それは米国企業では当然のように実装されている仕組みです。また日本でも、共有データベースを構築し、運用する企業が少しずつ出てきています。

そのような場合も、最初はプリミティブなくらいシンプルなやり方で始めることがお勧めです。

共有データベースはスプレッドシートで十分でしょう。クラウド上に置くことでリアルタイムの情報共有が可能となり、TAチームの作業効率が向上します。特にスプレッドシートは操作がシンプルでカスタマイズ性が高いため、導入コストはもちろん、運用の負担も抑えられます。重要なのはデータベースを単なるリストではなく、継続的な情報の蓄積と更新の場として機能させることです。

共有データベースを構築する際のアプローチとしては、まず自社が継続的に求めることになりそうな人材カテゴリーを、TAチーム内で大まかに設定することから始めてみることがお勧めです。たとえば、「30代のコンサルティング会社で働くジェネラリスト」を頻繁に必要とする場合、そのカテゴリーに該当する候補者のデータベース作成を第一歩としましょう。

このデータベース作成のプロセスにおいて重要なのは、ターゲットとなるカテゴリーの人々と集中的に会い、まずは「ひな型」をつくってみることです。積極的にアプローチをかけ、対面またはオンラインで話をし、得られた情報を共有データベースに記録します。この作業は実際に会った担当者が責任を持って行い、人材としての特徴や優劣についても分類します。

このプロセスを経れば、優秀な「30代のコンサルティング業界で働くジェネラリスト」が、特にどの企業やチームに多くいるのかが徐々に明確になっていきます。この活動は未知の土地を歩いて測量し、地図をつくり上げる作業に似ています。いわば、タレントの「**マッピング**（地図化）」です。

データを蓄積し分析を重ねることによって「土地勘」が培われていきます。やがては、優れた人材が集中的に輩出される「**タレント工場**」ともいえる企業を特定することも可能になるでしょう。

7 リファラルを活性化するには

リファラルほど強力な採用手法は他にありません。

従業員から知人の紹介を受ける**リファラル採用**は、自社に合う優秀な人材が見つかる可能性が高く、採用コストも抑えられます。そのため、導入する企業は日本でも数多く、今やメジャーな採用手法の一つといえるでしょう。

実際、急成長企業には、リファラル採用をうまく活用している企業が目立ちます。

一方で、やってはいるものの、全然うまくいかない企業がたくさんあるのも事実です。その差はどこで生まれるのでしょうか？

まず、リファラル採用をうまく機能させられていない企業では、従業員にただ「誰かいい人いない？」と声をかけるだけで終わってしまっていることが多いようです。

問題は、手間のかけ方が足りないことです。しかし、つい「紹介が少ないのは、従業員が会社に対していい印象を持っていないから」という誤解や言い訳をしてしまいがちです。また、リファラル採用の活性化策として、紹介者に支払う報奨金を引き上げようとする動きもよくあります。しかし残念ながら、金銭的な報酬で解決しようとするアプローチには限界があります。

では、成功するリファラル採用を実現するためには何が必要なのでしょう?

ここでご紹介したいのが、米国のベンチャーキャピタル大手、**セコイアキャピタル**が提唱する「**メモリーパレス**」のアプローチです*。

さすが泣く子も黙るセコイアさんともなると、ネーミングまで知的ですね。「メモリーパレス=記憶の宮殿」という名前の由来は、古代ローマの哲学者キケロが使った「**場所法**(the Method of Loci)」という記憶術だそうです。詩を覚えるため、キケロは、詩の各節を自分の家にある様々なものと結びつけ、脳内で部屋から部屋へと散歩することで記憶を呼び起こし、詩を暗唱した、という故事からきているとのことでした。

この手法は、一時日本のスタートアップ界隈で話題となり、活発に活用されはじめています。どんな企業でも簡単に実践できる手法なのでご紹介します。

＊ セコイアキャピタルのサイト内の記事「3X Your Referral Rates」を参照

メモリーパレスのステップ

1. ガイドつきリストアップ

まず、採用担当者が従業員と1対1で時間を確保して話し、高校や大学、過去の勤務先などで出会った印象的な人物を思い出してもらいます。たとえば、

「クラスで最も優秀だった人は誰ですか?」

「インターンシップでのメンターは誰でしたか?」

「直近に勤めた会社で、頼りにしていた人は誰ですか?」

などの質問をします。これらの質問をぶつけ、過去の人脈を思い出してもらい、紹介をお願いする人のリストを作成します。

2. コンタクト

リストアップされた候補者の名前と連絡先をデータベースに記録します。重要なのはそれと同時に、紹介してくれた従業員に対して紹介先に迷惑をかけないことを約束することです。その後タイミングを見て、ターゲットの方にコンタクトを取ります。あわせて、知人も一緒に誘えるイベントを企画して招待するといった方法で、さらにネットワークを広げることもできるでしょう。

3. 関係性づくり

コンタクトした候補者がすぐに転職に興味を示さない場合も多いものですが、長期的な関係を築くことが重要です。一度会って自社の魅力を伝えられれば、将来転職を考えたときに思い出してもらえる可能性が高まります。また、候補者のキャリアプランを理解しておけば、プランに合いそうなポジションが出てきたときにあらためてコンタクトを取ることで、相手にとって魅力的なオファーを提示することもできます。

実際にこのメモリーパレス方式で、リストアップを試したことが何度かありますが、確かに効果の高いやり方だと確認ができました。ただ「いい人いませんか」と聞くだけでは、意外と思い出せなかったりするものです。これくらい丁寧なプロセスを踏めれば、御社のリファラル採用のレベルは格段に向上することと思います。

8 リファラル採用の落とし穴

残念ながら、リファラル採用も良い話ばかりではありません。この手法には効果が高いことと裏腹に、いくつかの落とし穴があります。

1. 多様性を損なうリスク

過去の人脈の中から「優秀な人」を思い出して推薦する際に自分と似た人を選ぶ傾向が誰しもあります。それが行きすぎた場合は、組織の多様性を損なう方向にいきがちです。一般論としては、リファラル採用の比率が高いのは望ましいことです。しかし、あまりそれが高い場合（適正比率は個々の企業によって変わります）は、同質性が強すぎる組織になっていないか、それによる排他性などの課題は生じていないかなど、真摯に自社の現状を問いながら進めることが必要でしょう。

2. 強制することの逆効果

従業員一人ひとりに過去の人脈をヒアリングするという手法をご紹介しましたが、この作業を効率的にやってしまおうとばかりに**経験者採用**で入社したばかりの従業員を集めて、まとめて実施する企業もあります。よくあるのが、**オンボーディング**研修の一環として実施されるケースです。

前職を退職したばかりで記憶がフレッシュなうちに優秀だった人を思い出してもらおう、というアイデア自体は理解できますが、入社して間もなく、会社の雰囲気にまだ十分に馴染んでいない時期に、集合研修の場で個人情報の提供を求められることには心理的な抵抗を感じる方が多いのではないでしょうか。

人の紹介を受けるには、強制では無理があります。自発的に協力したいと思えるだけの会社と従業員の関係性が必要なのです。

3. お見送りの際のトラブル

また、リファラル採用を推進していく中でよく問題になるのが、紹介を受けた候補者を採用プロセスに乗せたものの、結果として「お見送り」になった場合です。

知り合いからの推薦で応募に至った場合、候補者は少しだけ丁寧な扱いを期待するものです。万が一、断られるとしても、気を遣って連絡してくれることをイメージします。

それにもかかわらず、他の候補者と同じく淡々と処理されてしまうと、その期待との落差からトラブルに発展しがちなのです。

そもそも候補者をお断りする際には、誰に対しても誠実で丁寧な対応を行うことが重要です。しかし、従業員から紹介を受けたリファラル採用の場合には、通常以上に注意深い対応をしたいものです。信頼関係を考慮し、次のような追加対応を行うとよいでしょう。

- **感謝の気持ちを添える**

具体的には「あらためまして、XXさんのご紹介から、弊社へのご関心をお持ちいただきまして、ありがとうございました」といった形で、経緯を理解していますよ。ということをお伝えするのです。

- **お断りの理由の説明を添える**

「今回のポジションに関するこの要件を考慮した結果、ご期待に添えない形となりました」といった形で、可能な限り具体的に、かつポジティブなニュアンスを込めてお伝えします。

- **今後の可能性を残す**

「別のポジションでご活躍いただける可能性があると考えております。その際には、あらためてご連絡させていただきます」というように、候補者の将来の可能性に触れる一言を添えましょう。

これらの〝お作法〟を確実に漏れなく実行するためには、システムで管理したいものです。リファラルの候補者にはフラグが立つようにしておき、やるべきことのチェック項目を追加することです。こうすることで、ヌケ・モレのない丁寧な対応が可能になります。

もう一つ、確実に実行したいことがあります。それは、候補者にお断りの連絡をする前、もしくは同時のタイミングで、その候補者を紹介してくれた社員にも必ずその判断を伝えることです。これは、紹介者の立場を守り、恥をかかせないためにも重要です。断りを聞いた候補者から先に連絡が入り、「え？　そうなの。聞いていなかった」となるのは避けたいものです。

この報告が遅れたり、報告を怠ったりすると、その従業員は「もう大切な友人を紹介したくない」と感じるばかりか、そのような雑な対応をされたという噂が社内に広がりがちです。一度そうなってしまうと、その会社でリファアラル採用を盛り上げることはかなり厳しくなってしまいます。特にエンジニア系やコーポレート系の人材は、このような機微に対して敏感な傾向があるので、注意が必要です。

以上のように、リファアラル採用は、確かにパワフルで低コストですが、手間を惜しむとすぐに形骸化してしまいます。どんな手法であっても人脈を活用した採用を成功させるには、長期的な視点に立った丁寧なアプローチが不可欠なのです。

結局のところ、リファアラル採用の果実は、そう簡単には手にできないものなのかもしれません。それでもリファアラル採用にかけるべき手間は、その一つひとつが未来の信頼を紡ぎ出す力となるでしょう。

第2節

ジャッジの技術

候補者を正しく「評価（アセスメント）」することは難しいが、評価に基づいて「採用するか、それとも見送るか」という決断を下す「裁定（ジャッジ）」は、時として評価以上に難しい。採用において妥協は避けられない。「人間性」に対する妥協はすべきでないが、逆に手放すべきものもある。

1 青い鳥問題

採用活動には大きく分けて3つのステージがあると書きました。プロセスを再度示しておきます。

1. ソーシング（探索）：適切な人材を見つける技術
2. アセスメント（評価）：見つけた人材を見抜き、適性を見立てる技術
3. ジャッジ（裁定）：最終的な判断を下す技術

さて、**ソーシング**に続きまして、この節では、採用プロセスの3番目である「ジャッジ（裁定）」に焦点を当て、その理解を深めていただこうと思います。**アセスメント**については、第5章で取り上げます。

採用において、「アセスメント（評価）」はもちろん欠かせない要素ですが、最終的に「ジャッジ（裁定）」を下す場面は時にアセスメント以上に難しく感じられるものです。

候補者の能力や**経験・知識・スキル**をしっかりと見極めること（アセスメント）ができても、そこから「採用するか、それとも見送るか」という決断を下すこと（ジャッジ）には特有の重圧が伴います。

特に、組織の将来に直結する重要なポジションについて決断を下す瞬間は格別で、その決断がもたらす影響の大きさを思うと迷いや不安を覚えるのも無理からぬことです。

少し極端な例となるかもしれませんが、私自身のヘッドハンターの経験を振り返ったとき、トップエグゼクティブの採用の難しさとそのプレッシャーは、何年たっても慣れないものでした。

エグゼクティブ・サーチの現場でのヘッドハンターの役割は、候補者の推薦だけではありません。候補者に対してクライアントが採用するかどうかの最終的なジャッジを下すまでの過程でアドバイスを提供することも重要な役割です。特に、経営トップなどハイレイヤーの採用になるほど、その「ジャッジ」のプロセスに深く関与することが多くなります。

しかし、本書の冒頭にご紹介した話のような、クライアントから思わぬ結論を聞かされることが現場ではよくあるのです。候補者に関する見解が私たちとクライアントの間で一致しているかと思いきや、クライアントに「こういう理由で今回は見送りたい」と言われるケースが実に多いのです。候補者の評価が果たして十分な客観性を持って行われているか疑問を感じ、思わず首をかしげることもよくありました。

ヘッドハンターとして驚かされる「お見送り」の結論を出すクライアントは、多くの場合、**「もっといるでしょシンドローム」**とでも呼ぶべき状態に陥っています。これは典型的な採用の罠で、重要なポジションの採用において失敗するのは絶対に避けたいという、切実な気持ちから生じる現象です。

「この人でいいのか」「いや、もっといい候補者がいるかもしれない」と考えすぎてしまうあまり、最終的な「ゴー（採用）」の意思決定を下すタイミングを失ってしまうのです。

こうしたケースにおいて多くの場合、ジャッジを下す人たちの視線は、候補者の優れた資質に注目するよりも「欠けている点」に向きがちになっています。

たとえば、「人格的にも能力的にも申し分なく、リーダーシップも発揮できそうだ」と評価している候補者について、「業務経験が完全には一致していないね」という理由だけで見送りのジャッジを下すケースがよくあります。難しいサーチ案件で「わずかな経験のズレ」を過剰に気にするあまり、優秀な人材を逃してしまうというのはあまりに惜しいことです。

さらに深刻なのは、採用プロセスが長引くことによって起こる副次的な影響です。それは、時間をかければかけるほど新たな候補者を探し出す労力が増し、候補者の質が低下していく可能性が高まりうるという現象です。

そして、最終的には「これ以上探しても見つからない」という消極的な理由で、妥協的な判断を下してしまうことになりかねません。

ヘッドハンターはプロとして、日々多くのエグゼクティブと会い、豊富なデータベースと市場感覚を頼りに、ターゲットとなる人材の魚影の濃さ（どれだけ希少なのか）を把握しています。その上で、リストを何度もふるいにかけ、厳選された候補者だけをクライアントに紹介するわけです。つまり、「御社の条件で採用できる中では、これが〝かなり〟良

候補者の質と探索労力の関係（概念図）

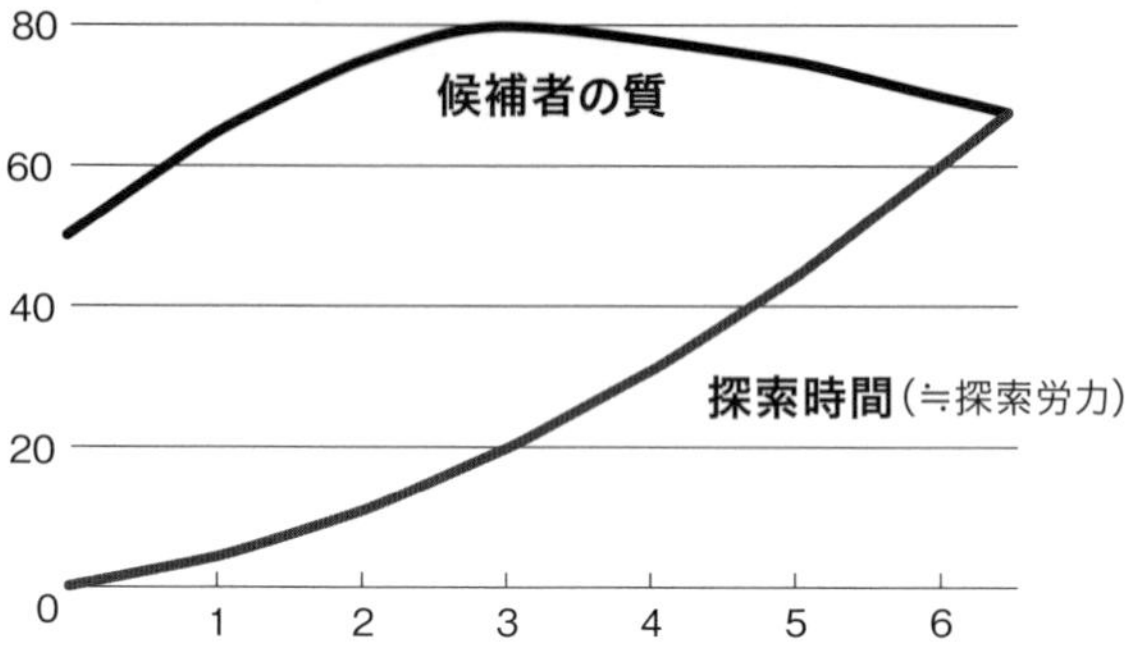

い人材ですよ」と自信を持って数人を提示しています。

しかし、クライアント側はというと、「いやいや、もっといい人がいるはずだ」と理想像を追い求め、紹介された候補者をはねのけてしまいがちです。完璧な経験、完璧な人格、完璧な能力を持つ理想の人物が、どこかに必ずいるはずだと信じ込んでいるわけです。

振り返ると、自己肯定感が強いリーダーほど、この完璧主義的なものの見方や思考から抜け出せず、現実の候補者を受け入れられないという事象が起こっていたように思います。

こうして、企業側が気づかないうちに「青い鳥」を探し続けてしまう現象が、次々と生まれていくのです。

これは決してトップエグゼクティブの採用に限った問題ではありません。一般的な採用においても、この「青い鳥探し」問題は多発しているように思われます。

完璧な候補者など、そうそう存在するものではありません。それならば、完璧ではないけれども現実的に考えて最良の候補者に、「ゴー（採用）」のジャッジを下すしか道はないのです。

幸いなことに、私はこれまで「素晴らしい企業」が、実に鮮やかな「素晴らしいジャッジ」をする瞬間も、数多く目の当たりにしてきました。リーダーが優れた決断を下す場に立ち会えることは、大きな学びです。

ここから先、本節では、これまでの実務経験で得られた「ジャッジ」にまつわる大切なポイントについて、詳しくご説明していきます。

2 譲れないこと

採用におけるジャッジには「**青い鳥問題**」という罠があると指摘しました。現実を考えれば、理想通りの人材はいないので、どこかで必ず妥協という作業が必要となることが、この採用というテーマの難しさであり、面白さです。

採用における妥協を考える上で重要なのは、「妥協するポイント」を決める前にまず「妥協してはいけないポイント」を明確に定めることです。

採用プロセスに入る前に、企業として「私たちの組織の一員となる人材には、必ず備わっているべき資質や要素は何か」を明確にし、その部分に関しては絶対に譲らないという共通認識を持つことが求められます。

この「譲れない部分」を明確にするためには、社内での継続的な議論が不可欠です。特に、経営陣や事業部門のリーダーたちと**リクルーター**（採用担当者）が、会社の価値観や戦略、文化に照らし合わせながら「ここだけは外せない」という基準を徹底的に話し合う必要があります。

妥協しましょうと伝えたとしても、「人材の質だけには妥協したくない」と強く語るリーダーもいます。それは意思の持ち方としては、実に正しいと考えます。

「まあいいか」と、人材の質に妥協すれば、すぐに人手を補充できます。目の前の課題解決はもちろん、組織は拡大し、企業の成長スピードが上がります。質よりもスピードを重視することは、短期的には魅力的に見えるかもしれません。

しかし、質に妥協した結果、長期的にチームに悪影響を与えるような人材を採用してしまった結果、逆に時間とリソースを浪費してしまったという経験をお持ちの方も多いのではないでしょうか。

ここでむしろ気をつけるべきポイントは別にあります。人材の質といったときに、何の質にこだわるかです。

それは、スキルの質でしょうか。経験・知識の質でしょうか。個別の企業によって異なるところもあるでしょう。しかし、大企業であれ、中小企業であれ、またはスタートアップであれ、どのような業種の会社であったとしても、ある質についての妥協はすべきでありません。それは、「人間性」の質に対する妥協です。

世界標準の採用とは、科学的で再現性の高いシステムとノウハウの集積です。しかしそれでも、ファジーな部分は残ります。

あれほど科学的でデータドリブンな採用を推進してきた**グーグル**ですら、このつかみどころのない「人間性」[*1]を、アセスメント（評価）の重要な要素として長年扱ってきました。しかも、採用の最終判断において最も議論が交わされるのは、私の知る限りこの「人間性」の評価でした。

グーグルでCEO（最高経営責任者）を務めたエリック・シュミット氏は、こんなエピソードを著書で紹介しています。[*2]

グーグルのある幹部が、ビジネススクールの学生時代、大手コンサルティング会社の採用で、あるポジションを強力なライバルと争うことになりました。相手は立派な経歴の持

＊1. グーグルの人たちは、採用における「人間性」という評価項目を「グーグルらしさ（グーグルネス：Googleness）」と呼んでいた。

＊2. エリック・シュミット、ジョナサン・ローゼンバーグ、アラン・イーグル、土方奈美（訳）（2014）『How Google Works 私たちの働き方とマネジメント』日本経済新聞出版

ち主だったので、てっきり落ちたと思っていたら、受かったという電話を受け、思わず「なぜですか？」と尋ねたそうです。

すると、その会社のアシスタントが「感じがいい人だった」と証言したからだといいます。確かに彼は面接を待つ間、アシスタントとおしゃべりをして、次の休暇の旅先について見どころのアドバイスなどをしていました。一方、ライバルはぞんざいな態度を取っていたとのことで、そのため不採用となったというのです。

シュミット氏も、採用面接の後、アシスタントに「この候補者はどうだった？」などと印象を尋ねていたそうで、それはシュミット氏にとって、実に重要な参考情報となったようでした。

結局のところ、話はシンプルです。次の2つの選択肢があるとき、どちらを採用してしまうことが、会社にとってより大きな悪影響を及ぼすでしょうか。

A：人間性は良いけれど、能力が低い人
B：能力が高いけれど、人間性が悪い人

もちろん、個人で完結する仕事が多い保険セールスなど、特殊な環境ではBを許容できるかもしれません。しかし、チームで仕事を進める大多数の会社においては、Bを避けるべきだということは、ほとんど自明でしょう。

3　人間性の観察眼

しかし、肝心の問題は、人間性の良し悪しについての話ではなく、それをどう「評価」するかです。

確かに、人間性の定義について哲学的に議論することもできますし、科学的なアプローチでその本質の解明を試みることも可能かもしれませんが、本書の目的はそこにはありません。

目の前にいる候補者の人間性が良いか、悪いのかを知りたい。ただ、それだけです。周囲の人たちに害を及ぼす可能性があるか否か、と言い換えてもいいでしょう。

具体的には、採用の現場で人間性を実務的に評価するためには、次の2つの場面に絞って観察することが現実的かつ有効だと考えています。

人間性が出る場面：（1）利がないとき

自分に直接の利益がない場面でその人がどのような行動を取るかは、その人の本質を知る上で極めて重要です。

特にビジネスの世界では、「良い人」と見られることが明確なメリットを生む状況に置かれれば、多くの人がそのように振る舞います。しかし、利益が絡まない、あるいは利害が隠された状況では、その人の本来の性質が浮き彫りになりやすくなります。

表では笑顔を見せ、裏では不誠実な行動を取ることもできます。つまり、良い顔をすることに利がある場面では良い顔をしながらも、そうでないときは、相手を平気で出し抜くような行動を取ることもできるのです。

しかし、お分かりのようにこのような「裏と表のある行動」は、ビジネスの世界においても、信頼関係の構築を阻む原因となりえます。

これに対して、「利がないとき」でも誠実に行動できる人は、「インテグリティ（Integrity）」を備えていると評価できます。これは日本語に訳すことが難しい言葉ですが、ここでは「道徳的な一貫性」と捉えてもいいでしょう。

表の顔と裏の顔が、道徳性という観点において一致している。これは、単に善良である

人間性を評価する軸

●人間性を評価できる場面

利がないとき

何気ないとき

こと以上に重要な資質であり、組織のリーダーや信頼の置けるチームメンバーとして欠かせない要素です。

両者の行動の違いは、その人の内面にある価値観や倫理観を映し出します。

私は時に、採用の面接でよくストレートにこう質問します。「あなたが職場で、得をしないと分かっていても、誰かのために何かをしたときのエピソードを教えてください」と。

この質問の意図をお伝えすると、実は、相手がどのように答えるか、その内容そのものの是非を、判断したいわけではありません。

まずもって、この質問は優秀なビジネスパーソンにとって、意外と答えることが難しい質問です。フリーズして、答えに窮する候補者は実感として多いです。

しかし、何らかの話術でうまく乗り切ろうとする人や、話をずらそうとする。つまり、自己防衛反応のようなものが見えたとき。それは、私が見立てるところ、損得勘定が強すぎてインテグリティにやや欠ける人である可能性が高いです。「得をしないときに何かをする」という、問いの設定そのものが、自分の価値観と衝突するので、心の中で価値観がクラッシュしている様が見受けられたりします。

反対に、少し考え込んでから、「そうですね、職場では確かに損得勘定が強くなってしまっているかもしれません」と反省したり、「それであらためて思ったのですが……」などと自己開陳に発展したりする方は、インテグリティの強い、良い人間性を持っていることが多いように思います。

もちろん、これが絶対的判別方法というわけではありません。状況に合わせて応用が必要となりますので、あくまで一例に過ぎません。ただ、こうした質問の工夫も含めて試行錯誤することが、絶対に妥協できない「候補者の人間性」を見抜くための参考になるのではないかと考え、ご紹介した次第です。

人間性が出る場面：（２）何気ないとき

もう一つ、その人の人間性が表れる瞬間というものがあります。それは何かというと「何気ないとき」です。たとえば、コンビニで会計する、駅で電車に乗るといった日常的な場面での小さな行動です。店員への接し方や乗車待ちの列に並ぶときの振る舞いは、その人がどれだけ他者を尊重しているかを示す指標となりえます。

会食の場をセットし、「素の姿」を観察することは、古典的ですが今も効果的だと感じます。なぜでしょうか。

そもそも面接という場は、「非日常」そのものです。リアルな面接であれば、見知らぬ相手と閉鎖された空間で向き合い、「最善の自分」を見せるために必死になる、緊張感の高い場です。

一方で、ランチやディナーをともにするのは、そもそも「食べる」という行為に日常性がありますし、レストランは人が出入りするオープンな空間です。面接室と違ってリラックスするためにつくられた空間ですから自然と素の姿が表れやすくなるため、人間性が垣間見えやすいセッティングだといえます。

もう少し踏み込むと、会食はマルチタスクを強いる場です。食べ物を口に運び、咀嚼しながら、相手の話を聞き、それに答え、相手に気を遣う。この一連のアクションで脳はフル回転しています。

マルチタスクは脳のリソースを分散させ、注意力を低下させることが知られています。

マルチタスクを試みると、「ストレスホルモン」とも呼ばれるコルチゾールが分泌され、情報処理能力が低下するそうです。[*3] つまり、会食中の候補者は、脳をマルチタスクで働かせることで脳の処理能力が低下しています。その結果、「よく見せよう」とする演技への集中力が削がれ、本来の人間性が浮き彫りになる可能性が高まるのです。

言葉を変えれば、会食中は、自己コントロールが少し甘くなるということです。会食中に選ぶ話題や、食べるときの所作、空いたグラスや皿の扱い、店員に対する態度などの「何気ない」所作に注目することで、有益なデータを集めることができるでしょう。

なお、最後に少し脱線しますが、お酒については、注意が必要なので記しておきたいと思います。アルコールも、相手のガードを下げさせるために効果があると思うかもしれませんが、オファー面談（内定を出すと決めた後での面談）など候補者の**エンゲージ**が目的の場面であればまだしも、「ジャッジ（裁定）」の判断材料となる面接においては注意が必要です。

まず、お酒が入ったときに言動が変わることはよくあります。しかし、それがその人の「素の姿」だといえるかどうか。それも仕事における「素の姿」として見ていいのか。それはあくまで、酔ったらどうなりがちかというデータでしかなく、酔っていない仕事中の人間性を測るためのデータとしては使えないはずです。

また、コンプライアンスの観点からも、面接のプロセスの中でお酒を飲むことには慎重であるべきです。軽く乾杯する程度なら問題ないかもしれませんが、それ以上の飲酒は避

＊3. デボラ・ザック、栗木さつき（訳）(2017)『SINGLE TASK 一点集中術　「シングルタスクの原則」ですべての成果が最大になる』ダイヤモンド社

けるべきでしょう。

さらに、お酒が入ることで面接官自身の判断力が鈍り、適切な評価ができなくなるリスクもきちんと直視すべきポイントです。気分がよくなった状態で候補者の評価を下すのはリスクが高い行為です。

酔っ払いはたいがい、自分は酔っていないと主張するものですから。

4 譲ってもよい「かも」しれないこと

妥協すべきでないことについて考えてきました。

翻って、「やるべきでない」まではいかないものの、こだわらなくてもよい「かも」しれないというジャッジの要素も存在します。

採用のジャッジ（裁定）において、よく議論される要件が「経験」の有無、及び大小です。特にそれは、「**業界（インダストリー）経験**」と「**職務（ファンクション）経験**」の2つとなります。実に多くの企業が、そのどちらも重要視します。

これらについて、どう判断するのがよいか。マトリクスにまとめると、次ページの図のようになります。

採用活動で理想の条件に過度にこだわると「青い鳥」を探し続けてしまうような状況に陥りやすいことを指摘してきました。したがって、何をどう妥協するかが本質的なチャレンジとなってきます。

業界経験か職務経験かの二択で迷ったとき、私は職務（ファンクション）の方を重視すべきで、**業界（インダストリー）の経験にはそれほど固執する必要はない**と考えています。

職務経験を妥協してみた場合について考えてみましょう。

経験者採用において入社した方が、職務の面で未経験だと、いきなり現場で足手まといになるリスクがあります。職場に定着し、戦力化する**オンボーディング**が進まず、チーム全体の生産性にも悪影響を及ぼしかねません。いくらポテンシャルが高い方であっても、たとえば営業職からマーケティング職に転職するようなケースでは、即戦力を求める企業の期待に応えられずギャップが生じやすいでしょう。

なお、大企業での人事異動に慣れている方は、このような風景はジョブローテーションとして日常的に起きているはずで、これの何が問題なのかといぶかしむかもしれません。

しかし注意するべきは、社内異動で職務を変えることと、転職して職務を変えることと

職務経験と業界経験の評価

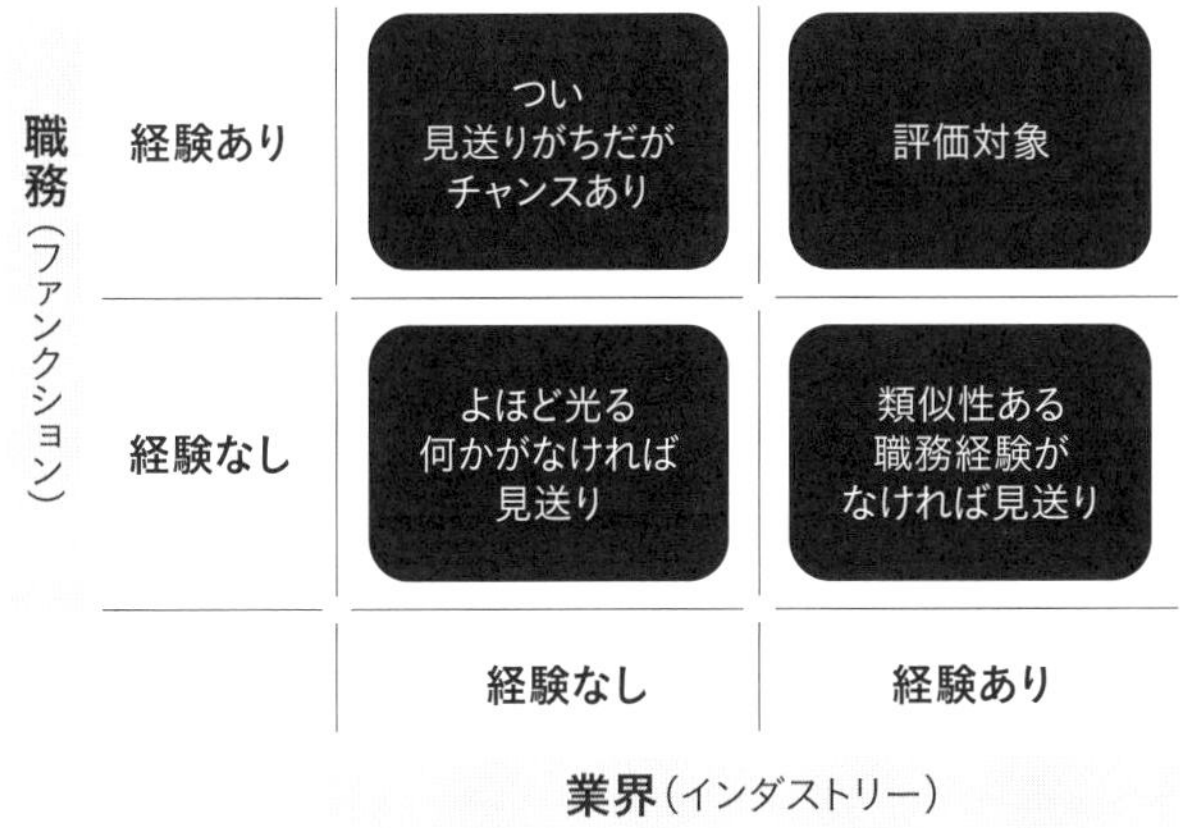

では、まったく難易度が異なることです。そこは安易に同じようなものとして捉えないようにしたいと思います。

今度は、業界経験で妥協した場合について検討してみましょう。違う業界から、同じ職務経験がある候補者を迎えるケースです。

たとえば、ソフトウエア業界の経理職から、製造業の経理職に転職するようなケースでは、経理という業務の基本を理解し、実務能力もすでに持っているため、多少の手助けがあれば比較的早く戦力になることができるはずです。最低限初めから手を動かせるというのは、周囲からの信頼や安心につながりやすいと感じます。さらに、異業種のベストプラクティスを持ち込み、活用することで、企業にとって大きな付加価値をもたらすこともあります。

ここで問題提起したいことは、同業他社から来ることが必ずしもベストとは限らないということです。自社のビジネスの進め方や考え方が同業他社と大きく異なる場合には、業界経験者がかえって自社に馴染みにくいこともありうるからです。

こうした場合は、他業界からの候補者の方がむしろフィットするケースが多いのです。

特に、業界のトップ企業では、同業の2位や3位の企業からの採用よりも、異業種のトップ企業から採用した方が成功することがよく見られます。私の知るところでは、たとえば**ファーストリテイリング**では、デザイン部門などファッション業界に特有のポジションを除けば、同業他社からの採用は多くありません。むしろまったく違う業界のトヨタやソニーといったトップ企業からの出身者を好んで採用していたようです。

なぜ妥協が難しいのか

しかし、このような業界経験を候補者の要件から外す提案に対しては、実際には意外なほど抵抗があるものです。

これは日本に限ったことではありません。世界中の多くの企業が「同じ業界での経験」を重視しています。私の肌感覚では、8~9割ほどの案件で「業界経験者」が強く求められています。

この業界経験にこだわりたいという心理の背後にあるのは、リスク回避のロジックだけではないと見ています。そこには人間の自己防衛的な感情が多分に絡んでいるのではと感じます。

どういうことかというと、どの業界にも独自のルールや文化があり、それが人々の心理的抵抗を育むということなのです。採用の面接官を務めるような人たちには、自分たちがそれを学び、馴染むために多くの時間と労力を費やしてきたという経験と自負があるものです。だからこそ、「業界経験がない人が今から同じように習得するのは難しいだろう」と考えたくなるのです。これによって、面接官の強い自負心が、無意識的にであっても、業界経験のない候補者に対して不安や警戒心を抱く方向に働いてしまうことはよくあるように思います。

ところが、私のような採用現場に立つ第三者から見える風景は、少し違います。残念なお知らせかもしれませんが、経験者採用において、業界経験がもたらす付加価値は思ったほど大きくない場合が多いのです。

確かに、入社した瞬間から現場に違和感なく溶け込めるかどうかで評価するなら、業界経験者に軍配が上がるかもしれません。共通言語が理解でき、業界独特の慣習や空気感にも馴染んでいますし、業界内に持つ人脈がプラスに働くこともあります。
しかし、これらの要素は、会社に新しく加わってもらうメンバーが必ず持っていなければならない資質とは言い切れません。むしろ既存のメンバーが代替したり、フォローしたりできる部分でしょう。
それでも採用するか否かをジャッジする人たちは、自分たちと同じ、もしくはそれ以上の業界知識を期待してしまいがちです。それも幹部や幹部候補、報酬の高いポジションであればなおさら強く求めます。多くの場合、誇りやプライドが影響してしまっているように思います。

ちなみにこうした反応は、面接の場でもふと顔を出すことがあります。典型的な例は、面接官が業界特有の用語を多用したり、著名な業界人の名前を並べたりする〝マウンティング〟です。これらは多くの場合は意地悪をしようというわけではなく、ちょっとした出来心のようなもので、ほとんど無意識の言動です。長年頑張ってきた面接官たちの、ささやかな自尊心が顔をのぞかせる瞬間です。かくも人間というものはデリケートな生き物なのです。

念のためお伝えしておきますが、「妥協」という言葉には、どこか諦めのニュアンスが含まれることがあります。しかし、ここで使う「妥協」は、そのようなネガティブな意味ではありません。

決して「採るべき人材の質を落とす」という妥協ではなく、むしろ本質的に重要でない要素――業界経験――へのこだわりを手放すこと。その結果、より本質的な要素に集中することを指しています。

たとえば、最後の最後で「業界経験がない」という理由だけで候補者を見送るべきかどうか迷う場面に出くわすこともあるでしょう。こうしたときこそ、「思い切って振り切れるかどうか」という重要なジャッジが求められる分岐点です。

そのようなケースにおいてジャッジを迷いがちな方々にお伝えしたいのは、人間性や能力、ポテンシャルがしっかり備わっているのであれば、業界経験や知識の不足にとらわれすぎず、候補者を採用する勇気を持ってほしいということです。もちろん、そのアップサイドを得るにはリスクが伴いますが、ダウンサイドのリスクは意外と小さいのではないでしょうか。

世の中に都合のいい完璧な話はそう簡単に転がっているものではありません。こうしたシビれる判断を積み重ねることこそが、本質的な「質」を高める旅だと考えていただければと思います。

5　カルチャーフィットへの憧憬

もう一つ、採用のジャッジにおいて妥協してもよいと考えられる要素として、意外かもしれませんが「**カルチャーフィット**」が挙げられます。前著『人を選ぶ技術』でも、私は「カルチャー」をジャッジの基準とすることに対して警鐘を鳴らしました。

しかし、この点においては一部で賛同を得られなかった面もあったように感じます。それだけ、自社のカルチャーに強くこだわる方は多いのでしょう。そこで、本書では、このテーマについてもう少し丁寧に説明を加えたいと思います。

企業カルチャーに合う人材を採用したいという気持ちや、その重要性は十分に理解できます。実際、多くの企業でカルチャーフィットが重視されているのは、企業カルチャーに合わない人材を採用することで、組織の一体感や心理的安全性が損なわれるリスクがあるからです。当然ながら、企業カルチャーが深く強く根づいている組織ほど、そのリスクがより大きくなる傾向があります。

また、スタートアップの初期段階においてカルチャーフィットが特に重要視されるのも自然なことでしょう。スタートアップにとって、企業カルチャーの形成はコミュニケーションの良化を助け、中長期的な成功を左右する鍵となるからです。

米カリフォルニアのベンチャーキャピタル、**コースラ・ベンチャーズ**のマネージング・ディレクター、キース・ラボイスは、企業カルチャーをコンクリートに例えています。初期は柔らかくて可変ですが、いったん固まると変えることが難しく、軌道修正には、まるで電動削岩機で破壊するかのようなコストと痛みを伴うというのです。[*1]

採用の文脈で捉えるなら、初期段階でカルチャーに合わない人材を取り込んでしまうと、異分子を含んだままコンクリートが固まってしまうというわけです。その修正に様々なリソースが奪われるという警告も納得できます。

ただし、本書のテーマは組織開発ではなく、あくまで「採用」です。私が企業にアドバイスをする際には、一貫して「**企業カルチャーを育むことは重要。しかし、カルチャーフィットを採用のジャッジ基準として使うことには反対**」という立場を取っています。

なぜかというと、面接で果たしてカルチャーフィットを正確に見極められるのだろうか？　という疑問がどうしても拭えないからです。ここだけの話、現場での体感として、これほどジャッジミスを招きやすい評価軸はなかなか他に見当たらないのではないかとすら考えています。

＊1. Keith Rabois, Mike Shebat.(2023). *Creating an Olympian Mindset to Work Ethic| E1087*. 20VC with Harry Stebbings

もう少し掘り下げます。採用面接の評価項目に「カルチャーフィット」を入れている企業は少なくありません。その多くは前提として、自分たちは「良い会社」だと思っていらっしゃるはずです。独自の企業カルチャーを強く持ち、その中で働く人たちは「私たちは素晴らしい文化を持つ企業で働いている」という自負を持っています。だからこそ、新しく入社する人にもその文化への適合を期待し、「私が大好きなこのカルチャー、あなたも好きだよね？」と確認したくなるのです。

しかし、これをどうやって確認するのか、が問題です。「うちはこうだけど、あなたはどう？」という形式の質問では、候補者は「合わせにくる」に決まっています。

一方で「うちはこういうカルチャーなんだけど」と内心で思いながらも、口には出さず、「そういう話にどこかで触れてくれないかな？」と様子をうかがう作戦は、どうでしょう。これは偶発性に「ジャッジ」を委ねるようなものです。たまたまそのときの話の流れで期待されている話題やキーワードに触れなかった候補者は、それだけでアウトになってしまいます。

お分かりでしょうか。カルチャーフィットを見抜くための問いをうまく立てることは、やたらと難しいのです。

「最後はフィーリングで判断する」という作戦も、創業者や社長ならば許されるかもしれませんが、それが企業として採用力を向上させ、その機能をシステマティックに拡張させていく方法として適切かといわれると疑問が残ります。

そもそも、面接という非日常な空間で候補者の「素の姿」が見えてくることは、なかなかありません。そのような場において面接官が「なんとなくの肌感覚」でカルチャーフィットを評価することは、ちょっと落ち着いて考えたらなかなか危険なアプローチではないかと思いませんか。

「予定調和」問題

私自身の経験ですが、若い頃に「スターバックスコーヒー」でアルバイトをしていたことがあります。１９９６年に東京・銀座の松屋裏にオープンした、日本上陸1号店のオープニングスタッフでした。

1号店のオープンを目前に控えたある日、大詰めの事前準備として、オープニングスタッフを対象とした研修が行われることになりました。アルバイトである私もその一員として、東京・表参道のオフィスに招集されたのです。

そこでは、スターバックスの歴史や商品知識、そして企業カルチャーについて徹底的な仕込みが行われました。

研修リーダーは、日本人なのにノリは完全にアメリカンな、本社から派遣されたお姉さんです。トレーニング用の映像には日本語字幕がつけられ、それが次々と流されていきます。

「クルーのベッキーが、大きなタンクに入ったモーニングドリップコーヒーを運ぼうとしてつまずき、コーヒーをぶちまけてしまいます。そこで、同僚のジョーはベッキーにどんな声をかけるべきでしょうか？」

1．「気をつけろ！」

2．「僕もやったことがある。問題ないさ！」

すかさず、隣の真面目そうな子が手を挙げて「はい。2番です。大丈夫だよって声をかけるべきです」と、驚くことに真顔で答えたのです。

間髪を入れず、研修リーダーは盛大に彼女を褒めます。

「そうよ！　アメージング！　あなたはうちのカルチャーにぴったりよ！」

さて、この話が何と関係があるのかと思われるかもしれませんが、企業の採用面接でも実はこれと同じようなレベルの滑稽なやりとりが頻繁に起きているのです。

この問題をさらにタチが悪いものにしているのは、仕事が欲しい候補者であればあるほど、ガンガンに合わせにくる。という構造的なイシューです。

面接官は自社の企業カルチャーを守りたいあまり、「この候補者は我が社のカルチャーに合っているか？」と確認しようとします。

一方、就職を決めたくて必死な候補者ほど、その企業に入りたいがために事前調査をしますし、「こう答えれば好印象を持たれるだろう」と答えを準備して共感が伝わるよう努力します。

そう、それはまるで予定調和の弁論大会。「カルチャーフィット・ゲーム」が、カルチャーを大切にする真面目な会社の面接官と、ちゃんとしなきゃ！と頑張る候補者の間で、延々と繰り広げられているのです。

その一方で、転職に積極的ではない**パッシブな候補者**や、引く手あまたなトップクラスの人材はどうでしょうか、必ずしも「我が社」に合わせた「予習」をしてきてくれるとは限りません。

結果として、優秀な候補者の方が少しズレた答えをするかもしれないですし、その微妙なズレが理由で「この人はうちの文化に合わない」と判断して、優秀なのに見送ってしまうという残念なことが起きてしまう。

これを茶番といわず、なんと呼ぶのでしょうか。

バイアスがもたらす過剰反応

さらにこの問題を厄介なものとする、ある要素について触れておく必要があります。

それは、バイアスです。

企業カルチャーが強ければ強いほど、面接官は期待に反する言動や反応を示す候補者に対して、過剰に反応してしまいがちです。つまり、カルチャーフィットという一つの評価項目に対して、過度に重みを置いてしまう傾向があるということです。

たとえ他の評価項目が優れていても、カルチャーフィットでわずかな引っかかりを感じた場合、それだけでNGの判断が下されるケースを何度も目にしてきました。

これは、政治的あるいは宗教的な信条が絡む問題において人が排他的になりやすい傾向と、同じ根を持つ問題といえるでしょう。

私がかつて同席した面接で実際に起きた、排他的な判断の例をご紹介します。

ある採用面接で「ミスをした部下にどう対応しますか?」という質問が投げかけられました。候補者は、その「ミス」を「ケアレスミス」と捉え、「そうですね。気のゆるみを戒め、厳しく指導しますね」と答えました。しかし、面接官が意図していたのは、「挑戦の結果としてのミス」だったのです。

その結果、面接官は「この人は挑戦を重んじる私たちの企業カルチャーに合わない」と判断し、その候補者を不合格にしてしまいました。

これは単純な例ですが、似たようなレベルでの思い込みのすれ違いが起こす悲劇（もはや喜劇かもしれません）は、本当によく見られます。

6 使えるカルチャー

ここまで難しいという話をさせていただいてもなお、「そうはいうけど、カルチャーフィットは重要じゃないか」とおっしゃる向きもあろうかと思います。どうしても採用のジャッジに使わないと上司が納得しない、といった場合もあるでしょう。

このような場合のアプローチとして、まず考え方の参考にしていただきたいのは、評価基準にしたい「カルチャー」が何であるのかを明確にすることです。企業カルチャーは様々な要素で構成されていますが、それを分解し、どの部分のフィットを見たいのかを自ら理解することが重要です。

自らが語る「企業カルチャー」という概念は、組織が成長する中で膨張し、得てして複雑で曖昧なものになりがちです。

そこでお勧めは、企業カルチャーを「**関係性カルチャー**」と「**戦略性カルチャー**」の2種類に大きく分けて捉え直すことです。

「関係性カルチャー」は捨てよう

関係性カルチャーとは、企業カルチャーの中でも組織内の人間関係に焦点を当てた部分です。

これはチームワークを重視する行動規範などが典型的で、組織の調和や友好的な雰囲気を重視する内容が多いようです。

今から10年前、ある日の午後。スタートアップの社長がため息まじりに相談を持ちかけてきました。従業員は40人ほど。新しい幹部を探しているけれど、どうしても「しっくりくる人」が見つからない。そのせいで事業が前に進まない、と。

「うちのメンバーの仲のよさには自信があるんです」

社長の声には誇らしさがにじんでいました。

話を聞いていくと、なるほど、ほとんどが知人や友人の紹介による採用でした。年齢層が似通い、驚くことに出身校まで同じような人たちばかり。まるで仲間内だけの同好会のような雰囲気が漂う会社でした。

「新しい人を採用するなら、うちの社風に合う人でないと」

そう言い切る社長に、どんな企業文化を大切にしているのか尋ねてみました。返ってきた答えは、すべて「仲よしクラブ」の範疇を出ないものばかり。

その瞬間、この会社の成長を阻むものが何なのか、はっきりと見えた気がしたものです。

これは極端な例かもしれませんが、ビジネスの世界で結果を出すチームは「仲がいいチーム」とは限りません。チームとしての仲のよさは、時に、新しい人にとっての「入り込みにくさ」へとつながります。

適度な多様性でさえも排除し、自分と異なる価値観や行動様式を持つ人材の採用を避けていては、成功の機会を逃してしまうように思います。意見がぶつかり合うことで、大きな成長や革新が生まれることもあるのではないでしょうか。

なお、先ほどの会社はその後、やはりご苦労されたようです。決してそれだけが原因ではないとは思いますが、残念ながら幹部はなかなか採用できず、メンバーも増えず、事業は大きくならず、組織を小さくして別のビジネスに取り組まれています。

このように、関係性カルチャーのアングルから捉えた部分の企業カルチャーについては、私は採用面接における評価軸としては使うべきでないと考えます。思い切ってバサッと捨ててしまいましょう。

戦略性カルチャーに集中しよう

対して、戦略性カルチャーとは、経営戦略から導き出され、必然性をもって育まれた企業カルチャーです。この、戦略を起点とした企業カルチャーには、我々は「あえて」この方向性を選ぶんだ。という意志の明確さと独自性が宿っています。

条件は、他社とは違う選択肢を選ぶこと、その選択によって何かを得る代わりに、何かを失うトレードオフを伴うこと。この種類の企業カルチャーこそが、採用において活用できる企業カルチャーなのです。

マイケル・ポーター教授が説いた戦略理論の本質は、「トレードオフの選択が伴わない戦略は、戦略ではない」ということでした。

あれもこれもとすべてを選ぼうとせず、自らの意思で特定の選択肢を選び取ることが重要だと述べています。[*2]

カルチャーにおいても同様のことがいえます。

複数の価値観が存在しうる中で、あえてある価値観を選択し、他を捨てる。その選択に

＊2. Michael E. Porter.(1996). What Is Strategy?. Harvard Business Review

よって失うものを認識してなお、特定の方向を選び、それを貫く。それによって、そのカルチャーは戦略的なアドバンテージをもたらすのです。

たとえば、「宅急便の父」小倉昌男氏の示した「サービスが先、利益は後」という指針は、その典型的な例です。クロネコヤマトの「宅急便」を始めるとき、創始者が示したこの方針[*3]は単なる掛け声ではなく、セールスドライバー一人ひとりの行動にまで落とし込まれ、競争力の源泉となってきました。この戦略性カルチャーの存在によって、レアケースのトラブル発生時も現場は躊躇せずサービスを優先し、経済的損失を承知で対応し切れるようになります。

それは単なる企業戦略だ。という指摘もあるかもしれませんが、クロネコヤマトが躍進できたのは、競合他社と明らかに異なるこの企業戦略を、企業カルチャーにまで昇華したからにほかなりません。

競争相手に対してただ「ベター」であるだけではなく、「ディファレント」であったということです。

このような戦略性カルチャーであれば、バッチリ採用の判断基準に生かせますし、それを判断の軸にすることは合理的です。

なお「ディファレント」であるためには、同業他社で働いていた人は、むしろ再教育コストがかかりすぎ、避けた方がいいという判断になりがちです。このため少々経験者採用

＊3. 小倉昌男（1999）『小倉昌男 経営学』日経BP

が難しくなる可能性はあります。ただ、そこに戦略的意図があるのであれば、それはむしろ企業の戦略的なポジショニングを強化するいい採用基準だといえるでしょう。

ファーストリテイリングの「現場・現物・現実主義」という行動規範[*4]も同様かもしれません。

私がこれまで仕事上の関係で、採用を中心に同社の動きを見てきた経験から申し上げると、その現場主義の徹底ぶりは、常軌を逸しているとすら感じる部分があります。

巨大企業に成長した後でさえ、役員はもちろん、社長までもが頻繁に店舗を訪れることが日常で、視察の際に商品入荷が始まれば、自ら進んでスタッフと一緒にダンボール箱を運ぶことが、正しいリーダーのあり方として評価されていました。

逆にいえば、どれだけ地位が高い人でも、ダンボール箱を運ばなければリーダー失格というわけです。これは例え話ではなく、日常的な「当たり前のリーダーの姿」として、全社で強く共有されていたのです。

それでは、同社の採用において、この企業カルチャーは、どのように運用されていたのでしょう。

少し古い話になりますが、かつてヨーロッパ事業の経営陣を採用された際のエピソードを伺ったことがあります。

＊4．ファーストリテイリングの「私の行動規範 ―Principle」には「現場・現物・現実に基づき、リアルなビジネス活動を行います」とある。

ファーストリテイリングは採用においても、現場主義の価値観に共感できる人材を重視されていました。具体的には、現場で偉ぶった態度を取らず、従業員とともに行動できる人物を探すことに固執していたというのです。

しかし、正直なところ、海外のエグゼクティブで自ら進んでダンボール箱を運ぼうとする人は、ほとんど見かけません。むしろ、そのようなことを求めれば、「私に一体いくら支払っていると思っているのか？」と怒りを買ってしまうことさえあります。

自分の時間単価を考えれば、そのような低付加価値な業務に従事することは、むしろ会社への背任行為だという考え方を持つわけです。

それでもファーストリテイリングは、自分たちのカルチャーとストーリーを候補者に語り続け、その価値観に共感できなかった人材は、どれほど能力や経験が秀でていても見送りました。

さらに候補者が入社した後もこの姿勢は徹底されており、現場で「本当にそれ、（私が）やるの？」と驚き、実行に移さないともなれば、ためらうことなく「さようなら」を告げていたそうです。この常軌を逸した徹底ぶりこそが、同社の特徴であり、成長の源泉だったともいえるでしょう。

ここまで徹底された現場主義ともなると、それは他社との違いを生む「戦略性カルチャー」として、採用においても堂々と機能します。

このように、ふわっとした「カルチャーっぽい何か」ではなく、マイナス面を覚悟した上で、そのトレードオフをあえて受け入れて推進されている「ビシッとしたカルチャー」であれば、それは採用の判断軸として大いに価値を持つといえるでしょう。

7 性格について

もう一つ、採用のジャッジで妥協しても構わないと思うことは「性格」です。

採用において「人間性」の質に妥協してはならないと申し上げました。人と向き合うとき、私たちはその人の「性格」と「人間性」という2つの要素を無意識のうちに、混然一体のものとして感じ取っています。しかし、この2つは似ているようで異なる概念です。

性格とは、その人が持つ行動や反応のパターンであり、いわば個性のようなものです。たとえば、ある人が明るく社交的なのは性格の一部といえるでしょう。性格は、遺伝などによる生来の部分が大きく、育った環境や人生経験を通じて形成されていく部分もないわけではないものの、多くの場合、変化することは少なく、比較的安定しています。

一方、人間性はもっと広く、深い意味を持つ言葉です。英語の「インテグリティ

(Integrity)」とは「道徳的な一貫性」を指すと申し上げましたが、これも人間性の一側面といえるでしょう。人間性とは、倫理観や価値観、他者への接し方といった「人としての本質」に関わるもので、誠実さや思いやり、共感力といった特質を含みます。

性格が比較的安定しているのに対し、人間性は学習や教育、人生経験を通じてダイナミックに変化し、成長しうるものです。

それは、時の流れや環境の変化によって形を変える彫刻のようなものといえるでしょう。例えるならば、性格は人という「素材」が持つ「テクスチャー」であり、人間性はその素材が、時の流れや環境の変化によって形を変えた「彫刻」のようなものです。あるいは、性格とは「絵の具」であり、人格とはその絵の具で何を描くかという「絵の全体像」だと例えてもいいかもしれません。

性格が個々の行動や反応の特性を映し出すものであるならば、人間性はそれらを超えて、その人がどんな価値観を持つ、どのような存在であるのかの総体を示します。

さて、この話から、採用においては、性格という特性に対し、どのようなアプローチを取るのが正解だと思われますか。

性格が変わりにくい特性だと考えるならば、それを見極めることが得策なように思えます。

しかし、ここで問題になるのは、カルチャーの話と同様に、面接で候補者の性格を正確に評価することが非常に難しいという点です。

「性格の良い人を採ろう」というのは、どの企業においても持ちうる、自然な願望でしょう。しかし、「性格が良い」という基準は曖昧で、人によってその定義が違います。統一された評価基準をつくるのは難しく、また、性格を見極めるための具体的な質問を用意するのも難題です。

たとえば、面接で、ある候補者の「性格が悪そうだ」と、面接官に思える瞬間があったとします。でも、面接官が抱いたその印象は本当に候補者の性格に起因するものでしょうか。能力や経験値に由来する可能性もありえます。仮に、性格に起因したとして、性格が「悪そう＝悪い」と断定していいものでしょうか。面接官の価値判断の正しさも問われます。性格の問題に向き合うと、このように思考プロセスが複雑になり、面接で結論を出すのは、ほぼ無理ゲーだとさえ思われます。

採用プロセスに性格検査を導入する企業もあります。知的能力と性格、価値観などを適性検査でまとめてテストするケースもあるでしょう。しかし、新卒採用ならまだしも、経験者採用の場面では、これらはあまり効果的でない場合が多いと感じます。特に、コストパフォーマンスやタイムパフォーマンスの観点から見て、割に合わないと感じることが少なくありません。

性格検査が無意味だと言いたいわけではありません。採用後に**タレントマネジメント**の一環として実施し、配置転換や育成の参考にしたり、自己理解を深めたりするツールとして、性格検査を活用するのは有効だと思います。ただ、採用の可否を判断するのには向いていないのではないか、ということです。

いろいろな理由を挙げてきましたが、結局のところ、面接で性格を評価基準にすることをお勧めできない最大の理由は、**ほとんどの候補者は面接時に「性格が良さそうに」振る舞う**からです。

性格には、誰しも良い部分と悪い部分があります。プラス面とマイナス面が表裏一体になっているのが、性格です。そして、面接の場でマイナスが際立つような言動を見せる人はほとんどいないでしょう。面接の場で「どのような性格ですか?」と質問をしてみることも、残念ながらまったく参考にならないことが多いです。

まとめますと、この性格の問題は、カルチャーフィットで挙げた問題と根っこが同じでしょう。性格の良さが重要でないとはいいませんが、それを採用面接で見極めようとすることは諦めた方がいいかも。ということなのです。

8 本音の引き出し方

面接の場で、候補者がなかなか本音を語っていないと感じたことは、面接官を務めたことのある方なら誰しも一度は経験があるのではないでしょうか。短い時間の中で本音を引き出すためには、どのような工夫ができるのか。果たして、実践的な方法はあるのでしょうか。

まず、本音といってもいろいろあります。

たとえば、「うちの会社に興味はありますか?」や「今回の転職、本気で勝負したいと思っていますか?」といった質問に対する本音。この場合、面接官が知りたいことは、候補者の未来の行動を予測するための本音です。

一方で、「どうしてそのとき、そのような行動を取ったのですか?」や「なぜその状況でその対応を選んだのですか?」といった質問に対して候補者が率直に答えるかという問題もあります。これらの質問が求めているのは、先ほどのような未来の意図でなく、過去の出来事に関する本音であり、事実確認ともいえるでしょう。

この2つは同じ「本音」という言葉を使っていても、完全に別ものであり、引き出すためのアプローチもまったく異なります。

未来形の本音

まず、未来の意思に関する本音の探り方です。

これは人間関係の構築と近い話になります。たかが30分、1時間の面接、それも初対面の場で、未来の意思についてどれだけ本音を語ってもらえるかは正直、未知数です。

もし、このタイプの本音を探りたいのであれば、2回、3回と面談を重ねたり、食事に誘ってみたりと、時間と手間ひまをかけて人間関係を築くことが重要です。

まずは、こちらから心を開いて、親近感を持ってもらい、忌憚なくコミュニケーションできる関係性をつくることが大切です。必要なのはテクニックではなく、むしろ人としての姿勢や心構えに近いものであり、正真正銘の信頼関係を築くことでしか到達できない領域だと思います。

特に、「未来の（今後の）キャリアプラン」については、候補者の語る建前と本音の違いを見極めることは実に難しいものです。

「やっぱり、やりがい重視です」「自分が貢献できる会社で働きたいです」といった「志」をモチベーション高く語る候補者がほとんどです。もちろんそれは、まったくの嘘というわけではないでしょう。しかし、よくよく話を聞いていくと、転職を希望する本当の理由が、別に隠されていることも少なくありません。

たとえば、子どもに幼稚園受験をさせたいと考えている。そのための準備にかなりのお金がかかるため、金銭的なプレッシャーを感じて、転職活動に踏み切っている――もしも裏にそんな事情があるとすれば、表面に出ている言葉とは別に、「やりがい」よりも「報酬」が重要なファクターだったりする。ということはザラにあるのです。

あるいは、優れた専門的能力を持つ人が「その知識・スキルを生かせる仕事がしたいです」と答えたとしましょう。会社としては、その希望に沿ったポジションを提示したくなるところですが、実際のところ、専門性を生かしたいという気持ちと同時に、そこを基点にキャリアの幅を広げる、という可能性にも惹かれていたらどうでしょう。そうだとすれば、オファーの内容を変えた方がいいかもしれません。将来、幅を広げられる可能性を含めたキャリアパスの提示や、新たな能力開発のサポートが、より強い**アトラクト**につながる可能性があります。

「未来系の本音」を探りたくなる、代表的なシチュエーションが、もう一つあります。

それは、他社と競合している状況で、候補者の自社への志望度を知りたい場合です。具体的には、実際にどれだけ自社に関心を持っているのか。両社から内定が出た場合、こちらのオファーを受けてくれる可能性がどれほどあるのかを把握したい、という話です。

優秀な候補者には、当然ながら複数の会社からオファーが届きます。その競争に勝っためには、まず候補者の心理や置かれた現状をどれだけ正確に把握できるかが重要です。競合に負けている部分があるのか、勝つために必要な対策は何か――こうした点を明らかにするため、候補者の本音を引き出すことが鍵となるのです。

この任務の遂行には一つ、構造的な難しさがあります。それは面接は複数回に分けて行われ、面接官も複数であること。さらに、回を重ねるごとに候補者の心理も変化してゆくことです。

それぞれの回を担当した面接官は、そのときの自身の印象を基に、「こういうモチベーションがあるようだ」「こういう不安を抱いている」と候補者の心理を推し測ります。しかし、これらの洞察が分散されたままにされ、一つの像を結ばないことが多いのです。

本当の洞察を得るには複数の印象を時系列も踏まえて統合し、集合知として活用することがベストです。候補者の全体像を捉え、何を考え、本当は何を一番求めているのかを理解した上で、最終的なオファーを戦略的にデザインし、的確なコミュニケーションを行うことが理想です。けれど、なかなかこれはチャレンジングですよね。

過去形の本音

一方で「過去形の本音」は、「未来形の本音」の難しさに比べると、事実確認の要素が強いため、いくつかのテクニックを使うことで、うまく引き出せることが多いように思います。

たとえば、転職活動中の候補者に、以前の職場を辞めたいと思った理由を聞く場面を考えてみましょう。

転職慣れをしている候補者ほど、「そこでは成長できないからステップアップしたかった」「もっとキャリアの幅を広げたかった」など、前向きな理由を並べてくることが多いものです。しかし、本当のところは単純に「もっと給料が欲しかった」「有名な会社で働きたかった」「その会社が嫌になった」など、かなりプリミティブな動機だったことも少なくありません。

こうしたときには「ぶっちゃけトーク」が役立ちます。本音を探るために「規定演技モード」を壊すのです。

「そのときの会社は、なかなか難しい状況みたいでしたね」「結構、大変だったんじゃないですか」「辞めたくなる気持ちも分かりますよ」

などと軽くジャブを繰り出してみるのです。

「自分にも似た経験があって。正直言うと前の会社が本当につらくて……実のところ、逃げ出したようなもんなんですよね」

などと、自らのネガティブな体験を開示し、共感を得ることで、相手が本音を話しやすい流れをつくるのも効果的でしょう。

ジュニア層の本音問題

様々な候補者の中で、本音を探ることが一番難しいのは、積極的に転職活動をしているジュニア層、ミドル層だと感じます。

この層の採用では、一般に、パワーバランスは企業側にぐっと傾きます。そうなると、候補者は企業側のニーズに「合わせに」きます。企業側が求めるであろう人材像を想定し、そう見せるような「演技」しか見せないことが多いのです。相対的に弱い立場にあって、良い評価をもらいたいわけですから、それは当然の行為だともいえますが。

こうした候補者の建前モードを解除するための取り組みが、採用プロセスの中でどれだけ実行されているかというと、残念ながら多くの企業でまだまだ不十分なのが現実です。面接で聞かれそうな質問に対して、あらかじめ用意した回答をすらすらと答えて無事合格。といった流れで、何かの儀式でもあるかのように粛々と面接が進められているケースを多々見受けます。

これでは、最終的に採用するにせよ、見送るにせよ、候補者のパーソナルな一面や本音を深く知る機会を逃したままになってしまいます。なんとも残念だといわざるをえません。

企業側としては、面接で「あぁ、建前っぽいな」と少しでも感じたら、それを真に受けたまま面接を終えないことです。本音を引き出すための時間をつくり、ちょっと脇道にそれた話でもしてみることです。たとえば、ご家族の話、趣味の話などに話題を振って、プライベートの姿や素に近い表情が出やすいモードに、面接室の空気を変えていくのもいいかもしれません。

あるいは、面接を終えてからのお見送りで、廊下を歩きながら軽くプライベートの話題を振ってみたら、なんとなく素顔の一端が垣間見えたりすることもあるでしょう。そんな瞬間にポジティブな印象が残るケースもあれば、逆もあったりします。

結局のところ、かしこまった質疑応答だけでは、素の姿はなかなか出てきません。「公式発表」ではなく、本音を引き出すための工夫は、常に求められます。

9 リファレンスチェックについて

採用のジャッジについて、頻繁に寄せられる質問があります。

「リファレンスチェックは果たして有効なのか？」というものです。

この問いは興味深い一方で、実は回答が難しいトピックでもあります。
リファレンスチェックとは、候補者が過去の職場でどのように働き、どのような印象を残したのかを、当時の上司や同僚などの第三者にヒアリングする調査のことを指します。欧米では、管理職以上の採用にリファレンスチェックを導入することが一般的です。

まずお伝えしたいのは、リファレンスチェックは使い方次第で強力な採用ツールになりうるということです。

特に経験豊富な候補者ほど、上手に行えばスキルなどの実力や人間性をかなり正しく把握できます。しかし、一方で使い方を誤ると、とんでもない誤解を生むリスクをもはらむものです。例えるならば、リファレンスチェックとは、ちょっとひねくれていて扱いづらい、けれど抜群に優秀な天才ハッカーみたいなものでしょうか。

リファレンスチェックには、大きく分けて2つのアプローチがあります。それが、**ブラインド・リファレンス**と**オープン・リファレンス**です。

ブラインド・リファレンスは、候補者が知らないうちにその人物についての情報を集める方法です。先ほど述べたように、以前の上司や同僚を通じてその候補者の評判を確認します。候補者にとって見えない（ブラインドされた）形で実施するため、そう呼ばれます。

一方、オープン・リファレンスは、候補者の同意を得て、候補者が紹介してくれた人たちに対して、ヒアリングする方法です。候補者に見える（オープンな）形で進めるため、こう呼びます。ただし、ヒアリング結果まで候補者にオープンにする必要はありません。

日本におけるリファレンスチェック

日本におけるブラインド・リファレンスについて、ぜひ知っておいていただきたいのは、本人の同意を得ずに個人情報を第三者に提供することは、**個人情報保護法**に抵触する可能性があるという点です。

しかし実際には、日本の採用市場でブラインド・リファレンスが頻繁に行われていることも事実です。これが社会のリアルではありますが、多くの企業がその大前提となるリスクについて認識が甘く、かつ、あまりにも不用意にリファレンスを取ってしまうケースが散見されます。

規模の大きな会社をイメージしていただきたいので、たとえば、現在トヨタ自動車に勤務している35歳のAさんという候補者がいると仮定しましょう。このとき、Aさんの同意を得ないで、トヨタ関係者にリファレンスチェックを依頼するのは、大変リスキーです。

なぜなら、まだAさんが勤務中なのに、現職のトヨタ関係者にリファレンスチェックを依頼したならば、Aさんが転職活動をしていることが社内で明らかになりかねず、最悪の場合、転職が頓挫するばかりか、法的問題を抱えるリスクがあるからです。

よくあるのは、「(採用側の)うちの社長がトヨタの誰々さんと知り合いだから、その人に候補者のAさんの評判を聞いてもらおう」といったケースです。その社長の知り合いが、実はAさんの上司と近しい関係だった、ということも、十分ありえます。

Aさんをよく知る人に話を聞けるのは、一見すると貴重な機会に思えます。しかし、このような個人的な信頼関係からの照会こそ、問題が発生しやすいのです。

たとえば、その社長の知り合いという方がつい、「Aさん、どうやら転職を考えているみたいだね。俺のところにリファレンスチェックの依頼が来たから」とAさんの上司、ないしは上司に近しい誰かに漏らしてしまう展開になりがちです。その結果、Aさんの上司が「なんということだ！」と怒り出したり、引き留め工作に出たりする可能性が生じるのです。

仮に「法令違反のリスクを承知の上で、どうしてもブラインド・リファレンスを実施したい」という場合、それをやるか、やらないかの最終的な判断は、「リスクとリターンが見合っているかどうか」に収斂するでしょう。果たしてそれが合理的といえるのか。慎重に検討する必要があると思います。

視点を変えて、候補者の側から、この話を考えてみましょう。この話を踏まえて、「ブラインド・リファレンスをされることはないはずだ」「今の会社での勤務実態がバレることはない」という認識で転職活動をしていいものでしょうか。

そのように高をくってしまうのは、危険なように思います。

特にハイレイヤー層の候補者であれば、採用した後の報酬も、それに連動する**採用エージェント**への支払いも高額で、もしも入社後、思うように活躍してくれなかったり、周囲との間に軋轢が生まれたりした場合の組織へのダメージも大きくなります。つまり、企業にとってはリスクが高い採用です。

そうしますと、潜在的なダメージが大きい採用である分だけ、企業側の判断は、そのリスクを軽減するため、高いコストを払ってもいい、多少のリスクを取ってもいい、という方向に傾きがちです。

したがって、あなたの職位が上がるほど、採用する企業側は、ブラインド・リファレンスをしてくるであろうことを、あらかじめ想定しておいた方がいいでしょう。

ちなみに、ブラインド・リファレンスと時に混同されるのが、**バックグラウンドチェック**です。これは学歴、職歴など、候補者が申告した経歴に虚偽がないかの確認で、本人から同意が得られれば、法的制限はありません。チェックの結果、虚偽があれば、内定の取り消しが認められるケースもあります。

実態としては、比較的報酬が低いポジションの採用においては、リファレンスチェックは省き、バックグラウンドチェックだけ実施することが多いようです。

なお、日本では米国など海外と異なり、現状、公的なデータベースで犯罪歴を確認することはほぼできないことは認識しておくべきです。この点については今後、雇用の流動化が進むにつれ、議論となってゆくように思います。

10 オープン・リファレンスの効能

次に、日本におけるオープン・リファレンスの運用についてご紹介します。

オープン・リファレンスとは、最終的にオファーを出したい候補者に、たとえば、「リファレンスチェックをしたいので、現在の勤務先の上司や同僚から、私たちが連絡してもいい人を2人教えてください」と頼み、紹介を受けた人に候補者の人柄などについて尋ねる手法です。これは、ブラインド・リファレンスと違って完全に合法です。

日本ではまだあまり普及しておらず、また、中間管理職層以下の採用には少し重すぎるアクションかもしれません。

しかし、重要なポジションの採用においては、ぜひ導入を検討していただきたい手法です。

それでは果たして、オープン・リファレンスの実施によって、何が得られるのでしょうか。

まず、候補者がしかるべき上司や同僚をすぐ紹介できるかどうかをチェックします。スムーズに進むなら、それ自体が、その候補者が現在の勤務先でしっかりとした人間関係を築いていることの証明になります。

リファレンスを引き受ける上司や同僚は、だいたい社内の応援者であるはずです。「Aさんのためなら、一肌脱ぎますよ！」と言ってくれる人が存在することは、採用のジャッジにおいて良いシグナルとなります。

一方で、オープン・リファレンスを候補者に依頼しても、話をしてくれる「リファリー」を、なかなか紹介してくれない場合や、紹介された人のポジションが妙に低かったり、仕事での関係性が薄かったり、かなり昔の職場の人であったりする場合には、警戒が必要かもしれません。何かを隠そうとしている可能性が考えられます。

たとえば、小規模な部門で働いている人の場合、上司や同僚をリファリーとして紹介することが難しいケースもあるでしょう。特に、同じ業務を担当する人が社内に少ない場合、候補者の仕事ぶりを具体的に語れる人を見つけるのは簡単ではありません。また、法務などコンプライアンスに厳しい業務を担当している人が慎重になるのも理解できます。

しかし、どのような状況であっても、仕事にしっかり向き合ってきたなら、信頼できる上司や同僚が数人くらいはいるはずです。紹介を頑なに拒むようであれば、アラートかもしれません。より慎重になって最終ジャッジをすべきだと思います。


次に、紹介されたリファァリーに、オープン・リファァレンスで何をどう聞くべきかについて、ちょっとしたポイントをお伝えします。

そもそもオープン・リファァレンスはトリッキーな評価手法です。なぜなら、候補者から依頼されて電話を取るリファァリーは、候補者にとっていいことばかりを言うことが当然だからです。

どれだけしつこく「この人の課題は何ですか?」と聞いたとしても、結局は強みの延長線上にあるような答えしか返ってこないでしょう。

それではどうするか。これはある意味、予定調和のゲームなのだと受け止めましょう。候補者からすでに聞いたこととの繰り返しで、新しい情報が出なくても動じず、淡々と進めていくことです。

しかし重要なのは、インタビュー時間の最後の最後、残りほんの数分のタイミングです。たとえば、約束した電話の時間が20分だとすると、最後の3分が勝負どころとなります。

こう切り出します。

「いろいろありがとうございました。一つ、最後に個人的なご意見を伺ってもいいですか？」

「このAさんに対して『ここは直した方がいい』と思う点を一つだけ教えてもらえませんか」

「個人的に」「最後に一つだけ」と、念を押された結果、多少のサービス精神を発揮してくれるリファリーは意外と多くいます。あまりいいことばかり言っていると、自分のコメントの信憑性が薄れるかもと考える賢い方もいるのでしょう。うまく本音を引き出せる可能性は低くありません。このようなタイミングで絞り出された情報は、採用後のマネジメントにおいても貴重なものとなるはずです。

とはいえやはり、採用のジャッジを覆させるような決定的な問題を発見できるケースは、ほとんどないことは覚悟するしかありません。

しかし、これが無駄にはならないのです。このオープン・リファレンスで得た情報は、採用後の育成やマネジメントに役立つことが多々あるからです。

最後に、オープン・リファレンスが持つ、もう一つの隠れたメリットについてお話ししましょう。それは、内定を受けるべきか迷っている候補者に対し、心情の変化と覚悟を促す可能性があるという点です。

候補者が信頼する上司や同僚に、「実はこういう会社と転職の話を進めているのですが、ちょっと協力していただけませんか」と声をかけること。その行動自体が、大きな意思決定を自分自身に促す重要な瞬間となります。リファレンスを依頼するという行為が、次のキャリアに向かって進むことへの現実感を高めるのです。

人間は、漠然とした未来の仮定であったとしても、言葉にして他人へ伝えると、その時点で無意識のうちにそれを具体的な未来の現実として感じやすくなるものです。

特に、引く手あまたの**パワータレント**の獲得を目指すのであれば、オープン・リファレンスをうまく使って候補者の背中を押すという、このアプローチは効果的でしょう。

11 即戦力採用の罠

「即戦力なら**ビズリーチ**」――あの日本の**ダイレクトリクルーティング**を代表するプラットフォームのキャッチフレーズに象徴されるように、経験者採用において「即戦力」という言葉は非常に好まれます。企業が「即戦力人材」を求める背景には、採用に伴うリスクを最小限に抑え、速やかに成果を出してほしいという切実な期待があります。
しかし、採用の現場、とりわけジャッジの局面において、「即戦力」という概念の存在が、面倒な問題を生むこともありえるということを、ご存じでしょうか。

たとえば、AさんとBさん、2人の候補者が最終的な選択肢として残ったシチュエーションを想定しましょう。

Aさんは、同じ業界の自社より大手の企業で、今回、募集するポジションと、ほぼ同じ職務を経験してきた方です。業界経験も職務経験もぴったり。まさに「即戦力」といえる人材で、食事に例えるならば、ランチにパッと高級なお弁当を買うようなものです。料理をする時間は必要なく、すぐにでも成果を上げてくれそうだと期待できます。

一方のBさんは、違う業界で、求めるポジションとぴったりとはいえませんが近しい業務を経験してきた方です。「即戦力」度はAさんに劣ります。しかし、リーダー人材としてのポテンシャルがあり、見送るには惜しい存在だったとします。こちらは、新鮮な食材を買って調理するようなイメージでしょう。少し手間はかかるかもしれませんが、うまく料理すれば、隠れたポテンシャルを引き出し、素晴らしい成果を生み出せる可能性があります。

さて、Aさん、Bさん、果たしてどちらを採用するべきでしょうか。
多くの企業は、何だかんだリスクが低く、即戦力で期待ができるように見える、Aさんを採用したいと思ってしまうものです。

しかし、Aさんのような候補者に「採用！」のジャッジを最終的に下す際には、いくつかの疑問点を解消する必要があります。

まず第1に、なぜAさんは自社よりも規模が小さい、ある意味、〝格下〟の企業を受けに来たのか？

第2に、なぜAさんが、「同じ業界で、同じ職務」を希望しているのか？　です。

採用する側から見たとき、同業の、しかも自社よりも格上の大手で「ぴったり経験」を持つAさんが応募してくれた。という、その背景には、何かが隠れている可能性があるかも、と検証するべきではないでしょうか。

私が見てきた中でも、実に多くの企業がAさんのような「即戦力風」の候補者に対して「採用！」とジャッジを下し、オファーを出してきました。業界も職務もぴったりの経験を持つ人が見つかったことで興奮し、期待が一気に膨らんでしまうのは無理もないことです。

しかし、このパターンでの採用は、結果が芳しくないケースがあるということもまた事実です。いつの時代でも、おいしい話には裏があることは多いのが現実だというわけです。

一体、その「裏」には何がありうるのでしょうか。

Aさんについて、解消すべき疑問点を先ほど2つ挙げました。

第1に挙げた〝格下〟問題から、検討しましょう。安心感があるはずの同業大手からわざわざ転職する候補者には、現在の勤務先でのキャリアが行き詰まり、何か居心地の悪い状況に直面している可能性があります。

第2に挙げた問題は、見方によっては、より深刻です。

ここで考えていただきたいのは、本当に優秀な人が転職を考えたとき、果たして同じ業界で同じ職務のポジションを選ぶだろうか？　です。

成長意欲のある人材は、常に新たな挑戦を求めます。そうした人が転職する際、同業他社で同じ仕事を繰り返すことを選ぶでしょうか。本当に優秀であれば、より大きなチャンスや新しい挑戦に向かい、成長の可能性を求めるでしょう。

それなのに、あえて業界も職務も変わらないポストに応募したAさんは、もしかしたら、向上心が欠如しているのかもしれません。今までの経験に安住し、楽をしたいと考えている可能性もあります。そう考えると、Aさんの仕事に対する意欲や今後の成長の余地、ポテンシャルに疑問符がついてしまいます。

この問題の本質は何かというと、**実に多くの方が即戦力という概念を、狭く解釈してしまっている**ということなのです。

「優秀＝即戦力」

「即戦力＝ぴったりの経験」

という図式を頭の中から取り除くべきだと思います。

むしろ、「即戦力＝当面の仕事はやってくれそう。でもなんでうちにきてくれるのかな？」程度の期待値へと、抑えることが賢明でしょう。

「もう、今までの経験を使って食べていければいいや」という体《てい》の、成長意欲の低い、ローカロリーな人生を志向しはじめた人材を新たに抱え込むことのリスクが、どれほどのものかを冷静に見極める必要があります。目の前の短期的な成果だけにとらわれず、長期的な視野で考えることが大切だということです。


企業というのは、いつだって即戦力を求めるものです。「経験ぴったりの人」に惹かれるのは自然な感情でしょう。しかし、その背後に落とし穴が潜んでいるという可能性を理解しておくべきです。

現場には、「即戦力でないと認められない」という「見えない圧力」が渦巻いていることもあるかもしれません。しかし、その圧力に屈してはいけません。

あまりに「ぴったりの経験」を持つ候補者を目の前にしたときこそ、一度立ち止まり、冷静にジャッジすることが必要なのです。

12

ジャッジしないことについて

採用におけるジャッジについて、最後に触れたいのは、決断のリスクに関する問題です。

おさらいをすれば、ジャッジとは「この候補者を採用するのか、見送るか」「この人はゴー（Ｇｏ）なのか、ノーゴー（Ｎｏ Ｇｏ）か」を最終的に決断することです。しかし、この決断を回避してしまう面接官が多くいます。それは「ジャッジから逃げてしまう」現象です。

採用の決断にはリスクがあり、責任を伴います。特に時間に制約がある場合、決断のリスクは高まり、プレッシャーも大きくなります。

そんなときに、「この人を採るべきだ」「いや、採るべきではない」という積極的な意思表示をせず、「まあ、いいんじゃないですか」などとお茶を濁してしまう面接官がいます。

この「まあ、いいんじゃないですか」には「良い」とも「悪い」とも取れる曖昧さがあり、立場を明確にしないズルさがあります。他の人の意見に従うという意思表示も、責任の回避にほかなりません。

より大きな問題は、こういった個々の逃げが積み重なると、組織全体としての採用力が徐々に弱まってしまうことです。

ゴーサインを出した候補者が、入社してから活躍しなかったり、評判が悪かったりすれば、「失敗」と評価され、責められ、自分の決断を後悔するかもしれません。

しかし、そのような悔しさがあるからこそ、決断のプロセスを振り返って検証し、次の決断に生かすことができます。

そもそも決断から逃げていては、リーダーシップの根本である、意思決定の力が上がるはずもありません。

面接官一人ひとりが「採る」のか「採らない」のかを、真剣に考え抜き、苦しみながらも決断を下している企業は、最終的に採用の強者になるばかりでなく、ビジネスの勝者たる集団へと成長する可能性が高まるのです。

逃げる理由

さらにこの問題を突っ込んで検証しましょう。採用において「ジャッジから逃げる」理由として、一般に次の3つが考えられます。いずれも典型的な「採用あるある」です。

1．失敗の恐怖

採用・不採用を決断した結果が「失敗」と評価されることへの恐れが、ジャッジの回避という選択につながる。というのは前述の通りです。

失敗に対する恐れは、企業がイノベーションの機会を逃し、停滞する原因となります。つまり、挑戦的な取り組みよりも確実性の高いプロジェクトが優先される傾向が強まっている企業は、なかなか思い切ったジャッジができず、安全策を狙うようになるということです。

守るべきものがある立場になっている企業ほど、「失敗を許さない」カルチャーが強くなりがちで、ジャッジの回避も増える傾向が見られます。

2. 情報過多と分析麻痺

一般論として、情報がそろっていた方が合理的な判断ができるのも事実ですが、多すぎても問題が生じます。採用において候補者に関する情報が多すぎると、ジャッジを下す際に、どの情報に基づいてどう判断したのかが不明確になりがちです。結果として、同じような分析プロセスを何度も繰り返した末に、意思決定ができなくなる「分析麻痺」に陥ることがあります。

3. 社内での意見不一致

採用のジャッジに複数の面接官や担当者が関与すると、それぞれの意見が食い違い、コンセンサスを得ることが難しくなることがあります。特に、意思決定グループの中に上下関係があると、上長の反応をうかがってから自分のスタンスを決めようとする動きも加わり、事態が複雑化します。このような場合、決断を避けることで一時的な調和を保とうとする力が働き、意思決定が先延ばしにされたり、曖昧になったりしやすくなります。

私の観察では、多くの優秀な面接官が直面する問題は、基本的なスキルの欠如ではありません。むしろ優秀であるがゆえに、そうすべきだと頭では理解している挑戦的な決断を下すのに必要な、ほんの少しの勇気が不足していることが問題なのです。

優秀な個々の面接官の中には、自分なりの答えがあります。しかし、そんな自分の判断に少しでも迷いが生じると、すぐにジャッジを見送り、申し送りにするか、曖昧なままパスしてしまう――そのような誘惑に駆られるケースが多いように感じます。

どうしたら勇気が出せるか

そこで、ジャッジする勇気を高めるには、どうすればよいか。いくつかの工夫を考えてみましょう。

「迷ったら採用しない」というのがセオリーだ、というそれらしい言説を耳にすることがあります。確かに一理ある考え方だとは思いますが、私は必ずしもそれに賛同しません。

迷いが生じること自体は自然であり、迷ったときにどうするかをあらかじめ決めておくのは、合理的です。しかし、その迷いがどのような性質を持つかによって、どうすべきかの最適解は変わりえます。

まず迷いの原因を分析すること。そして、迷いの原因が採用において譲れないポイントにあるのか、ある程度の柔軟性を持って判断してもいいポイントなのかを明確にすることです。この2つが整理できれば、これまで述べてきた原理原則に基づき、ジャッジが下せるはずです。

この節で述べてきたことのおさらいのようになりますが、以下に、チェックリストとしてまとめてみました。

- **経験でギリギリ迷う場合↓Go**

業界経験や職務経験が期待水準に達しているかどうかで迷っている場合は、採用する方向で考えましょう。業界経験より職務経験を優先すべきだと述べましたが、いずれの経験であれ、他の要素で補完できると判断できる程度の不足であれば、リスクを取って採用してみることがよいと考えます。

- **カルチャーフィットでギリギリ迷う場合↓Go**

前述のようにカルチャーフィットは正しく評価することが難しく、判断に入れない方がいいと考えます。組織に対する個人のフィット感は時間とともに変わることが多いことも、「迷うならば、採用」と決断すべき理由となります。

- **人間性でギリギリ迷う場合↓NoGo**

最後に人間性で迷ってしまうのであれば、採用は避けるべきです。どれだけ経験があり、能力が高くても、人間性に違和感を覚える場合は、思い切って見送ることが原則です。

「迷う」というのは、多くの場合、プラスに判断できる要素もマイナスに判断できる要素もあって、頭で考えて結論が出ない、という状態だと思います。それに対して「違和感を覚える」というのは総じて、マイナスになりそうな何かを感じて気持ちが悪い、という状態ではないでしょうか。

つまり、候補者の人間性が良いという感覚はなく、何かしらの不安や疑念だけが残る。その違和感は無視できないシグナルです。**頭では納得していても、腹の底に違和感が残る場合、その身体的な感覚は無視せず、重視するべき**だと考えます。

繰り返しますが重要なことは、決断を避けず、経験を重ね、再現性の高い成功パターンを見つけていくことです。この道を恐れずに進むことによって、他の企業には真似ができないスピードで優秀な人材を獲得する採用プロセスが構築できるようになるでしょう。

決断のリスクと向き合い、そのリスクを取り続けていける力を身につけていくことは、それだけで採用における大きな差別化要因となります。

第5章

わたしたちの採用革命

採用において、日本企業が独自の強みを発揮できる領域は、候補者の「評価（アセスメント）」だろう。候補者の未来の成長可能性に着目する「ポテンシャル評価」に、日本の勝ち筋があると見る。エゴンゼンダーの「ポテンシャル・モデル」に基づき、独自開発した「ポテンシャル面接」のノウハウを披露する。

1 ポテンシャル・モデル——日本の勝ち筋

きみはあなた自身を創造していると思いなさい。

——岡本太郎『壁を破る言葉』[*1]

これまで本書では、世界標準の採用レベルの高さ、日本との隔たり、そして日本がどうやってそのギャップを埋めるべきかについて、論じてきました。本章では、ぐっとモードを変えて、単に世界を真似るだけではなく、日本独自の採用メソッドを構築するべきだという提言をしたいと思います。

＊1. 岡本太郎(2005)『壁を破る言葉』イースト・プレス

遅れているだけではない。違うのだ

本書冒頭の「異文化の面接室」で触れたように、私はエゴンゼンダーで過ごしたヘッドハンターとしてのキャリアの後半、グローバル人材の採用における日本企業の厳しい現実を目の当たりにし、強い危機感を持つようになりました。

その後、ZOZOでグローバル展開の推進を担うことになりました。この過程で、海外にて自らチームを採用する経験をし、各国の採用市場の違いを肌で実感することになりました。

海外での採用はいうなれば、広大な量販店での買い物のようなものです。どんな体型の人でも、ふらりと立ち寄ればオーダーメイド並みにぴったりのスーツをその場で買えるような気軽さがあり、状況に応じてすぐに取り換えがきく柔軟さもあります。

たとえば、「スタートアップ向きのマインドを持ち、SaaS（サース）のビジネスモデルを理解し、エンタープライズセールス（法人営業）の経験があって、消費財の業界に知見のある人材が欲しい」とリクエストすると、米国ではそれこそ「ぴったりの候補者」との面接をすぐに複数人セッティングすることができるでしょう。

一方、日本の採用市場では、よほど運がよくない限り、即座にフィットする人材に出会うことは難しいのが現実です。そのため、日本ではあたかも少しサイズの合わないスーツを丁寧に直し、長く使うようなアプローチが求められるのです。
先ほどのSaaS人材の例でいえば、そんな厳しい条件に合う人材は、そもそも日本に数人もいないでしょう。ある程度近い経験を持つ候補者の中から、成長の可能性がありそうな人材を選び、育てるしかありません。

とはいえ、私自身は米国で、欲しい人材をいくらでも採用できたわけではありません。ぴったりのスーツがお店にあっても、それを買うお金がない、といった状況でした。アパレル通販が主力のZOZOは、日本国内においても報酬レンジが高い部類ではなく、ストックオプションもありませんでした。そういった制約があったため、海外では候補者へ提示できる報酬に競争力がなかったのです。

そこでやむなく、ZOZOのグローバル展開では、日本流の「コンバート方式」で人材獲得を進めることになりました。その過程で、エゴンゼンダーで出会った「**ポテンシャル・モデル**」を面接に取り入れてみた結果、「必要は発明の母」という言葉の通り、独自の採用メソッドが芽吹いてきたのです。

「ポテンシャル・モデル」との出会い

ポテンシャル・モデルとは、人の「伸びしろ」を測ることを目的に、エゴンゼンダーが開発した手法です。ハーバード大学などと協力し、長い年月をかけて行われた科学的リサーチに基づいています。

２０１４年に同社がこれを世界に向けて公表したところ、欧米の人事関係者の間で静かな衝撃が広がりました。「過去」の実績ばかりを重視していた人たちにとって、「未来」の伸びしろを計測するという発想は、まさにコペルニクス的転回だったのです。

当時エゴンゼンダーではこのモデルを採用においては通常使用せずに、企業の内部にいる人材の評価（アセスメント）に用いていました。しかし、私はこのとき、これを採用面接の場で試してみたのです。その成果は非常に良好でした。

ロサンゼルスでは、ゲーム開発者だったオタク系の若手米国人に、日米間の開発プロジェクトマネージャーを任せることに成功しました。また、ベルリンでは、インターンばかりで正式雇用の職務経験すらない若手なのに、やたらと有能なサプライチェーン担当のドイツ人を見つけることができました。まるで当たりくじを引いたかのような採用を次々に実現できたのです。

無論、それは運ではなく、ポテンシャル・モデルがもたらした必然でした。

この過程で、私は重要な気づきを得ました。企業にアドバイスをする立場から事業会社のリーダーとして、自分自身が実際に採用する立場へと移ったことで、私自身、見える景色が大きく変わりました。

やがて、それは単に「日本が遅れている」というだけの話ではないと気づいたのです。採用市場の環境もまったく違えば、社会や企業のあり方も違います。

この気づきをきっかけに、「日本社会とは何か？　日本文化とは何か？　日本企業とは何か？」と考えるようになりました。東京に住んでいる人が、意外と東京タワーに登ったことがないことと似ています。純ジャパ育ちなのに日本をよく知らなかった私にとって、日本社会や日本文化を客観的に理解しようとする過程は、まさに学びの旅でした。

根底の働きを見つめる

日本には独自のビジネス文化があり、採用市場の特性や転職に対する価値観も、米国や欧州とは大きく異なります。

これらは日本の社会構造や生活、文化に深く根ざしており、海外のやり方に合わせて抜本的に変えようとしても難しいですし、そもそも変えるべきものでもないのかもしれません。

フランスの歴史人口学者・家族人類学者エマニュエル・トッドによれば、日本は、親子関係が権威主義的な「**直系家族**」型社会であり、ドイツと同じカテゴリーに属します。一方、米国など英語圏のアングロサクソン社会は、自由主義的な「**絶対核家族**」型社会とされ、権威主義と自由主義という軸で見る限り、日本とは真逆の社会です。[*2]このような本質的に違いのある社会で成功したやり方を、果たしてそのまま真似するだけでいいのでしょうか？

スポーツの世界でも、欧米と日本の違いは顕著です。元サッカー選手でスポーツジャーナリストの中西哲生氏の研究によると、サッカーでは、選手の骨盤の傾斜がキックパフォーマンスに影響を与えています。欧米人やアフリカ系の選手は骨盤が前傾しているのに対し、日本人は水平に近く、同じ方法で蹴っても同じ結果を得ることが難しいのです。[*3]この違いを理解した中西氏は、日本人選手に合った「**軸足抜き蹴り足着地**」というメソッドを開発し、久保建英選手など多くのトップ選手を指導されてきました。

採用においてもサッカーと同じではないでしょうか。「シリコンバレーはすごい」と称賛し、その手法を単純に移植するだけでは、日本企業の成長や勝利は望めません。社会システムのような根本的な違いを踏まえた、独自のアプローチを構築することが必要なのです。

振り返ると、ZOZOで約2年、自分が実践した「**ポテンシャル面接**」は、日本独自の

＊2. エマニュエル・トッド、堀茂樹（訳）（2022）『我々はどこから来て、今どこにいるのか？（上・下）』文藝春秋

＊3. 中西哲生（2022）『サッカー 世界標準のキックスキル』マイナビ出版

採用メソッドになる可能性がある。と気づいたのは、ZOZOを退職した後でした。

がむしゃらに目の前の課題に向かっていたZOZO在職時は、ポテンシャル・モデルのインパクトと日本の企業文化との相性のよさを感じつつも、その可能性について、はっきりと理解していたわけではなかったのです。

独自メソッドへ

今振り返れば、あれは守破離の「守」から「破」に移行する段階だったと思います。エゴンゼンダーでの仕事を通じて習得したメソッドを、ZOZOの新規事業チームメンバー採用に忠実に導入しようとしたものの、実際に自分自身で取り組んでみると、かつての理解だけでは適用しづらい点が見えてきたのです。

当時、1年間で100名を超える新規採用を世界で進めるという急成長計画を立てており、ターゲットとする人材層の裾野を大幅に広げる必要がありました。そのためには、私自身がメソッドをアレンジすることが必要だと、すぐに気づきました。待ったなしの状況で、新しいアイデアやアプローチを試す必要に迫られたのです。

これが「破」の段階へと進む契機となりました。

その後、ZOZOを離れ、世界を飛び回る仕事から国内での活動に戻りました。現在はベンチャーキャピタル、グロービス・キャピタル・パートナーズにて、投資先のグロース支援リーダーとして、新たな役割を担っています。
シンプルにいえば、国内の優良スタートアップ企業の、組織づくりを支援する立場です。ここで日本企業のリーダーシップ人材難という問題に、よりリアルな形で向き合うようになりました。

この仕事を得たことで、「離」の段階として、エゴンゼンダーで学んだ基本理念を尊重しつつも、幅広い文脈に適応する独自の「ポテンシャル面接」メソッドを体系化する機会を得たのです。

近年ではスタートアップ関係者への実技研修などを通じて、この応用手法を発展させる機会にも恵まれています。エグゼクティブ層だけでなく、より幅広い人材層の採用・評価に適用できる、いわば「普及版」ともいえるような新たな面接のアプローチが見えてきたように思います。

まだこれから。というフェーズのスタートアップにおいて、候補者のポテンシャルを見る必要性が高いことは自明です。また、スタートアップでなくとも、やはり日本の採用市場は、求める条件にジャストフィットする「吊るしのスーツ」のような人材が手に入る状況ではありません。そうであるなら、採用後に自ら学び、育っていく、伸びしろのある人材を採用することが本来不可欠なはずです。そのためには勘ではなく、見極めの理論と技術が求められるというわけです。

人材のポテンシャルを重視するとは、出会えた人との絆を大事にする、ということでもあります。このように、どれだけ日本社会が流動的になったとしても、日本企業に根づいている絆を重視する文化が消えることはないのでしょう。むしろ、転職が当たり前になるからこそ、信頼関係を大切にする姿勢は強く残るはずです。そうした背景の中で「ポテンシャル面接」というアプローチは、日本の採用市場において重要な役割を果たしていく可能性があるのではないかと考えています。

2 ポテンシャルの位置づけ

それではあらためて、ポテンシャル・モデルとは何でしょうか。

端的にいえば、人の「伸びしろ（＝ポテンシャル）」を構成する因子を特定することによって、ポテンシャルの評価を可能にする理論です。前著『人を選ぶ技術』でも詳しく触れた部分ですが、より詳細に説明を加えつつご紹介しようと思います。

古今東西、国家であれ、宗教団体であれ、軍であれ、企業であれ、規模の大小を問わず、組織が人を評価するときには、多かれ少なかれ、ポテンシャルを大切にしてきたのだと思います。目に見えやすい表面的な要素だけで人を判断するのは愚行であり、その奥にある内面こそが重要だということは、真っ当な人であれば、誰もが同意するところでしょう。

しかし、実際にそれを採用の評価基準とすることは難しかったのです。

その理由は、なんといっても、ポテンシャルを客観的に説明することが難しいからです。ある面接官が「この候補者のポテンシャルは高い」と主張したとしても、その判断が主観的で、どう見極めたのかがはっきりしなければ、他の人にうまく伝えられず、納得が得られません。仮に、正しく評価できていたとしても、再現性は低くなります。

たとえば、「**9ボックス**」という人事評価によく使われるフレームワークがありました。もともとは1970年代に、**マッキンゼー・アンド・カンパニー**と**GE**が投資判断のツールとして開発し*、それがやがて人事部門で応用されるようになったものです。

次ページの図の通り、横軸に過去の「パフォーマンス（実績）」を、縦軸に未来の「伸びしろ（ポテンシャル）」を取りますが、この縦軸のポテンシャルを果たしてどのように測るのか、横軸の実績とどう見分けるのか、など、「ハウ（HOW）」の部分が曖昧なまま広がっていきました。現場では「なんとなく」の議論しかせずに、「エイヤ」で決めてしまうという運用がなされていたようです。

＊ McKinsey & Company. (2008). *Enduring Ideas: The GE–McKinsey nine-box matrix.*

「9ボックス」のフレームワーク

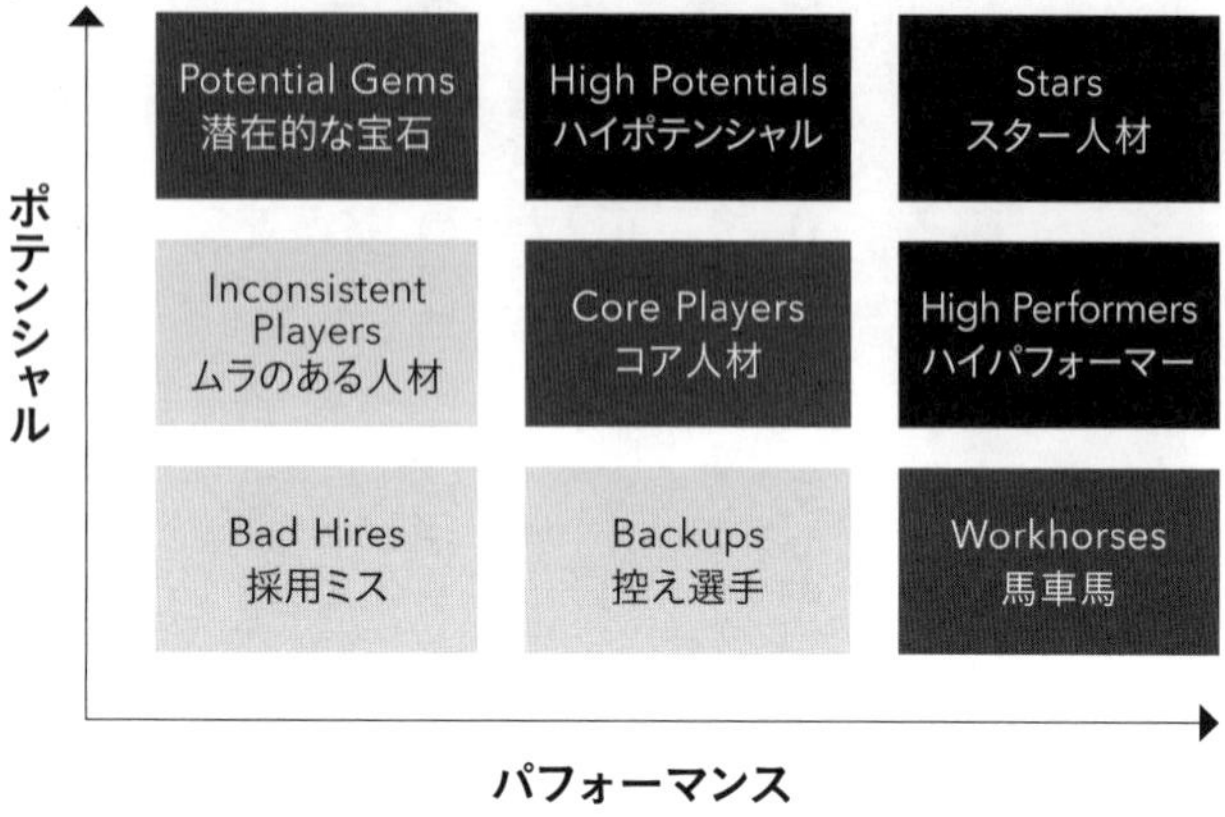

そこで登場したのが、エゴンゼンダーのポテンシャル・モデルであり、ポテンシャルの客観的評価を可能にしたという点においても画期的だったのです。

このモデルの理解を深めるため、まずポテンシャルの位置づけについてお伝えすることから始めたいと思います。

私は、左上の図のような逆ピラミッド型の「**人物の構造**」の中に、ポテンシャルを位置づけることを提唱しています。前著『人を選ぶ技術』でも紹介しましたが、再掲します。

この「人物の構造」という概念では、人を建築物に見立てて捉えています。地上1階から地下3階へと掘り下げていく、ちょっと変わった構造の建築物です。各

人物の構造

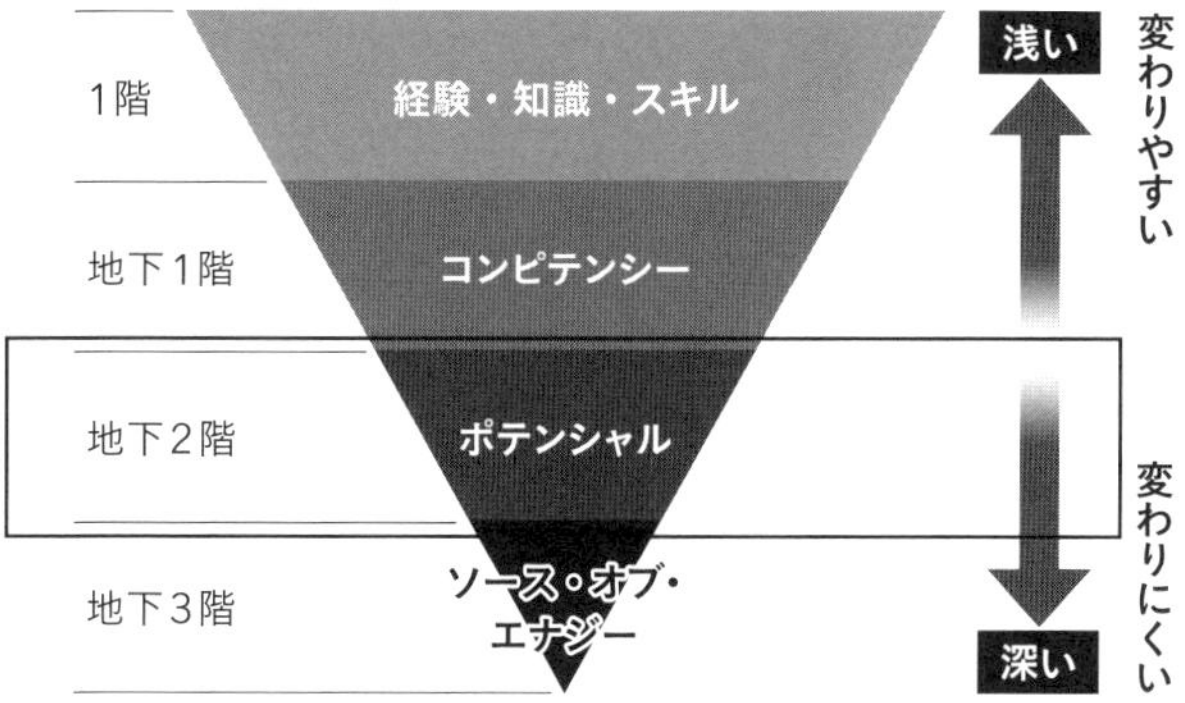

階が同じ人物の異なる側面を表し、地下に行くほど、見えにくいけれど、変わりにくい本質的な部分が隠されていると考えます。逆にいえば、地上1階に近い表層部ほど、見えやすい半面、変わりやすくもあるのです。

ここで詳しく語りたいのは地下2階のポテンシャルですが、他の階層も、採用における評価の対象になりえます。それぞれ説明しておきましょう。

地上1階：経験・知識・スキル

外から見えやすく、分かりやすい部分です。採用においては、その多くが履歴書や職務経歴書に書かれています。しかし、残念な面接官はこの階層の情報をなぞるばかりで面接を終えてしまいがちです。

地下1階：コンピテンシー

コンピテンシーは、人事業界で「好業績者に共通する行動特性」を指す言葉です。採用においては、候補者が、どのような場面でどのような行動を取る傾向があるかを見るために使います。つまり、その人に期待できる行動パターンが評価できると考えれば分かりやすいでしょう。その行動パターンが、好業績を上げやすいものであるかどうかを、面接官は判断します。ここではエピソードベースの面接技術が求められます。

採用において、どのようなコンピテンシーを求めるべきであるかは、案件によって様々ですが、マネジメント採用ならば、次の3つを重点的に見ればいいでしょう。

- **成果志向**：目標達成を諦めず、より高い成果を求める傾向
- **戦略思考**：戦略を立てながら、行動する傾向
- **変革志向**：現状を当然のものと捉えず、変えていこうとする傾向

地下2階：ポテンシャル

この階層については後ほど詳しく説明しますが、ここに焦点を当てる「ポテンシャル面接」に、日本企業ならではの、採用の勝ち筋があると考えています。

地下3階：ソース・オブ・エナジー

未来の成長の可能性が地下2階にあるポテンシャルだとすれば、その下の地下3階にあるのは、人の成長の源泉となるエネルギー（エナジー）です。このエネルギーは、「使命感」と「劣等感」から構成されています。候補者の成長可能性の大きさに、ソース・オブ・エナジーが強く影響するのは当然ですが、採用面接で問うのは難しいというのが、私の実感です。ただし、社内にいる人材を経営陣や幹部に登用・抜擢する際には、光を当てるべきだと考えています。

本章においてポテンシャル面接について検討するという文脈では、ざっとこの程度、ご理解いただければ十分ですが、より詳しいことに興味がある方は、前著を参照していただければと思います。

3 ポテンシャルとは「器」

ポテンシャルの位置づけについて、もう少し、説明させてください。

人物の構造には、地上1階から地下3階まで4階層がありました。

地上1階：経験・知識・スキル
地下1階：コンピテンシー
地下2階：ポテンシャル
地下3階：ソース・オブ・エナジー

採用面接で評価するのは、一般に、地上1階の**経験・知識・スキル**と、地下1階の**コンピテンシー**で、それは欧米でも変わりません。これに、地下2階の**ポテンシャル**を評価対象として加えることが、日本ならではの勝ち筋になりうるというのが、私の主張です。

左の図のようなコップをイメージしてください。

人には、目に見えやすく、変わりやすい部分と、目に見えにくく、変わりにくい部分があります。地上1階に当たる経験・知識・スキル、そして地下1階に当たるコンピテンシーは、物心がついてから学習や経験を通じて形成されていくものです。これらは、コップに注がれる水のようなもので、学習や経験を積むごとに変化し、蓄積されることもあれば、失われることもあります。

一方で、ポテンシャルとはコップ、つまり器です。人それぞれに器の大きさや形が異なり、物心ついた後で変化することはほぼありません。この器のサイズが、その人がどれだけの経験・知識・スキル、コンピテンシーを蓄積できるかを決定します。つまり、この器

「人間の器」のイメージ

の大きさが、その人がどれほど成長できるか、つまり「伸びしろ」を示しているのです。

この「器＝ポテンシャル」が大きい人ほど、さらに多くの「水＝経験・知識・スキルやコンピテンシー」を吸収し、成長していく余地があるということなのです。

ちなみに、この「器」は幼少期にほぼ形成されると考える立場もあると、当時は説明されていました。

そこから個人的な興味もあり、学術的な文献などを調べてきたのですが、[*1]ここでいうポテンシャルは、パーソナリティーの「核」となる部分であり、パーソナリティーの持続性に関連した考え方だと、私は整理しています。パーソナリティーにおける特徴は可変で、年齢を重ねるほど変わりにくくなるものの、幼少期から成人にかけて、控えめな連続性が存在していることは学術的にも検証

＊1．ポテンシャル・モデルの理論は、発達神経科学、発達生物学、生涯発達心理学など発達科学分野の研究に依拠するところが大きい。

されています。[*2]

こういう話をすると「そんなはずはない」という反論が出てきます。「自分は大人になってからもどんどん成長している。これからもまだ成長できるはずだ」と。

実際、ある大学で講演をした際にも、大学院生からこんな質問が出ました。

「ポテンシャルは変わらないと先生はおっしゃいますが、私は昔に比べて好奇心が増しましたし、大学に入ってから胆力もついたように感じます。これは私のポテンシャルが成長したということではないのでしょうか」

熱い質問をぶつけてくれて純粋に嬉しかったのですが、私はこう答えました。

「それは自分で気づいていなかっただけで、もともとそのポテンシャルは、あなたの中に『在った』のではないでしょうか」

おそらく、その大学院生はかつて、自分の「器」の容量を実際よりも小さく認識していたのでしょう。そして、新たな意欲や熱意が自分の中から湧き出していることに気づいたとき、あたかもその「器」が拡大したように感じたのだと思います。しかし、**実際にはもともとそこに伸びしろがあり、それが何らかの理由で解放された**と解釈することが妥当だと私は考えるのです。

＊2. Caspi & Roberts. (2001). *Personality Development Across the Life Course: The Argument for Change and Continuity.* An International Journal for the Advancement of Psychological Theory

人間理解において、多様な議論があることについては十分承知していますが、本書では人のポテンシャルについて、次のように捉えています。

- 人の「器＝伸びしろ、ポテンシャル」には、固有のサイズがある
- その器の大きさは、概ね幼少期までに形成され、それ以後はほぼ変わらない
- 自分自身が器のサイズを正しく認識していることは少なく、多くの場合、過小評価している
- 器が「伸びている」ように感じるとき、それは器自体が大きくなっているのではなく、それまで使えていなかった器の一部が使えるようになり、本来あるべき自分の器の姿に近づいている。つまり「ポテンシャルが解放」されていると捉えるべきである

「器」をめぐる議論は複雑で、時に神学論争の体をなすこともあります。しかし本書の立ち位置としては、人間理解の真理を追求することが本旨ではありません。あくまで企業経営や個人の人生をよりよくするための実践的なツールとして、この概念をご紹介したいと考えた次第です。

4

4つの因子

さて、本題に入りましょう。ポテンシャル・モデルが画期的だった理由は、ポテンシャルという「概念」を「構造」へと分解し、それを客観的に評価し、説明できるようにしたことにありました。人の「ポテンシャル＝伸びしろ＝器」は4つの因子によって構成されると、定義したのです。* 左の図をご覧ください。

ポテンシャルは、**好奇心**、**洞察力**、**共鳴力**、**胆力**の4つから構成され、その中でも、好奇心は一段重要な役割を果たすとしています。

したがって、採用において候補者のポテンシャルを評価するならば、面接などで様々なエピソードを引き出し、この4つの因子に分けていくことになります。その際、これら4因子の「エネルギー（エナジー）の強さ」に着目します。

さらに、4つの因子の総和をもって、その人材の器の大きさと見なします。それは、将来的にその人が、どれだけの経験・知識・スキルを取り入れて、どれだけコンピテンシーを育めるかという「伸びしろを示す指標」として機能します。

ここで記憶にとどめていただきたいのが、「エネルギーの強さを測る」という考え方です。

＊ ポテンシャル・モデルが提示するこの4因子が人の伸びしろを構成すると、生物学的に説明できるメカニズムや絶対的な定理があるわけではないことは、パーソナリティー理論でポピュラーなビッグファイブ（パーソナリティーを5つの因子に分類するモデル）と同様である。膨大なデータ分析に基づき、実用に耐えうる現状でベストのフレームワークとして提案されているとご理解いただきたい。

ポテンシャル・モデル

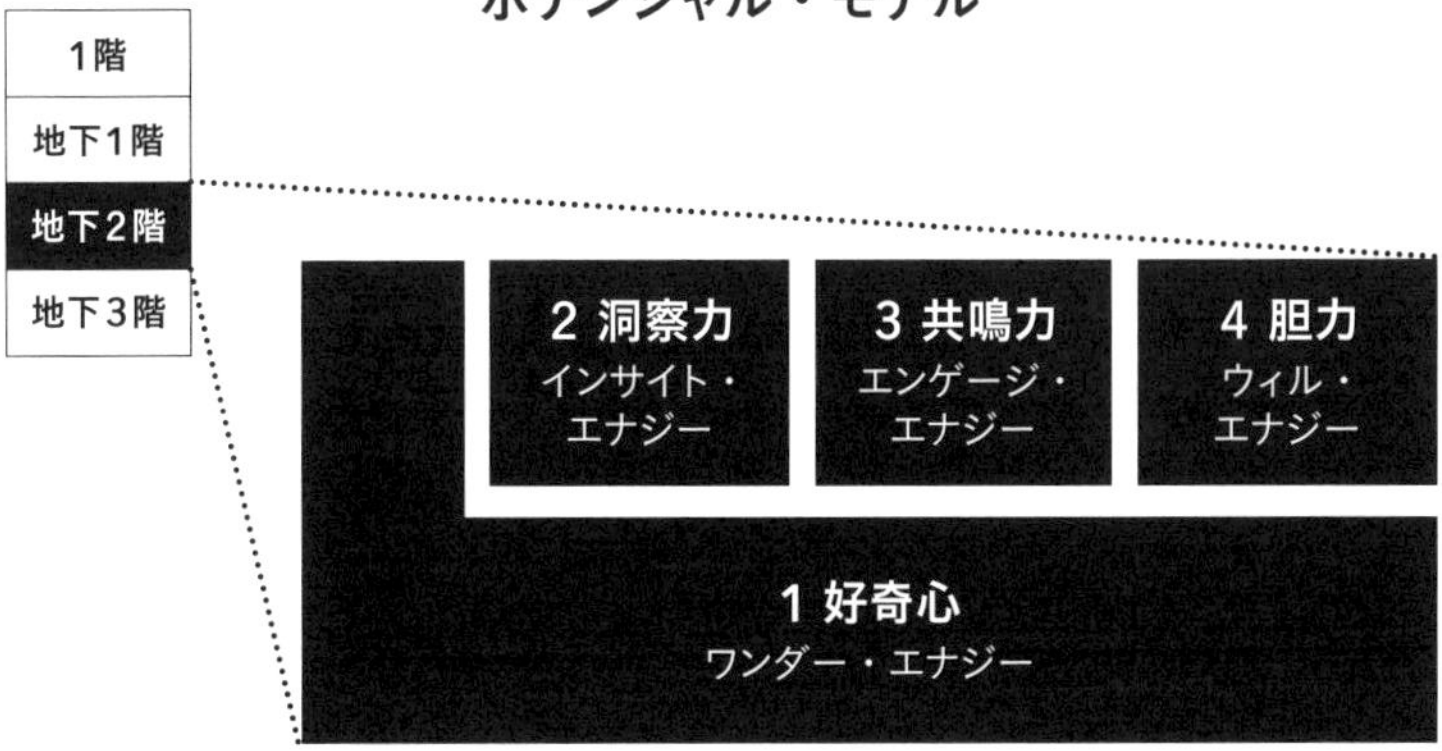

「○○ができるか」ではなく
「○○することにエネルギーが湧くか」に注目する

ここでいう「エネルギー」とは「衝動」とも言い換えられるかもしれませんし、より踏み込むならば、「性《さが》」と呼べるようなものだといえるでしょう。このエネルギーが強く働く場合には、衝動におさまらず、行動へと変わり、「ついやってしまった」状態になります。このエネルギーというコンセプトを理解することが、ポテンシャルを評価する際の鍵となります。

つまり、「何ができるか」ではなく、「何をすることにエネルギーが湧くか」という視点で人を観察することが、4因子すべての評価において重要になるのです。

さて、採用において、もし候補者のポテンシャルを知ることができるとしたら、どんな良いことがあるでしょう。

もちろん、それは「今、何ができるか」

という即戦力性の評価だけでなく、「近い将来、どれだけ大きな役割を果たせるか」という成長可能性を評価できるようになる。ということを意味しています。言い換えるならば、顕在化している力だけでなく、潜在的に発揮できそうな力までも評価に織り込むことで、人材として、より的確に見極められるようになるということです。

それだけではありません。それぞれのエネルギーの大小、そしてバランスの傾向を知ることによって、どういった活動が、その人材の能力開発につながりやすいかも見えてきます。ポテンシャル・モデルは、育成プランの立案にも役立つのです。

このように、ポテンシャルを評価することができれば、企業にとってはもちろん嬉しいことですし、新しい挑戦を経験してみたいと考える候補者にとっても助けとなるはずです。そして、おそらくそれは、世の中全体にとっても良いことでしょう。ポテンシャル・モデルとは、未来志向の社会を実現するという意味でも、画期的な方法論なのです。

4つのエナジー

ポテンシャルを構成する4つの因子について、ご説明します。

1. 好奇心（ワンダー・エナジー）

好奇心とは、新しい知識や体験を求めずにはいられないエネルギーの強さです。私はこれをワンダー（wonder）・エナジーと呼んでいます。

好奇心というと、森羅万象に関心を持つ「教えて坊や」のような「外」に向かう好奇心をイメージされることが多いかと思いますが、それだけではありません。

自分という「内」に対する好奇心も含まれます。たとえば、自分の至らない部分に対してフィードバックを求め、聞きたくないような痛い話も貪欲に受け止めるような姿が好奇心の表れです。

また、知に対する開放性も好奇心に含まれます。これまでに得た知識や学びを否定するような、新たな知見や事象が目の前に現れたときに、頑なに否定するのではなく、面白いと感じて積極的に知ろうとするような姿勢のことです。

先ほど、図に示したように、この好奇心の因子は他の3つの因子を育む土壌ともいえるもので、常に新しい知識や体験を求めて物事に向き合うことは、あらゆる成長の原動力となります。

2. 洞察力（インサイト・エナジー）

洞察力は、新しい可能性を示唆する情報を収集し、分析・理解しようとするエネルギー、さらには、それらがどういう意味を持つのか、何に生かせるかなどを、つい考えてしまうようなエネルギーの強さです。

複雑な問題を前にして打ち手を見抜くことや、本質的なパターンを見出すことに喜びを

ポテンシャルを構成する4つのエナジー

感じていたり、一見するとつながりがなさそうな別々の情報を有機的に紐づけて、意味を見出すことに快感を覚えていたりするといった姿は、洞察力の強さを示唆します。

情報をただそのまま受け入れるのでなく、それを意味あるものとして解釈し、何か他の人には見えないようなものを見抜きたいとする姿勢も、洞察力のエネルギーが強い人の特徴です。

この洞察力のエネルギーを、私はインサイト（insight）・エナジーと呼んでいます。

3．共鳴力（エンゲージ・エナジー）

共鳴力は、自分の考えやビジョンを他者に伝え、他者と本質的につながろうとするエネルギーの強さです。エンゲージ

(engage)・エナジーと、私は呼んでいます。

それは、人と人との間に自然と架け橋を築きたくなるということ。相手の内なる声に耳を傾けながら、深い絆を紡ぎ出そうとする欲求や衝動を指します。相手の感情や、相手の発する空気、雰囲気と自然に調和し、心地よいコミュニケーションの場を織りなしていくような姿が、共鳴力の強さを示唆します。

人を動かす際には、理論的に説得するだけでなく、感情的な共感を引き出すことが重要です。共鳴力が強い人は、それを「傾向と対策」といった方法論で実行するのではなく、どうしてもつい「絆を求めにいってしまう」ような、内発的なエネルギーに根ざしたリーダーシップを発揮しているところが特徴です。

共鳴力とは、人間が織りなす組織や社会の中で、利害を超えた仲間をつくり、ビジョンや目標を実現するための力となる因子です。

4. 胆力（ウィル・エナジー）

胆力は、大きなチャレンジや、困難な目標に挑むエネルギーの強さです。ウィル（will）・エナジーと呼んでいます。

強い信念と覚悟を持って決断を下し、その責任を揺るぎない意志で全うする姿に胆力は表れ、自己と周囲に変革をもたらす力ともなります。失敗を恐れず、逆境に屈せず、失敗しても素早く立ち直る反発力も、胆力には含まれます。

胆力が強い人は、大きな課題やリスクを引き受けることにエネルギーを燃やすので、ついつい不確実性やリスクが高い状況、チャレンジングな環境などを選んでしまいがちであるのも特徴です。自分に高い目標を課すことを喜びと感じ、挑戦を通じて学び、小さな成長を重ねながら前進を続けていく日々を愛します。

さて、以上が、ポテンシャルを構成する4因子の説明となります。それぞれの因子が、個々の人材の成長と具体的にどう関係しているのかを、ある程度、イメージしていただけたのではないでしょうか。

これでポテンシャル・モデルとは何かについての説明を一通り、終えました。

ここから先は、いよいよポテンシャル・モデルを採用に活用するためのノウハウを、その応用・発展形も含めて解説していきます。

5 ポテンシャル面接

前著でポテンシャル・モデルを紹介した際、多くのポジティブな反響をいただきました。

一方で、「概念は分かったが実行に移せない」「採用に生かしたいが、実際に面接で評価することが難しい」といったフィードバックも多くいただきました。

実のところ、具体的なポテンシャルの見極め方については、前著では専門的になりすぎることを懸念し、あえて書かなかったのです。ポテンシャル・モデルのフレームワークを提示するにとどめ、具体的な評価ノウハウには踏み込みませんでした。

繰り返しになりますが、人物の構造は地上1階から地下3階まであると考えたとき、表層部に近いほど「見えやすく・変わりやすい」ものであり、深層部に行くほど「見えにくく・変わりにくい」ようにできています。

したがって、ポテンシャルを評価することが難しいというご指摘はまさにその通りで、それは地下2階に深く潜んでいるため、工夫を凝らさない限り、容易に見えてはこないのです。

そんな下層に潜むものを面接で引き出して評価するために、いくつかの手法を開発し、運用しているのですが、それを書籍という静的な媒体で、お手軽なノウハウのようにお伝えしてしまうと、逆にそれを金科玉条のように受け取られ、間違った運用を招いてしまうリスクがあるように思えたので、踏み込めなかったのです。

また、これはエゴンゼンダーが開発したモデルですので、同社が出版物やホームページで対外的に公開している内容以上に触れることは当然控えるべきという判断もありました。

しかしながら、人材のポテンシャルを見極めたいというニーズは切実なものがありました。特に、採用面接にポテンシャル・モデルを活用したいという声は多く、独自の解釈で運用をスタートさせた企業のお話もちらほら伺っています。

こうなると、ある程度の物差しとなる考え方を提示しないことも無責任だと感じるようになりました。そこで本書では新しいチャレンジに踏み込み、エゴンゼンダーのポテンシャル・モデルの概念を参考にしながらも、異なる環境や文脈において私なりに8年間かけて解釈し、運用してきた「ポテンシャル・モデル」の考え方と手法をご紹介することにしたのです。

したがって、本章の内容はエゴンゼンダーが提供するサービスとは関係がなく、私独自の見解として読み進めていただければ幸いです。*

さて、ここからは私がお勧めする手法の実践ガイドとなります。ただその前に、もう一つ補足します。このポテンシャル面接・**ポテンシャル評価**の手法について、「本に書いてしまうと、候補者も知るところとなり、対策されてしまうのではないか」という懸念を抱く方もいるかもしれません。

しかし、実際のところ、ポテンシャル評価というものは、面接官にとってノウハウの一

＊ 以降の内容はエゴンゼンダーの公式メソッドではなく、筆者の独自の解釈と応用である。私の退社以降も同社のメソッドはさらに開発が進んでいる。

般化が難しいように、面接を受ける候補者にとっても対策は容易ではありません。懸念するほどの問題にはならないだろうと考えています。

さて、採用面接にポテンシャル評価を取り入れるといいましても、採用の評価基準はもちろん、ポテンシャルだけでは完結しません。従来からある、経験・知識・スキルやコンピテンシーといった一般的な評価基準も加えた、総合評価による判断をすべきです。しかし、そこまで多面的に候補者を評価することは難しく、実に骨が折れるかと思います。どうすればいいのでしょうか。

以前私は、1時間あまりの採用面接で、地上1階の「経験・知識・スキル」や、地下1階の「コンピテンシー」に加え、地下2階の「ポテンシャル」までを、すべて評価しようとしたことがあります。つまり、1セッションの面接の中の一部の時間を使って、ポテンシャルに関わる部分を触りにいくような形で評価しようとしていたのです。しかし、そのアプローチはうまく機能しませんでした。

前述のように私が初めて、採用面接にポテンシャル評価を取り入れたのは、エゴンゼンダーのヘッドハンターからZOZOに転じ、新規事業の本部長として、ZOZOスーツを使ったまったく新しいアパレル事業を立ち上げ、国際展開を推進していたときです。

事業会社の経営では当然ですが、ヘッドハンター時代のように、採用業務ばかりを見ているわけにもいきません。膨大な業務に取り組む日々の中、採用に割く時間の効率性を極限まで高めたいという誘惑に駆られ、一度の面接セッションで全部を見てしまいたいと考えた。というわけです。

しかし、ポテンシャル評価は、その性質上どうしても、手掛かりを引き出すだけでもかなりの時間を要します。いくら採用のスペシャリストとして訓練されてきたといっても、一度の面接で、経験・知識・スキルもコンピテンシーも、他のすべての評価項目を確認しつつ、しっかりとポテンシャルを見極め、加えて候補者を**エンゲージ**するようなことは、現実には無理だと悟るに至りました。

ということで、まず、採用面接でポテンシャルを評価する必要のあるケースと、そこまでは不要と考えるケースとで候補者を分けることにしました。そして、必要と判断した場合には、ポテンシャル評価のためだけの独立したセッションを設けることにしたのです。このセッションのことを本書では、「ポテンシャル面接」と呼びます。

6 ポテンシャル面接のデザイン

ポテンシャル評価には、最低30分ほどの質問（ポテンシャル質問）の時間を取るのがいいと思います。ただ、それだけで終えると、候補者にとってはただの「不思議な体験」となってしまうので、ポテンシャル面接は以下のように、全体で60分のセッションとして設計することがお勧めです。

時間設計の例
- 0-5分（5分間）　アイスブレイク
- 5-15分（10分間）　候補者のバックグラウンドについての質疑応答
- 15-45分（30分間）　**ポテンシャル質問**
- 45-60分（15分間）　候補者から質問を受ける

もし時間がないときは

どうしても60分のセッションを、ポテンシャル評価のために確保できない、というケースもあるでしょう。その場合、どのように対応すべきでしょうか。

30分のセッションがあれば、一部だけ軽く触るところまではなんとかできます。ただ、どうしても中途半端にはなります。

その場合、評価する因子を絞り込むのがいいでしょう。ポテンシャル面接をした後、聞き取った内容を4因子に仕分けして評価するのも時間がかかる作業ですが、その負荷も軽減されます。

4因子の中で最も重要なのは「好奇心（ワンダー・エナジー）」です。前述の通り、好奇心は他の3つの因子を育む土壌のようなもので、言葉を換えれば、人間を成長させるエネルギーの着火剤のような役割を果たすからです。

そう考えますと、どうしても時間がない場合、まずはこのエネルギーの強さを測ることに集中するのがいいのではないでしょうか。好奇心の強弱を見るだけでも、大きな違いを見出すことができるはずです。


もう一つ見るべき因子を増やすとすれば、「胆力（ウィル・エナジー）」です。その理由の一つは、ビジネス活動をしてきた人のエピソードから、比較的、短時間で測りやすいのが胆力だからです。また、現代の資本主義社会で勝ち抜いていく人材、組織内で成功する人材を選ぶという観点では、とても重要な因子だといえるでしょう。

それに対して、エピソードベースで評価することに時間がかかるのが「洞察力（インサイト・エナジー）」の見極めでしょう。ビジネス活動における洞察力の重要性は胆力に匹敵しますが、評価することは、胆力より一段と難しくなります。洞察力が発揮されるエピソードは、胆力と比べると繊細で分かりにくく、感じ取る面接官自身の洞察力が問われます。また、洞察力が関わるエピソードを引き出すような会話を組み立てることも、難易度が高くなります。

どのタイミングか

続いて、ポテンシャル面接を、全体のプロセスの中のどこに入れ込むべきか、実施のタイミングについても考えましょう。

キャリア採用の面接は通常、最低でも2回、多ければ3～4回行われます。それらのどこにポテンシャル面接を入れるのが一番効果的でしょうか。

その解は、企業と候補者の力関係によって変わってきます。

企業と候補者の力関係は、次のような要因に左右されます。

- 採用市場の需給バランス
- 雇用者としての企業の希少性と候補者の人材としての希少性

ポテンシャル面接を実施するタイミング

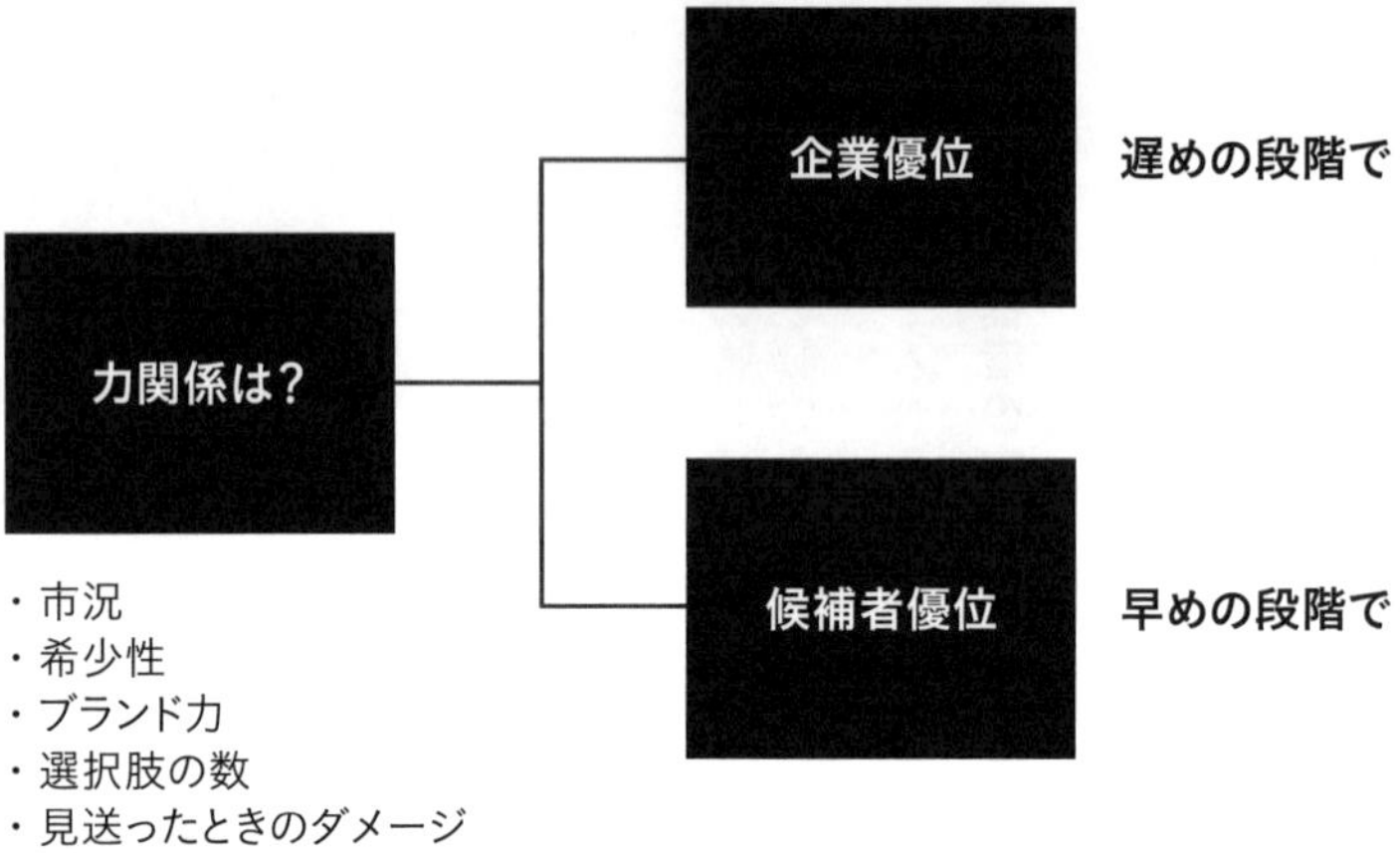

ー企業と候補者の双方のブランド力
（候補者にもブランドはあります）
ー企業と候補者の双方が持つ選択肢の数
ー企業と候補者の双方にとって、互いを見送った場合のダメージ

候補者の人材としての希少性が低く、自社のブランド力は高いといった場合、企業側は相対的に強い立場に立てます。このような場合は、一般的な面接を先行させ、経験・知識・スキルやコンピテンシーの評価で候補者を絞り込んだ後で、ポテンシャル面接を実施することがよいでしょう。たとえば、全部で3回、面接をするなら、そのうち3回目にポテンシャル面接を配置するという形です。

ポテンシャル面接の弱点の一つは、自信を持って実施できる面接官を育てるのに時間がかかることです。

このため、面接官の人数が限られてしまう間は、ポテンシャル面接を可能な限り後ろのフェーズに配置することが有効です。そうすることで、対象となる候補者の人数が減り、企業側の負担も軽減できるはずです。

一方で、候補者が優秀で希少性が高く、他の企業からも声がかかっていて複数の選択肢を持っているような場合や、転職意向がまだ固まっていないパッシブな状態にある場合、あるいは、該当するポジションの需給がタイトであるなど、企業側が候補者に対して弱い立場にある場合は、ポテンシャル面接を早い段階で実施することが重要です。初回面接で行うのが望ましいと思います。その理由は、**ポテンシャル面接を早くやるほど、候補者が企業に対して魅力を感じやすくなる**からです。この効果については、後ほど解説します。

7 扉は幼少期にあり

さて、「ポテンシャル面接」の中でポテンシャルを評価するためには、どのような「ポテンシャル質問」をすればいいのでしょう。これが次の論点となります。

評価の軸となるのは、前述のように好奇心、洞察力、共鳴力、胆力という4因子です。したがって、候補者との応答から引き出したいのは、4因子のエネルギーの強さを示すエピソード、ということになります。

それでは、その因子ごとに質問を用意して順番にぶつけていけばよいのでしょうか。

残念ながら、そのアプローチはうまくいきません。

繰り返しになりますが、ポテンシャルは「地下2階」に位置する要素であり、多くの場合、本人が無自覚であるためです。

たとえば、「あなたは胆力が高いですか？」「胆力を発揮したときのことを教えてください」とストレートに聞いた場合、候補者から語られるのは、ほとんどの場合、「成果志向」というコンピテンシー（行動特性）を発揮した話ばかりになってしまいます。

同じように、「好奇心を出したときは？」、「洞察を働かせたときは？」など、ポテンシャル因子についてストレートに聞いたときの返事として、本人が語るエピソードは、たいてい「変革志向」や「戦略思考」など、地下1階のコンピテンシーの話にとどまりがちで、その人が内面のより奥底に持つ衝動や、性《さが》のようなポテンシャルをうかがえる話は、なかなか出てきません。

ポテンシャル面接を試みると「そもそも候補者自身が認知していないことを、候補者に質問して引き出すのは難しい」という現実に直面するのです。

これに対して、私が様々な実験を経た上でたどり着いた、有効だと考えるアプローチは、**その人の「素」の姿が表れているエピソードを聞き出すこと**です。そのようなエピソードの端々ににじむニュアンスや語り口から、ポテンシャルの因子となる4つのエネルギーをこちらがキャッチして、評価するのです。

なお、ここでいう「素」の姿が表れているエピソードとは、その方自身の情熱から育まれた活動の話であるべきです。できるだけ他者からの指示や期待による影響が少ないものが望ましいと考えます。

どうすれば、その人の個性があふれる「素」の話へと近づくことができるのか。具体的な方法論をこれからご紹介しようと思います。

「素の姿」への接近法

やり方としてはまず、入り口で次のような前置きをします。

「今日はぜひ、あなたご自身のことをよく知りたいと思っています。少し仕事から離れたお話を伺ってもいいでしょうか？」

と断りを入れながら、聞きはじめるのです。ビジネスパーソンとしてお互い同じレベル、対等の立場からパーソナルに話したいというメッセージが伝わるといいと思います。

この前置きを入れる目的は、ただプライバシーに配慮する意思を示すだけではありません。

この一言を入れることで、いわゆるオン・オフでいえば、オン側のモードで面接に臨んできている候補者のスイッチを切り替えさせることができるのです。

さらに「あなたの人となりを知りたい！」という、ヒューマニティーにあふれたメッセージが伝わったとき、多くの候補者は意外に思うだけでなく、少し嬉しそうな顔をされます。お互いの心理的な距離をぐっと縮める効果も期待できる一言です。

では、その次にどのような質問をすればいいのでしょう。相手の「素」の姿が表れているエピソードを聞き出すといっても、実際にやるとなると、それはなかなか難しい話です。社会人になってしばらくたつと、誰しもビジネスパーソンとはこうあるべきだ、という社会通念にとらわれはじめます。会社に馴染むために自分を変え、「社会への適応」を図ろうとします。そのような社会人から、適応努力から切り離された素のエピソードを引き出すのは至難の業です。

たとえば、プライベートの時間の過ごし方について尋ねてみたらどうか？　と思うかもしれません。しかし、それもうまくいかないのです。

社会に出ると、個人的な興味だけで活動できる時間はどんどん限られていきます。周囲も自分も仕事が忙しくなる中で、さらには家族ができたりなどすると、趣味の話といっても徐々に、会社の仲間とのゴルフや、家族サービス的なキャンプなど、どこかソーシャルな活動になっていきます。そこに表れるのは結局、知らないうちに社会適応を果たした姿でしかなかったりします。

つまり問題は、特に日本のビジネスパーソンの場合、「オフの時間」が「ソーシャル性を帯びすぎている」から使えない。ということなのです。その人の「素」の姿や、「個」としての純粋なモチベーションが表現された活動がなかなか出てこないのです。

先ほどのような、どこか「ソーシャル性を帯びたオフの活動」を掘り下げたとしても、そこから引き出せるエピソードのほとんどは、少し突き放した言い方になりますが、やはり現実の生活における生存戦略や、社会適応の物語ばかりになってしまうのです。そしてそこには、候補者の「お仕事モードのアイデンティティ」がどうしても裏に見え隠れします。

一度このようなアングルから話がスタートしてしまうと、その人の真のポテンシャルを示すようなエピソードを掘り出すためには、玉ねぎの皮を何枚も剥ぐような膨大な応答が必要となり、ポテンシャル面接の目的を達成することがかなり難しくなる、というのが、私の経験上の結論です。

社会人時代のオフの話はだめだとなると、過去に向かうしかありません。

それでは、時間を少し遡って、大学生の頃の話を聞いてみたらどうでしょうか。あるいは高校生、中学生まで遡るのはどうでしょう。

確かに、学生時代のことを尋ねるのは、人によっては有効な一つの手段です。

ただ、最近の学生は特にそうですし、特に都市部で育った方の場合はその傾向が強いのですが、早い時期から将来の進学や就職を意識した活動に時間を充てている傾向が見受けられます。たとえば個人の趣味的な活動を伺っても、学校の内申点を意識したような課外活動の話になってしまうことが多いのです。

特に、難関校を出た方ほど、過酷な競争の中で自分がいかに勝ち抜いてきたかという「頑張り物語」になりがちで、その動機が自ら出たものなのか、家族や先生の期待から出たものなのかが、よく分からないものとなることが多くあります。

もちろん、いずれのエピソードも、その方の人となりをつかむための有効な情報ではありますす。しかし、ポテンシャルの「根っこ」を素早くつかむためには、もう少し効果的なアプローチが必要でしょう。

では、どうすればよいのか。

私が試行錯誤を重ねた結果、現時点で最も効果的だと感じているのは、幼少期、主に小学生時代の話を聞くことです。特に小学校低学年の頃のエピソードが聞けると、有益なデータを得られることが多いように思います。

小学校低学年の頃のエピソードには、その人の「素」の姿や、純粋なモチベーションが表れることが少なくありません。それが、ポテンシャルを評価する上で、良い手掛かりとなるのです。

小学校低学年、というと、社会人にとってはかなり昔の話ですから、現時点での人となりを知るには適さないように思われるかもしれません。しかし、ポテンシャル・モデルでは、様々な社会科学や脳科学、遺伝学などの研究結果に基づく総合的な判断として、人の「ポテンシャル＝器」の大きさを決める根本的なエネルギーは小学生になる頃にほぼ形づくられている、としています。

つまり、小学生時代、もっといえば5歳ごろまでの姿に表れる、好奇心や洞察力、共鳴力、胆力のエネルギーは、今とさほど変わらないと捉えていい、ということです。

実際、人の根本的な性質が幼少期に定まり、その後の変化は限られているとする研究は多くあります。たとえば、ノーベル経済学賞を受賞したジェームズ・ヘックマン教授は、3、4歳の時期を超えると教育投資の効果は小さくなり、意欲を高めるのは難しくなると指摘しています。[*1]

もう一つ重要なのは、特に5歳から小学校低学年にかけての時期が、多くの子どもにとって比較的自由に自分の意思で好きなことをやらせてもらえる時期であるという点です。親や先生も自発的な活動を奨励することが多いため、この時期のエピソードには、その人の本来の興味や関心、純粋なモチベーションが表れやすくなります。

というわけで、ポテンシャル質問においては、小学校低学年の頃のストーリーに狙いを定めることをお勧めします。ただし、いきなり「小学校のときのことを教えてください」といくと違和感があります。「ちなみに小学校時代は、どんなお子さまでしたか?」といった一般的な話からスタートして、相手の頭の中がタイムスリップするための時間を少し取ります。そこから「具体的にはどんなことをされていましたか?」と、その時期のエピソードに振っていくことがエレガントかなと思います。[*2]

＊1. ジェームズ・J・ヘックマン、古草秀子(訳)(2015)『幼児教育の経済学』東洋経済新報社

＊2. 面接官が候補者に対して、出生地、生活・家庭環境などについて話すことを強いるような形とならないように注意する必要がある。プライベート保護の観点から適切でない。

8 魔法の質問

この「時代設定」ができたら、次のステップです。いよいよ候補者のポテンシャルを探索する準備が整いました。

繰り返しですが、ターゲットはその人の「素」の姿が表れているエピソードを引き出すことです。

そこで、魔法の呪文ではないですが、ぜひ使っていただきたいフレーズがあります。それは、

「将来役に立たなさそうなのに、すごく熱中したことは何ですか」という問いかけです。

この「役に立たなさそう」という言葉を会話の糸口として入れることが重要です。これを省いてしまうと、きちんとした教育を受けてきた人ほど、こちらの狙いから外れた回答が出てきてしまうのです。

典型的なのは、早期教育の英会話、情操教育のためのピアノ、身体能力を高めるための水泳や体操、論理的思考力の基礎として計算力を鍛えるそろばんや公文式などの、いかに

も「将来役に立ちそう」だと親が考えて、やらせていそうな習いごとの類いの話です。

もちろん例外はありますが、これらのエピソードは多くの場合、両親の意思や期待から始まったもので、その人の純粋なモチベーションが表出したものとはいいがたいものとなることが多いように思います。


一方、「将来役に立たなさそうだけど」という前置きをきちんと入れると、実は漫画を描くのに夢中だったとか、大好きなカードゲームがあって大会にも出たとか、その人ならではの、アイデンティティをうかがわせるような面白い話が出てきます。

以前、ポテンシャル面接をした方からは、子どものとき、溶接の美しさに魅せられ、まだ小学生なのに隣町の溶接工場の工場長に弟子入りして、どれだけきれいな処理で金属をつなげられるかにハマっていたという、印象深いエピソードが出てきました。

ポテンシャルの高い候補者ほど、記憶に残るようなユニークなエピソードが次々と出てくることが多く、興味深い評価データを集めることができます。

9　性《さが》を見る

次のステップは、幼少期を掘って得られたエピソードを、どのように評価してゆくか、という話になります。少し概念的な面もある話に入りますが、できるだけ具体的なポイントを示し、解説していければと思います。

私の理解では、ポテンシャルの大きさとは「エネルギーの強さ」と捉えることができると思います。エネルギーという英語を日本語に置き換えれば、「熱量」や「活力」といった言葉になるかもしれませんが、私がポテンシャルを捉えようとする際に感じ取ろうと心がけるもののニュアンスや世界観とは、少し外れているように感じます。

日本語で伝えるのに適切な言葉を探し続けてきて、現時点で最も近い表現は「性《さが》」ではないかと考えています。古い日本語において「さが」は宿命や運命を意味することがありましたが、現代では、人間の内なる衝動や欲望、及び、それらに突き動かされた行動などを指すことが多いとされています。

この言葉からイメージされるものは、環境の影響や社会的な役割、またはメリット・デメリットを極力排除した形で表出する、本能的な心の動きです。まさにポテンシャルを規定するエネルギーを表現するために適しています。

あるいは、よりシンプルに、フロイトが指摘した「イド」や「リビドー」のような本能のままの欲望や衝動として理解していただいてもいいでしょう。

また、「性」という「エネルギー」はポジティブな方向にも、ネガティブな方向にも働きます。その両面を評価することも重要です。

人材の評価には、「優秀か平凡か」という軸に加えて、「有害か無害か」という軸もあります。前著『人を選ぶ技術』でも触れましたが、次の4パターンがある、ということです。

1. 優秀で無害 ↓ 見逃してはいけない、見逃してはもったいない。
2. 平凡で無害 ↓ 積極的に登用することも、避ける必要もない。
3. 平凡で有害 ↓ 避けたいが、分かりやすいので避けやすい。
4. 優秀で有害 ↓ 対応が難しく、落とし穴になりやすい。

もちろん最終的な採用のジャッジにおいては、無害な人間性の良い人を選びたいところですが、このポテンシャル評価というステップにおいては、いったんフラットに、そのエネルギーの発露が無害であれ有害であれ、エネルギーの強さそのものを量として捉える。という姿勢が重要になります。

話を進めていきましょう。
人間には、無意識のうちに「ついこうやってしまう」という特有の「性」があり、個々の人間の行動や思考の根底に、ある種のパターンとして存在しています。もちろん、成長や適応を通じてその傾向が変化することはありますが、5歳ごろまでの幼少期に形成されたエネルギーのパターンは、基本的にはその後も概ね持続すると考えられます。

その根拠となる研究もあるというのは前述の通りなのですが、私たちの経験則としても、年齢を重ねるにつれて実感するところではないでしょうか。

私自身も、成長とともに自分は変化してきたと思っていました。しかし、40歳を過ぎてからというもの、身も蓋もない話ではありますが、「結局、自分の根本のところは、子どもの頃から全然、変わっていないな」と感じる機会が多くなりました。

「無意識」は、フロイトの時代から心理学の重要なテーマであり、そこから「**潜在意識**」や「**自動思考**」といった概念が発展していきました。

自動思考は、あるきっかけがあると無意識のうちに意図せず、脳裏に浮かぶ思考や感情、イメージです。

脳とはコンピューターのようなもので、そこでバックグラウンドプログラムが常に動いていると考えてみてください。
スマートフォンで、何もせずともメールの受信確認や位置情報の更新が自動的に行われているように、私たちの脳の中でも自動思考は無意識のうちに働き、私たちの行動に影響を与えています。たとえば、ストレスを感じたときに、つい過食してしまう人がいるような習慣についても同様です。「性」と自動思考はほぼイコールであり、自分自身の「性」によって、何歳になっても、無意識のうちに似たような行動を繰り返してしまいます。

このことに気づくと、人間の無意識とは、実に強力なプログラムだということを理解できるでしょう。この無意識が、本人の意識していないところで、自動的に、その人らしい行動を引き起こしているのです。

たとえば、「新しい話に、つい飛びついてしまう」「オタク的に深掘りして調べたくなる」「興味を持ったら、とことん追求したくなる」といった「ふと気づいたらついやってしまう、いつもの行動パターン」があります。それは他人と相対的に比較すればある種の「個性」であり、本人にとってはプリミティブな「性」と呼べるものです。

これらは年齢を重ねても、本人が変えたいと思っていても、なかなか変わるものではありません。

では、この「根っこ」に組み込まれたように生来備わり、自然に発揮されるエネルギーが、仕事で生かされるとしたらどうでしょう。そのとき、本人は「やらされている」とは感じず、まるで子どものように嬉々として取り組むはずです。つまり、このポテンシャルエネルギーを面接で評価できれば、将来を見通すための強力な指標となるのです。

評価の結果、即戦力として持つべきものの一部が未然だったとしても、ポテンシャルが高いと判断できれば、その未然のリスクは低いと見なすことができます。その結果、思い切った起用を決意できるかもしれません。

このような視点を採用する側が持ち、それを適切に評価できるようになれば、ポテンシャルという物差しが、人の未来の伸びしろを測るツールとして機能するということをご理解いただけるのではないでしょうか。

10 読み解きの工夫

ここまで、候補者の「性《さが》」とも言い換えられる「**ポテンシャル・エネルギー**」の強さを測ろうと申し上げてきました。

今度は、その候補者が語るエピソードからポテンシャル・エネルギーらしきものが浮かび上がってきたときに、それをどう掘り下げ、どう分析し、どう評価してゆくか、という、「ポテンシャル評価」の実務ノウハウの話をしていきたいと思います。

たとえば、他人からの目には「めちゃくちゃ熱中している」としか映らないほどの熱中ぶりであっても、本人にとっては、あまりに自然すぎて、その相対的なエネルギーの強さに対して無自覚なケースも多くあります。その対象に注ぎ込んだ莫大なエネルギーに、自分自身が気づいていなくて、「子どもの頃ですか……いやぁ、特筆するほど熱中したようなことはありませんね」と返ってくることも珍しくありません。

そのような表面的なやりとりを、額面通りに受け止めてはいけません。評価ミスとなり、ポテンシャルの高い逸材を逃してしまいます。

そもそもですが、ほとんどの人は自分自身のポテンシャルの大きさや形を正確に理解していません。それ自体は自然なことです。しかし、課題は面接官が、こうした本人の自己評価に引きずられないようにすることです。

これは私の海外経験を通じた内外比較での肌感覚でもありますが、特に日本では、謙譲の精神や「出る杭は打たれる」といった価値観が根強く、自分の力を低く見積もりがちな人が多いように思います。そのため、自分自身を「好奇心が人より強い」とか「頭抜けた胆力がある」とは、なかなか評価しません。

実際のところ、ポテンシャル質問を始めてすぐに、ポテンシャル・エネルギーがビンビンに伝わってくる面白いエピソードが出てくることの方が少ないでしょう。そのため、最初の反応が鈍かったとしても、それだけで評価を下してはいけません。気になったポイントを深掘りし、「What（何に・何を）」から「Why（なぜ）」へ掘り下げ、さらに「How（どのように・どんな方法で・どれくらい）」へと進めていく作業が必要です。こうして具体的で立体的なエピソードへと昇華させることで、初めてポテンシャル評価につなげられる糸口がくっきりと浮かび上がってくるのです。

具体的なケースを挙げた方が伝わりやすいかもしれません。

たとえば、30代後半から40代前半くらいの男性との面談で、例の「将来役に立たなさそうだけど、めちゃくちゃ熱中したことは何ですか？」という質問をしたとします。このとき、「ポケモンに夢中でした」と返ってくることが結構な頻度であります。

こういった答えを聞くと、「またこの人もポケモンか」と思い、つい流してしまいがちです。他にもう少し珍しいエピソードがないのかなと話を移さず、ここでもう一歩踏み込んでみるのです。

実際に私が以前面接した候補者の話です。彼の最初の反応はまさに、「普通のどこにでもいる小学生でしたよ。やっていたのはポケモンカードの収集くらいですよ」というものでした。

しかしその、「ポケモンカードの収集」の「How」について深く掘ってみると、とんでもない姿が見えてきたのです。

ポケモンカードはご存じのように、収集してバトルゲームを楽しむトレーディングカードですが、蓋を開けてみると、彼は少年時代、地元でポケモンバトルの「絶対王者」として知られる存在でした。

ポケモン図鑑の暗記・暗唱などを通じて、あらゆるカードの特性を記憶し、ポケモンバトルの戦略・戦術を友人たちと日々研究しながら攻略していった。というのです。

彼としては、ただ好きでやっていただけで、特別なことではなかったようですが、それはかなりの「好奇心」と「洞察力」のエネルギーを感じられる話でした。こういった「自己認知のズレ」はポテンシャル・エネルギーが高い人に頻発します。本人としては実に自然にやっていることなので、努力したという感覚があまりないためです。

自身が最初に口にした「普通のどこにでもいる小学生」という言葉は、謙遜でもなく、彼自身の嘘偽りのない、自分自身に対する認知だったというわけです。

つまり、このようなポテンシャル・エネルギーが強い人と向き合うときに覚えておくべきは、その「無自覚さ」という特徴です。「当たり前のレベルが高すぎて、他人から見ると異常だが、本人はいたって普通と捉えている」という事象が生まれるのです。

外部から見れば圧倒的な集中力や情熱が感じられるのに、本人にとってはそれが「自然で心地よい状態」であるため、そのエネルギーの強さが意識できないのです。

このように、候補者の言葉を額面通り、表層的に捉えてはいけない。という面接の鉄則は、ポテンシャル評価において、ことさら重要性を増します。「普通でしたよ」という候補者の話を鵜呑《うの》みにせず、もう一歩踏み込むためには、どうしたらいいでしょうか。

そのコツは、定量化の質問をすることです。

先ほどの「ポケモンカード王者」の方の例に戻りましょう。

ポテンシャル面談を始めてまもなく、質問を重ねていく中で、「あれ、ちょっとこれは何かあるかも」と気づきました。そこで少しモードを変えて、話をちょっと遮ってもいいので、「どのくらい?」とカットインするのです。

この、「どのくらい?」という定量化の質問を入れることで、「量」「数」「頻度」を探ることができます。こうすることで、本人の自覚のない「異常値」が浮かび上がってくるのです。集めた枚数、バトルの回数と頻度、それらに費やした時間の長さ——こうした要素が具体的に炙り出されていきます。

その結果、まるで天気の話をするように、ひょうひょうと答えている目の前の人の話が、一気に「異常値」をもって迫ってくるという、異才の真髄が垣間見える瞬間を体験できるというわけです。

11 階層の仕分け

前述しましたが、候補者の話を、「これはポテンシャルを示すエピソードではないか」と思って聞いていたら、実は一つ上の階層であるコンピテンシーという行動特性を表すエピソードだった。ということは、よくあります。ここは混乱しやすいポイントですので、解説をしておきます。

たとえば採用面接で、候補者が「困難な状況があり、それを乗り超えるために努力し、成功した」という類型のエピソードを語ることがあります。この、「逆境、超えました」的な話を聞くと、つい自動的に「この人は『胆力エネルギー』がある。ポテンシャルが高そうだ！」と評価したくなるかもしれません。

しかし、それは表層的な解釈にとどまっている可能性があります。エピソードの中で語られる行動が自発的、内発的であるならば、それはポテンシャル・エネルギーの発露と見てよいのですが、もしその人の努力が、周囲からの期待や所属するコミュニティーの倫理規範によって促された外発的なものだった場合は、事情が変わります。その場合は、社会適応的な動機による行動と見なすべきです。

このとき、このエピソードは評価において、どう仕分けるべきでしょうか。正解はポテンシャルではなく、むしろコンピテンシーのうちの「成果志向」の高さを示すものとして評価するべきだ。となるのです。

理解の確認のため、もう一つ例を挙げてみます。たとえば、「大きなケガを克服して社会人スポーツの大会で優勝した」というエピソードを聞いたとしましょう。もしその努力が、無謀な目標を立ててクリアすることが大好きです。とか、つい難しい挑戦に飛び込んでしまうんです。といった、内発的な動機に基づく性質が強かった結果としての出来事だと判断できた場合は、どちらでしょうか。

その場合は、自然に湧き起こる「性《さが》」のようなものから始まった努力なのだと見なし、胆力エネルギーが強いと評価するべきです。

一方でそれが、所属企業や家族やコーチ、仲間などからのプレッシャーを受けた結果の頑張り、という外発的な動機づけの側面が強いものであったならばどうでしょうか。

それはむしろ、結果を出すことが期待された状況で、やりきる能力が高い人だと判断し、「成果志向というコンピテンシー」の高さとして評価すべきでしょう。

この両者の違いを、もっと具体的に説明するならば、過去の困難な状況を語るときの、本人の表情や口調に注目するといいでしょう。

ポテンシャルとしての胆力エネルギーが強い人は、泰然と逆境を楽しんでいるような表情を見せます。過去の困難について語るときも、どこか楽しげで、主体的な挑戦の物語として捉えていることがうかがえます。つらい状況であるにもかかわらず、内面的な充足感と結びつけられているのです。「気持ちよかった」「興奮した」「充実していた」などの、自分が主語となる、自己評価中心の言葉遣いが多くなることが、シグナルとなります。

一方で、ポテンシャルとしての胆力エネルギーはそれほど強くないが、結果を出すために頑張っている人がいます。そういう方々は、困難の克服の物語を語るとき、苦しそうな表情をしたり、理解を求めるような態度を見せたりすることがあります。社会適応的な動機が強いことから、「評価された」「貢献できた」といった、他者からの評価を匂わせる類いの言葉遣いが多くなるのが特徴です。

興味深いのは、後者の外発的な動機づけで努力を積み重ねてきた人の場合、結婚して家庭を持つなど、ライフステージが変わったりしたことをきっかけに、まるで煩悩が消えて成仏したかのごとく、成長に挑むモチベーションが薄れてしまうケースが多く見られることです。
一方で、ポテンシャル・エネルギーが強い人たちは、それとは対照的に、成果を出しても、次から次へとチャレンジに向かうモチベーションが継続的に生まれ、人生にわたってその類いのエネルギーが持続するケースが多いように思われます。

言い換えるならば、ポテンシャルを見極め、評価するためには、その人の行動の背景にある「動機の質」を見分けることが助けとなるということです。
エピソードで観察された行動の動機が、自分の内面から自発的に湧き上がったものなのか、それとも外部からの期待に応えようという適応的な動機なのかが分かれ目となるわけです。

このように同じエピソードであっても、その裏にある動機の違いを見極めることが、候補者の将来を読む上で重要となるということは、ぜひ覚えておいてください。

12 感性を動員する

候補者のポテンシャルを見極めたいなら、候補者の動機を見抜け。といったことを申し上げました。

動機を見抜く、といわれても……。と途方に暮れる方もいらっしゃるかもしれません。人の動機を見抜く鍵は、感情のシグナルに注目することです。ポテンシャル面接においては、この部分が最も難しく、同時に最も面白い部分でもあります。

人間の感情の動きは、言葉以上に、表情や仕草、声のトーンなど、非言語的なコミュニケーションを通じて表現され、検知可能なシグナルとして発信されます。この非言語的な情報を捉えるためには、自分の「感性」を駆使し、総動員する必要があります。

感性というと、「センス」といった言葉が想起されるかもしれませんが、私自身が実際、ポテンシャル面接に臨んだときの感覚を表現するには、センスだけでは足りない気がします。まるで自分が巨大なスーパーコンピューターとなり、ビッグデータを集積し、処理しているような感覚、とでもいうのでしょうか。

別の言い方をすると、自分の「脳」の力を信じる、ということかもしれません。五感で捉えた膨大な情報を瞬時に処理する人間の脳の仕組みは、脳科学者であっても畏れを抱くほどの力を持っています。

私が面接官として、無自覚のうちに働かせていた感覚を、論理的に説明し、裏づけてくれていると感じたのは、脳科学の文献、及び、脳の役割をさらに深く探求する学問として近年、発達著しい、神経科学の分野における文献でした。

そもそも、面接に臨むにあたって「感性を総動員する」とは、「様々な脳機能を総動員する」こととほぼイコールです。受け取った言語情報と非言語情報を組み合わせて処理しながら、次の質問を考え、タイミングを見計らって発信するという、ウルトラ難しいことを脳にやらせているわけです。ここは生成ＡＩにもなかなか真似はできないのではないかというところです。

さて、感性を高めるためには、脳の働きを理解することが欠かせません。カリフォルニア大学ロサンゼルス校（ＵＣＬＡ）で脳神経科学を学んだ応用神経科学者であり、起業家でもある青砥瑞人氏によれば、脳には、次の３つのモードがあります。

- デフォルト・モード・ネットワーク：ぼんやりしているときなど無意識のときに働きやすい脳のネットワーク
- セントラル・エグゼクティブ・ネットワーク：意識的に何かに注意を向けたり、思考

＊ 青砥瑞人（2020）『BRAIN DRIVEN パフォーマンスが高まる脳の状態とは』ディスカヴァー・トゥエンティワン

したりするときに働く

－サリエンス・ネットワーク：デフォルト・モード・ネットワークと、セントラル・エグゼクティブ・ネットワークを橋渡しし、切り替える役割を担う

脳に入ってきた様々な情報は、デフォルト・モード・ネットワークで処理され、それに伴い、違和感を含む感覚や感情が生まれます。それらをサリエンス・ネットワークが処理して、気づきが得られると、青砥氏は説明します*。

面接の際に、候補者が発する言語・非言語の膨大な情報を的確に処理するには、自分がデフォルト・モード・ネットワーク状態に入ることを狙うことです。

これは生真面目な人ほど難しいかもしれませんが、相手の話を流れる水のように淡々と受け入れ、**いい意味でちょっとだけ「ボーッとした」状態を保つ**ことがポイントです。するとやがて、自分の無意識が違和感をキャッチする瞬間がやってきます。

違和感とは、脳内にすでに刻み込まれた情報とズレを感じたとき、脳に届けられる非言語的な感覚です。それは今までに蓄積してきた知識や経験と照らし合わせて「何かおかしい」という小さなエラーのようなもので、そこに候補者の本当の動機を見抜くヒントがあります。

採用の場で面接官が抱く違和感には、ポジティブなものとネガティブなものがあります

が、ポテンシャル面接では、ポジティブな違和感に注目することが大切です。候補者の内面から湧き上がるエネルギーが生み出す「シグナル」を、感性を総動員させることでつかみ取ります。

難しい、と思われたかもしれませんが、怖れることはありません。ポテンシャル評価の難しさは、スポーツや自動車の運転の難しさと似ていて、少しずつ慣らしてゆくような、準備期間を自分に与える必要があります。

逆にいえば、基礎を学び、トレーニングや経験を積めば、自然にポテンシャル評価のスキルは向上していくものです。

最初の頃は、普通の道しか走ったことのないドライバーが初めてサーキットに出たときのように、怖く感じたり、やたら疲れたりするかもしれません。

けれども、練習を重ねながらデータを蓄積し、理論的にアプローチすれば、誰でも上達していくはずで、やがては自信を持ってポテンシャル面接を実行できるようになります。

13 意外な効能

ここまでの説明を通じて、ポテンシャル面接をぜひ取り入れたいと思っていただけたなら嬉しいです。しかし、それでも導入に尻込みされる方がいらっしゃるかもしれません。そんな方にぜひ知っていただきたいのが、ポテンシャル面接を設定し、運用することには、実は意外な効能があるという点です。

まず1つ目の効能です。

これはすぐにご推察いただけると思いますが、ポテンシャル評価の結果は、入社後の人材育成とマネジメントの羅針盤となります。

研修を受けさせるといった大げさなものではありません。候補者の「ついやってしまう」という「性《さが》」のエネルギーを測り、その方向性を読み解くことで、適性のある仕事やワークスタイルが見えてきます。また、どのような場面でモチベーションが高まるのかも予測できるため、その人のやる気スイッチをどう押せばいいのかが分かります。

この自然な衝動を生かし、それを発揮できる環境を提供することが、これからの人材活用において最も重要となるでしょう。天性の衝動を抑え込むのではなく、むしろ解放することで、その人の可能性を最大限に引き出せるのです。

続いて、2つ目の効能について。

実は、ポテンシャル面接を実施すること自体が、採用市場における企業にとっての「勝ち筋」となりえます。候補者にパーソナルで特別な体験価値を提供し、自分を正当に評価してくれる企業だという信頼感を生み出すからです。

通常のキャリア採用面接では、これまでの実績や業務内容、獲得したスキルや知識を問うことが中心で、候補者個人の内面を幼少期まで遡って深く掘り下げることは稀です。これが現状のスタンダードであるため、候補者も特に不満を表明しませんが、面接体験への満足度は決して高くありません。

候補者からすれば「仕事ぶりについては理解してもらえた。でも、自分自身については理解してもらえなかったな」という感覚が残るからです。この当たり前がいかにおかしいかは、初めてのデートの話に例えられます。家柄や学歴などの外面的な情報ばかり聞かれ、自分自身を知ってもらえるような会話がないまま、いきなり「結婚しましょう」と言われても、相手の真意を疑わずにはいられないでしょう。しかし企業は往々にして、それをやってしまっています。

そこで、ポテンシャル面接の出番なのです。

ポテンシャル面接の手法そのものが、候補者の**アトラクト**において、実に効果を発揮します。

これまで何に熱中してきたのか、どんな成長の可能性を秘めているのかを探る質問を通じ、候補者個人の内面的な本質に迫ることによって、自然と候補者は「この会社は自分に本当に関心がある」「自分自身を理解してもらえた」と感じるようになります。これは喜ばしい副作用だといえるでしょう。**ただの労働力としてではなく、一個人として尊重され、評価されているという実感を持てる**ため、企業からのプロポーズに対して「イエス」と答える確率も自ずと高まるのです。

ポテンシャル面接をするメリットの3つ目は、「入社後のモチベーションが上がる」という効果です。

採用において、企業は往々にして「完璧な候補者」を求めがちです。しかし皮肉なことに、その「完璧さ」への執着が、優秀な人材を遠ざける結果となっています。

成長意欲の高い人材ほど、「完璧にフィットしすぎる」ポジションには魅力を感じません。優れた人材は、すでに完璧にできる仕事には魅力を感じない。という点に思いを馳せれば、完璧な候補者に出会えないことは、必然の帰結といえるでしょう。

だからこそ、ポテンシャル評価が必要なのです。

現時点での知識やスキルが「完璧」でなくても、その人の可能性に賭けるという判断ができるようになるからです。「あなたの潜在力を信じる」という企業の姿勢は、候補者の心に強く響き、入社後の成長への意欲を大きく高めることにつながるでしょう。

具体的なエピソードを紹介しましょう。

私が所属するベンチャーキャピタル、グロービス・キャピタル・パートナーズの投資先企業の一つに、**センシンロボティクス**というスタートアップがあります。プラントやインフラ設備の点検に使われる産業用ドローンや、保守メンテナンスのためのソフトウエアを開発している会社です。このセンシンロボティクスが、ある決断を下したのは数年前のことでした。

40代後半、元航空自衛隊所属のパイロットを採用するという決断です。彼は、自衛官としての経歴にこそ素晴らしいものがありましたが、民間企業での職務経験はゼロ。当然、IT業界やスタートアップの経験もありません。そんな「ないない尽くし」の状況に、このような候補者を採用していいものか、社内では大きな議論が巻き起こりました。

しかし、最終的に社長がその方の成長ポテンシャルに賭けて、採用する決断を下しました。

結果はどうなったでしょうか。現在、その方は同社でとても活躍されています。知識やスキルの欠如を補って余りある、圧倒的な責任感とプロ意識を持って業務に取り組んでいます。

特に、リスク管理に関するトピックについて、自衛隊での経験を生かし、説得力のある説明ができることが強みとなっているようです。

また、私自身のチームメンバーの採用においても、外形的な条件よりもポテンシャルを重視して採用をするというトライを続けています。

投資に関わるという仕事柄もあり、グロービス・キャピタル・パートナーズは少数精鋭の組織を維持しています。このため、採用の基準には高いものがあります。

5年ほど前に入社してから、基本的にはすべての採用候補者との面談において、このポテンシャル面接を実施してきました。

その結果なのか、それまで均質化しがちだったバックグラウンドに多様性が生まれ、何より、タレントフルな仲間たちが集まるようになってきました。

たとえば、私が所属する投資企業の成長支援に特化したチームのメンバーに、テレビ局で働いていた若手人材がいます。バックグラウンドとしてはかなり異質で、スタートアップ・投資業界の知識も薄いのですが、ポテンシャルが高かったという判断から採用に踏み切りました。タッチタイピングもできないと入社直後に分かったときには正直なところ少々驚きましたが、入社後、想定以上のスピードで成長し、成果を出してくれています。彼女もポテンシャル採用の成功事例の一つといえるでしょう。

このような、ポテンシャル評価という名の「計算」に基づいたアグレッシブな採用がもっと広がれば、世の中は今よりも素敵になるのではないでしょうか。

14 日本でこそ、それは輝く

これまでご紹介してきたポテンシャル面接とポテンシャル評価、そしてそのベースとなるポテンシャル・モデルは、世界的にも注目を集めはじめつつあるメソッドです。

そして私は、このメソッドが、日本の文脈においてこそ、真の価値を発揮できると確信しています。

その理由は、日本がこれまで独自に発展させてきた採用・雇用システムとの相性が実はよいのではないかと見ているためです。

まずは**新卒一括採用**でしょう。批判も多いこの仕組みですが、私はこれを、世界でも類を見ない「ポテンシャル採用」の社会実装例だと捉えています。

職務経験のない学生の中に、将来の成長力や組織との相性を見出し、大規模な一括採用を実現するという難易度の高い取り組みを、日本企業は長年実践してきました。私たち日本人にとっては当たり前のものとなっていますが、よくよく考えてみると、実にすごいことをやっているのです。

さらに、日本企業に特徴的なメンバーシップ型雇用は、ポテンシャル評価との親和性が高いといえます。

「将来、何をやるか分からない」という前提で従業員を採用し、長期的な視点で人材を育成するという文化は、ポテンシャルを重視する採用手法と密接に結びついているのです。


いかがでしょうか。日本企業には、ポテンシャル重視の土壌がすでに整っているように思われます。この基盤の上に新しいポテンシャル評価手法を組み合わせることで、世界でも類を見ない、何かを生み出す可能性を持っていると思いませんか。

それは、あらゆる側面において今後、世界市場における日本企業の差別化につながるはずです。

日本企業の中に眠っている、まだ生かされていない力を呼び起こす起爆剤となることを期待しています。

終 章

日本企業の今とこれから

時に「JTC」とも揶揄《やゆ》される大企業も、静かに、しかし確実に、変革の舵を切りはじめている。目下、進行中の「ジョブ型人事制度」導入は、「すべてをご破算にして明るくやり直す」きっかけとなりうる。時計の針を少し戻せば、日本人は「大転職時代」を駆け抜けていた。来るべき変革は「また元に戻るだけ」だ。

1 ジョブ型人事制度と解雇規制緩和

静かな水面の下で、大きな流れが動きはじめています。

私たちはここまで、採用をめぐる世界の潮流と、それに追いつくためのメソッドを学んできました。

さらに、追いつくだけではなく、追い越す可能性さえあるのではないか。つまり、日本独自の採用文化こそが、新たな可能性を秘めているのではないかと。

ポテンシャル重視という日本の伝統的な考え方と、本書で紹介してきた最新の**ポテン**

シャル評価の手法が結びつくとき、そこには大きな飛躍の機会が生まれるはずです。

率直にいえば、私は5年ほど前までは、この日本と世界との差を悲観的に見ていました。しかし、ここ数年の日本政府や企業の動きを見て、その見方が少しずつ変わりはじめています。

日本という社会はこれまで幾度も逆境を乗り超え、再び立ち上がってきました。安宅和人氏の慧眼によれば、その成功の軌跡は次の４つの勝ち筋に集約されるといいます。すなわち、

1. 「すべてをご破算にして明るくやり直す」
2. 「圧倒的なスピードで追いつき一気に変える」
3. 「若い世代を信じ、託し、応援する」
4. 「不揃いな木を組み、強固なものを作る」

というものです。[*1]

私の見るところ、現在、日本企業の採用力の低さは、もはや国難とも呼べる深刻なレベルに達しています。しかし、見方を変えれば、まさに1番目の「すべてをご破算にして明

＊1. 安宅和人(2020)『シン・ニホン AI×データ時代における日本の再生と人材育成』NewsPicksパブリッシング

るくやり直す」のにふさわしい時期が到来しつつあり、そのためのエネルギーやマグマは十分に溜まってきているのではないでしょうか。

マグマが一気に噴き出すきっかけとなるのが、政府が進める「三位一体の労働市場改革」、なかでも「**ジョブ型人事**」の導入です。[*2]

一見、これは部分的な人事制度の改革に思えるかもしれません。しかし実際には、日本の雇用システム全体を変える可能性を秘めた第一歩なのです。

私は、この動きを、連続ドラマの「第1話」として捉えています。

続く第2話の展開として予想されるのは、組織の「新陳代謝の促進」です。内閣官房が経済産業省、厚生労働省とまとめた「**ジョブ型人事指針**」（2024年）では、**リコー**の事例として「長期間同じポジションに滞留している社員全員に対しては、適所適材が実現できているかの確認」を毎年実施する、という取り組みが紹介されています。ここでの表現は「確認する」にとどめてありますが、果たして確認だけで終わらせてよいのでしょうか。

この先、どの企業においても確実に取り組むべきことは、高いポジションに長期間いながら、成果を上げず、不当な報酬を得ている「滞留人材」の適切な「排出」でしょう。ジョブ型人事制度に移行したのちは、メンバーシップ制度と違い、今の職務（ジョブ）で成果を上げられていない人に、別の職務を与える必要は、原則としてなくなるのではないかで

＊2.「人的資本可視化指針（案）」（2022年）や「ジョブ型人事指針」（2024年）など、内閣官房から発表されている一連の文書は、労働市場改革への取り組みとしてかなり踏み込んだもので、一読の価値がある。

しょうか。

そして、続く第3話のシナリオは、「解雇規制の限定緩和」だと思われます。まさにこのドラマの肝は、解雇規制にあり、その変化は収入もポジションも高い層から、限定的な形で始まるのではないかと見ています。

解雇規制緩和は政治的にはタブーの類いに入るでしょう。しかし「本当の生産性向上は、そこから始まる」と、おそらく政府でも企業でも、中枢にいる方々はよく理解しておられます。その上で、慎重に各所の堀を埋めはじめているように見受けられます。

もし、これらのドラマが現実となった場合、それは採用の変革とどう結びつくのでしょうか。

ジョブ型人事導入の第1話は準備運動です。組織の新陳代謝の第2話が始まるとともに、**採用革命**は一気に動き出す可能性があります。スペースが空くことで、新たな人材、新しい風を積極的に取り入れる機会が生まれるのではないでしょうか。

このような断片的な変化の兆しを、利害関係と因果関係を意識しつつ読み解いてみると、ジョブ型人事の導入が、すべての連鎖を引き起こすトリガーとなる――という大きな絵が、くっきりと浮かび上がってくるのです。

日本は、これらのステップを、この先、どれだけのスピードで踏んでいけるでしょうか。「奇跡」と評される明治日本の工業化は、わずか30年ほどで一気に欧米列強と肩を並べるまでに至りました。インフラ整備を伴う工業化と比べれば、採用の変革など、はるかに短期間で進められるはずでしょう。

2 変革は中心部へ

静かに、しかし確実に、日本の大企業が変革の舵を切りはじめています。

具体例として、**オムロン**は2012年以降、職務の役割・責任に応じたジョブ型の評価・報酬制度を段階的に導入し、2015年以降、係長級以上の非管理職にも対象を広げていきました。これに伴って**経験者採用**の比率も高まっており、2022年度には約68％になっています。[*1]

リコーも2022年から国内グループ企業の管理職・非管理職に対し、ジョブ型人事を一斉に導入しました。その背景には、高すぎる管理職比率と年功的な登用による、若手のやる気減退という課題意識があったとのことです。[*1]

＊1. 内閣官房、経済産業省、厚生労働省（2024）「ジョブ型人事指針」

やっときたか。とも言えますが、「これ以上後れを取ってはならない」という大企業のアラート感は、かつてないほど高まっています。

痛みを伴う改革を推進している日本の大企業として、特に注目したいのが**NECと富士通**です。それぞれの取り組み内容には違いがありますが、共通しているのは、ソフトウエア開発に軸足を置く企業である点です。その背景には、グローバル企業との熾烈な競争が存在し、採用革命にキャッチアップしなければ市場での競争力を維持できないという、経営上の切迫した要請があるのでしょう。

NECでは、外資系企業でHRトップを歴任してきた佐藤千佳氏を2018年に迎え、人材組織開発部長に据えたことで、人事改革が本格化しました。その後、NECは幹部クラスの経験者採用を強力に推進し、外部人材の活用に積極的な姿勢を鮮明にしています。

一方、富士通では、2019年に就任した時田隆仁社長の下で、大胆な人事戦略が展開されています。特に注目すべきは、経営陣に外部人材を積極的に登用している点です。現在、執行役員副社長4人のうち3人が外資系企業で経営トップや執行役員を歴任してきた外部出身者であり、その中にはインド系のIT人材も含まれています。[*2]

さらに、富士通は2019年、AI（人工知能）やサイバーセキュリティ分野の人材に、役員クラス並みの年収3000万~4000万円を支払う方針を打ち出しました。[*3] そして2023年には事業部長クラスの月額賃金を最大29%引き上げ、年収2000万~

＊2. 2024年10月現在、外部出身の執行役員副社長は、ヴィヴェック・マハジャン氏、高橋美波氏、大西俊介氏の3人。マハジャン氏は日本オラクル、日本IBMで執行役員を歴任したインド系のIT人材。高橋氏はソニー出身で、日本マイクロソフトを経て富士通入り。大西氏はインフォシス日本法人の社長を務め、過去に短期間だが富士通に勤務した「アルムナイ」でもある。

＊3. 山端宏実（2019）「富士通が年収最大4000万円で技術者を厚遇、NTTデータ・NECに続く『大盤振る舞い』」日経 xTECH

３０００万円に設定する方針を発表し、さらなる改革を進めています[*4]。NECも新入社員や若手にも年収１０００万円を支払う制度を導入し、人材獲得競争で攻めの姿勢を見せています[*5]。

このような施策は、両社が市場での人材確保の競争に本気で向き合っている証しであり、人材への投資がいかに経営戦略の中核であるかを物語っています。

続いて明確な変化が現れているのが**パナソニック**です。松下電器産業時代のパナソニックを飛び出し、日本ヒューレット・パッカード執行役員や日本マイクロソフト社長を歴任した樋口泰行氏を**パナソニックコネクト**の経営トップとして迎えた２０１７年以降、変革のスピードが一気に加速しています。

このパナソニックコネクトでは、グループの他社に先駆け、モダンな採用手法への転換が全社的に進められています。樋口氏の社長就任以降、マーケティングやCTO（最高技術責任者）といった重要ポジションにおいて、外資系企業などでキャリアを積んだ人材を次々に招聘し、役員に占める外部人材の割合を大胆に高めています。現場で採用に携わる知人からは「目を回しながら、ついていくのに必死です」との声も漏れ聞こえてくるほどです。

いずれも、巷では「JTC（ジャパニーズ・トラディショナル・カンパニー）」と呼ばれた企

＊4. 鈴木慶太(2023)「富士通が国内社員の月額賃金平均10％増、事業部長クラスは年収2千万～3千万円に」日経 xTECH

＊5. 野々村洸(2020)「『AI人材なのに安すぎる』、パナソニック新採用制度の狙い」日経 xTECH

業です。それが、ここまで大きく変革の舵を切ったのです。外資系企業から始まり、ベンチャー企業へと広がってきた日本の採用革命の流れは、ついに中心部、日本の伝統的な大企業の心臓部まで到達したのです。そして、それはここからさらに加速していくことが予想されます。

もはや「中小企業だから」「地方だから」「老舗だから」といった言い訳は通用しません。採用革命は一時的なトレンドではなく、**マーケットメカニズム**そのものなのです。好むと好まざるとにかかわらず、すべての企業を強烈に巻き込み、変化を促していきます。

だからこそ、今、自ら進んでこの波に乗るべきではないでしょうか。採用革命の波に乗り、世界標準の採用を実装する。その選択が、企業の未来を切り拓く鍵となるのです。

3 そして「また元に戻る」だけ

今のままの採用でいいのか——。2025年、日本のビジネス社会は大きな決断の前で立ち止まっています。

その姿が私には、転職に迷う個人の姿に重なって見えます。

「新しい挑戦に進むべきだと頭では理解しているけれど、転職して本当に満足できるのか自信がない」

「失敗したらどうしよう」

「自分の価値を評価してくれる会社なんてあるのだろうか」

そんな葛藤を抱えた経験がある方も少なくないでしょう。

採用革命の波に乗り、外部人材の獲得に本格的に舵を切るかどうか悩む日本企業が、転職をためらう個人と似ているのは、いずれも慣れ親しんだ環境から離れることへの不安が大きな障壁となっていることです。

新しい世界に飛び込む際に、「心地よかったものを失うのではないか」「新しい挑戦が本当に報われるのか」という不安が頭をよぎるのは、誰にとっても自然なことでしょう。特に、飛び込む先が市場原理のより強く働く厳しい世界であればなおさらです。

こんなときこそ、視点を大きく転換してみることが重要です。たとえば、転職に悩む個人であれば、学生時代や子どもの頃を思い出してみると、もっと挑戦や冒険を楽しんでいた自分に気づけるかもしれません。不安やためらいの多くは、成長する過程で後天的に身につけた「とらわれ」なのかもしれないのです。

同じように、企業もこれまでの慣習やシステムに固執せず、一歩を踏み出すことで得られる可能性に目を向けるべきです。不安を抱えるのは自然なことですが、その不安が次のないでしょうか。
大きな成長を妨げる足かせにならないようにすることが、今まさに求められているのでは

終身雇用を「日本の伝統」であるとする「常識」にも、実は誤解があるかもしれません。**新卒一括採用**と終身雇用がセットになった、いわゆる「日本型」の人事モデルが普及したのは、戦後の高度経済成長期以降に過ぎません。

2025年現在の日本の現役世代は1960年代以降に生まれ、このモデルの中でキャリアを積み重ねてきた人々が大半です。そのため、終身雇用も無意識のうちに「当たり前」とされています。

しかし、少し時計の針を戻してみると、見える景色はまったく異なります。昭和初期、私たちの数世代前の話を思い出してみてください。

当時の労働市場は、現在とはまったく異なるものでした。*1

近代の日本において、一つの企業に定着するようなキャリアが魅力を増してきたのは戦間期であったと、歴史学者のアンドルー・ゴードン氏は指摘しています。それでも、1938年（昭和13年）時点で、当時の花形産業だった重工業の主要企業では、他社での勤務経験がない労働者は入社して間もない人が中心で、全体の半分以下だったそうです。

明治・大正期に生まれた人たちの就業状況を調査した興味深い研究があります。同じ時

＊1. この後に続く日本の高学歴層の職業流動性に関する本項の記述は、主に以下の文献を参照した。
― 岩井八郎(2018)「戦時期から戦後における高学歴層の流動性と戦後階層システムの形成―SSM調査の再分析から1940年代を読み直す―」社会学評論

期に生まれた集団（出生コーホート）を追跡したところ、特に高学歴の「エリート層」において、著しい流動性が見られました。

たとえば、1906〜1910年（明治39〜43年）生まれの高学歴層のうち7割以上が、40歳までに転職を経験し、4割近くが2回転職しています。これに続く1911〜1920年（明治44〜大正9年）生まれの高学歴層でも転職は同程度に多く、特に1916〜1920年（大正5〜大正9年）生まれでは、35歳時点で35・3％が2回の転職を経験していました。

つまり、戦後の1946年以降に40代を迎えた高学歴層の大半が、すでに転職を経験していたということです。

この流動性は1960年代まで続きます。1921〜1925年（大正10〜大正14年）生まれになると高学歴層の転職は減り、40歳までに転職した人が6割を切り、最初の勤務先に勤め続けている人が4割を超えます。この数字は、日本に終身雇用が定着していく過渡期を示すものと捉えられます。

もう少しリアルな感覚を持っていただくため、個人のキャリアにフォーカスしてみましょう。戦後のホンダで四輪車の開発とF1レースへの参戦を主導した中村良夫氏をご紹介します。中村氏のキャリア展開を今風に形容しつつ、順番に説明すると、

－１９１８年生まれ、東大工学部卒のエリートエンジニア
－24歳、大手メーカーに新卒入社、先端技術開発を手掛ける（中島飛行機）
－終戦後、スタートアップへの挑戦と挫折（オートバイ事業で起業）
－32歳、中堅企業への転職、経営幹部を経験（日本内燃機製造＝オート三輪メーカー）
－40歳、メガベンチャーへ転職、新規事業開発を担い、Ｆ１プロジェクトをリード（本田技研工業）

会社名さえ現代のものに置き換えれば、令和時代の人材プロファイルとして、そのまま通用するのではないでしょうか。まさに変革の時代を体現するキャリアです。中村氏のようなドラマティックなキャリアは、当時、決して特異なものではありませんでした。多くの高学歴層が、独立したり、引き抜かれたりと、チャンスを求めてごく普通に職を変え、ダイナミックでした。複数の仕事や会社を渡り歩くことが当たり前の、[*2]「大転職時代」を駆け抜けていたのです。

ここで気づくことがあります。人材の流動性、キャリアの多様性、そして機会への果敢な挑戦――戦後間もない時代の採用市場が、現在の世界の採用市場、つまり採用革命後の景色に驚くほど似ているということです。これから日本が迎える新しい時代の風景は、実はぐるっと戻って、かつての日本に存在していた風景と重なっているのではないでしょう

＊2. 前出の岩井氏の文献に、1943年時点で陸海軍に勤務していた帝国大学卒の技術者1665名の戦後キャリアを追跡調査した結果が紹介されている。1951年と55年の両年で、勤務先が分かった1011名のうち213名（21.1％）が転職を経験していた。

か。

日本社会が「常識」として信じ、育んできた新卒一括採用と終身雇用という人事モデルは、実は普遍的なものではなく、特定の時代と条件下で機能した「一瞬のきらめき」だったのかもしれません。私たちはその光の残像から解き放たれ、新たな地平を見つめるときを迎えています。この過去の成功モデルへの「とらわれ」を捨てるときなのです。

これからの時代を未知の世界と恐れる必要はありません。かつての日本に確かに存在していた、自由な流動性を求める遺伝子を現代に蘇らせ、新たな形で進化させていく。それこそが、私たちの進むべき道なのではないでしょうか。

そうです。人類の進化は螺旋《らせん》を描くように、過去の姿を新たな形で映し出すものです。再び訪れる大転職時代を「ただ元に戻るだけ」とクールに受け止めながら、私たちはその先にある新たな進化の可能性を追求していくべきなのです。

おわりに

あらためまして、本書を手に取っていただき、ありがとうございました。

「採用って、何だと思いますか？」

私はこれまで何度もこの質問を受けてきましたが、答えは一貫しています。**「採用とは、商売です」**

なぜなら、採用とは、商いの究極の形だからです。

それは、ともに歩む仲間を選ぶこと。

それは、未来の利を育むこと。


優れた人材を見出し、育てることが最も重要な「商い」であるという考え方です。営業と同じく、採用はとてもプリミティブで生々しい活動ですから、私はそれを「ビジネス」ではなく、「商売」とあえて呼んでいます。


冒頭で申し上げた通り、日本企業の多くは今、採用に悩んでいます。それは明日の商売を描けずに悩んでいることと同義です。しかし本書を通じて、多少はその解決の糸口をお示しできたのではないかと思います。

私は「イケてる人材」とのご縁が「魔法のような変化」を生む場面を幾度となく目撃してきました。

ある企業では、一人の優秀なエンジニアの採用が、技術面だけでなく組織全体の仕事への向き合い方を変えました。

また別の会社では、外資出身の営業部長の加入が、全社の営業プロセスを革新的に変えただけでなく、経営陣の目標達成意識まで変革しました。

特定の機能を補うだけでなく、考え方やマインドまで変えてくれるような仲間が加わることで会社が変わり、その一員である自分自身の目にも一気に未来の景色が見えるようになる。そんな商売の花が芽吹く瞬間を、一人でも多くの方に体感していただけることを心より願っています。

本書を読んで「さっそくやってみよう」と思った方もいれば、「うちの会社では難しいかも」と感じた方もいらっしゃるかもしれません。

しかし、まずは小さな一歩から始めればいいのではないでしょうか。採用の改革は、一朝一夕には進みません。本書で紹介した方法の中から、自社で使えそうなものを一つでも見つけ、実践していただければ幸いです。

採用革命の主役は、読者である皆さまです。本書は唯一の「正解」を示すものではありません。これを出発点として、それぞれの企業に合った「世界標準の採用」を創造していってください。その営みこそが、会社の未来を切り拓くはずです。

私は今、かつてないほど明るい気持ちで、日本企業の採用の未来を見つめています。なぜなら、多くの実務家が採用改革に真剣に向き合いはじめている姿をすでに目の当たりにしているからです。

世界で戦える採用システムを構築できれば、日本企業の復活は決して夢ではありません。採用とは商売そのものである――この精神に立ち、新しい挑戦を始めるときが来ています。

さあ、明日からでも、今日からでも、あなたの会社の採用革命を始めてみませんか。本書が、その確かな一歩となることを願っています。

２０２５年４月　小野壮彦

アウトロダクション

最後に私的な独白をお許しください。

それはとある秋の晩のことでした。夜も深まり、私は自宅で鏡越しに自分の顔を凝視していました。

私は仕事の顔をいくつか持っています。そのうちの一つがFIFAフットボールエージェント。サッカー選手の代理人という仕事です。

プロのサッカー選手という職業は華やかですが、残酷なものでもあります。ジェットコースターのように駆け上がることもありますが、真っ逆さまに落ちる瞬間が必ずいつかやってきます。

代理人の仕事は、契約交渉だけではなく、選手の人生を見守ることです。良いときの仕事は割合簡単です。そっと寄り添うだけですから。しかし、悪いときは実に難しい。客観的にならなければと思いつつ、どうしてもエモーショナルになってしまいます。


その晩、とある契約選手のプレーに失望していました。

プロデビュー間もない時期から数年にわたって成長を見届けてきた彼のプレーには、その頃、かつての輝きが見えなくなっていました。

私は選手にはいつも、「楽しんで」と声をかけるようにしています。それはプロになると、サッカーを楽しく思えなくなる瞬間が多々あるからです。プロとして過ごせる時間は、実に短いものです。だから、選手たちには、ピッチの匂い、ボールの音、温かい歓声、そんな一瞬一瞬の喜怒哀楽を大切に感じ取ってほしいと考えています。

しかし、その日の彼のプレーからは、どんな心の動きも見ることができませんでした。真っ逆さまに落ちそうな崖っぷちに立つ彼が、命を燃やして現状に抗うべく闘っているようには、どうしても思えなかったのです。そう、私は腹を立てていました。

やがて、ふと湧き上がる心の声に気づきました。

「そんなお前こそ、どうなんだ」

「お前は、今やるべきことを、本気でやっているのか」
「そもそも、お前は、何のために生まれてきたのか？」
「腹を立てるべきは、お前自身ではないか」
鏡の中の自分が私に問いかけていました。

正直なところ、私はこれまでの人生で一度たりとも、使命感というものを感じたことはありません。

しかし、初めての著書となった前作『人を選ぶ技術』を世に送り出してから、このままでは中途半端だと気づくまでに、それほど時間はかかりませんでした。

自分が想像していた次元をはるかに超えて、この日本では採用に悩む方が多いことを知ってしまったのです。

それが果たして使命感によるものだったのかは分かりませんが、重い腰を上げて、この本を書き上げようと決意したのは、その夜のことでした。

「お前は、何のために生まれてきたのか」
その究極の問いに対する答えは、今もまだ手の中にはありません。
しかし、この人生の今の段階において私がやれること、やるべきこととは、このテーマで自分が知っていることを、考えていることを、書き切ることだったのでしょう。

そのために費やした一年ほどの日々。その時間それ自体が、私にとってはとてつもない意味を持っていたと思います。

この本を書くというプロセスそのものが、私のふわふわした人生にとっての、現状に抗うための闘いだったのかもしれない。そんなふうに感じているのです。

この本が形になったのは、グロービス・キャピタル・パートナーズの同僚たちをはじめとした、これまでの仕事仲間たち、日経ＢＰ編集者で同じく小野の姓を持つ小野田鶴さん、放送作家の白鳥美子さん、そして私のわがままを受け止め続けてくれた家族のおかげです。静かな感謝を捧げます。

小野壮彦《おのたけひこ》

グロービス・キャピタル・パートナーズ　ディレクター

大学卒業後、戦略コンサルタント、ベンチャー創業、プロ経営者などのキャリアを経験した後、世界的なエグゼクティブ・サーチ・ファームであるエゴンゼンダーに入社。経営層に特化したヘッドハンティング・人材鑑定業務に10年間従事する。現在は日本最大級のベンチャーキャピタルであるグロービス・キャピタル・パートナーズのバリューアップ・チーム「GCPX」のリーダーとして急成長企業のリーダーシップ開発、及び組織構築支援を多数手掛ける。早稲田大学商学部卒業、SDAボッコーニ経営大学院MBA。

世界標準の採用

2025年05月12日　初版第1刷発行

著者　小野 壮彦
発行者　松井 健
発行　株式会社 日経BP
発売　株式会社 日経BPマーケティング
〒105－8308
東京都港区虎ノ門4－3－12

ブックデザイン　小口 翔平＋畑中 茜（tobufune）
編集　小野 田鶴
制作　クニメディア株式会社
印刷・製本　TOPPANクロレ株式会社

ISBN 978-4-296-20685-8